U0449194

丛书编委会

（按姓氏拼音排序）

陈向明　程介明　崔允漷　纪明泽　刘　坚

桑　标　汤林春　唐江澎　王　素　杨向东

张　丰　张民生　张卓玉　赵　勇　周增为

项目化学习的中国建构丛书
夏雪梅 主编

PBL

PBL Toolkit:
A Handbook of 66 Tools

项目化学习工具：
66 个工具的实践手册

夏雪梅 等 著

教育科学出版社
·北 京·

推荐序

让素养在中国的课堂上真实地生长

尹后庆 [1]

当前，我国基础教育课程改革正在进入一个新的历史阶段。我们已经提出了中国学生发展核心素养体系，并正在以学生发展核心素养为主线着力建设和完善基础教育课程体系。一系列新的理念和设计贯穿从普通高中到义务教育阶段的课程方案和课程标准的修订，这些理念和设计的落实需要整个教育系统所有人形成共识，共同学习在面向未来的教学体系中需要具备的各种能力。正因如此，我们的任务非常艰巨。假如我们都把自己认定为教育工作者——不管是实践者、研究者还是决策者——我们要共同献身于教育事业的话，哪怕这条道路再艰难，都得去走。

核心素养是个人在信息化、全球化、学习型社会，面对复杂的不确定的情境时，综合运用所学的知识、观念、方法，在解决实际问题时所表现出来的价值观、必备品格和关键能力。核心素养强调的关键是价值观，强调对真实、复杂性问题的解决能力。

指向核心素养的教育变革是一个系统的变革。第一，我们需要以核心素养为指引提炼各学科的大观念、大概念，也就是要通过提炼各学科在培育学生核心素养中可能和应该做出的贡献，贯通从知识点走向学科育人目标的全程。第二，我们需要以核心素养为指引和依据来选择学习内容，也就是解决"学什么"的问题。在国家层面，反映为教材的编制；在学校和教师层面，表现为依

---

[1] 国家督学，中国教育学会副会长，上海市教育学会会长。

据学情对教材进行校本化、生本化的探索。第三，我们需要设计保证核心素养目标得到落实的教学过程和教学方法，也就是解决"怎么学"的问题。要从"以知识为本"的教学转变为"以核心素养为本"的教学，从"以讲授为中心"的课堂转变为"以学习为中心"的课堂。第四，我们需要设计与核心素养培育的教学目标和方式相适应的评价标准和评价方法。评价将引导和促进教师在教学中坚持和坚守素养目标。

核心素养培育的落实不仅仅是教学内容的选择和变更，更是以学习方式和教学模式变革为保障的系统变革。要真正实现学习方式和教学模式的改变，需要深刻理解人是如何学习的，需要回归学习的本质，回归学习是对问题的探求。在这个过程中，学习者既能够对外部世界有深入的探求，又能够实现对自己精神家园的建构，这应该是学习的本意。因为学习不再只是把外部世界的知识装进脑袋里，而更应该是学习者在持续地自我发现问题和自主解决问题中，探索世界，认知自我，发展理性。

项目化学习是体现这种学习本质的方式之一。项目化学习要引导学生在真实情境中发现问题、解决问题，又在解决问题过程中去发现新问题，呵护和点燃学生的学习热情，引导学生探究并体验包括学科知识在内的外部世界，发展对学科以及外部世界的内在兴趣。项目化学习最重要的价值是对问题的持续不断的探求，这是学习的本质。探求的过程不仅仅是实现对外部世界的探索，而且要在对外部世界的探索中不断追问自己，不断形成自己的价值观念，不断形成自我的精神世界。这是需要我们在未来的学习中大力倡导的。

今天在我国的教育背景中探讨项目化学习，要立足于我们国家基础教育课程变革的整体环境。项目化学习的探讨和推进不是孤立的，而是要上联对立德树人的思考，下接对学生学习质量的追问，考虑学生的知识学习逻辑和项目逻辑之间的关系。

项目化学习是有思维含量和思维发展意义的学习。项目化学习要让学生透过问题的情境看到问题的本质，要在实际问题的探究和解决中，调动和激活相关的知识，形成可迁移的思维方式，并在项目的完成中实现对不同学科知识的深度理解。从这个意义上说，项目化学习是创造条件让学生不断迸发思维火花、产生精彩观念的过程。

项目化学习要让学生热情而有创意地生活。我们的孩子不能只是学科知识的复制者，而应该是有灵动生命的生活者。项目化学习真实性情境的特征联结了生命、学科和世界，赋予他们探究的双眼、具身的体验，促进他们更热情、更自由、更富有创造性地投入到对世界的探索中。

项目化学习要让学生感受到学习的意义。我们的老师经常会问一个问题：我花比较少的时间就可以把知识教给学生了，而让学生自己去探究需要花很长时间，那教学有效性体现在什么地方？我想，现有知识传授过程中的有效和无效上面，还应该有一项"意义"原则。所谓"意义"，就是人生活的目的，即谋求人与世界更好地相处。具体就是谋求完善自我，完善与他人及社会的关系，谋求人与自然的关系。这个意义是在所谓有效与无效之上的。更好地实现这个意义就是有效。当这个意义无法实现的时候，再多的用符号表达的知识记忆，其意义也是缺失的。项目化学习的过程和成果都应该让学生获得学习的意义。

在这样的学习中，教师的责任是什么？教师要在教学中创造鲜活的、智慧的、符合人的学习成长规律的生活，而不是把教学作为一套机械、僵化、背离人的学习和成长规律的操作程序。项目化学习是教师和学生合作展开有意义的探究的过程，在探究中表达并实现自己的思想和意义。

在复杂的、多变的时代，教育有自己的使命、理想和追求。素养导向的教育变革是这个时代一项伟大而艰巨的使命，需要我们安静和专业地去对待。我相信，只要我们认准一个目标，脚踏实地地去做，目标就一定会实现。学习基础素养项目组 6 年来的研究和实践历程能够表明，长期扎根于学校课堂的实践和探索，始终致力于素养在课堂中的落地转化，最终是能开花结果的。我们高兴地看到，实践中正在涌现一批生动活泼地探索项目化学习的学校和教师，这是令人振奋的事情。我们需要更多的前行者和探索者，不畏艰辛，勇于思考，积极开拓，让这场静悄悄的变革、意义深远的变革在更多的课堂里生根、开花、结果。

2020 年 11 月

丛书序

项目化学习的中国建构需要什么？

夏雪梅

一
项目化学习的中国建构需要价值观作为灵魂

我们为什么需要项目化学习？

在第一本书《项目化学习设计：学习素养视角下的国际与本土实践》中，我们提出，项目化学习是为了心智的自由。

这两年来，全球范围内越来越多的不可测事件，促使我不断思考这个命题。心智的自由应该植根于对社会的责任。心智的自由不是放任个体的自由，每一个个体都在和他人的关系中生长，个体要对所处的共同体和自然界负责。今天的教育需要引导我们和我们的孩子思考如何用自己所学的知识创造更美好的世界。

诚信、尊重生命、独立的批判性思考、社会责任感、严谨的科学态度与精神不应该缺席。项目化学习对人的成长意义是在做事中学习，在做事中打磨和升华自身的价值判断。项目化学习强调要让我们的学生关注真实的世界，不仅仅是为了让学生深度理解和掌握概念，或者锻炼思维能力，同时也是为了引导学生敬畏自然与生命，理解何为社会责任。

在传统的教学中，大量琐碎的知识和机械重复的学习往往无法让学生理解何为对现实的关怀和天下兴亡、匹夫有责的情怀，只抓住细节的点点滴滴不能让学生有大的图景，看到不同的细节和事件背后的相互关联，形成牵一发而动全身的理解。竞争性学习很难让学生体会到共同体的社群价值，理解"我""你""他"作为地球公民之间不可分割的关系。

我们需要怀有对自然、对生命、对科学的敬畏之心。

从"全国项目化学习案例平台"几年来收集到的6000多份国内项目化学习案例来看，有将近70%的案例是在探讨与自我和日常生活、学科知识有关的话题，而较少在日常现象中体现更为深切的社会关怀主题。我们对国际上经典的项目化学习案例进行分析后发现，这些案例往往带有强烈的社会关怀，指向人类普遍关注的重大社会性、科学性议题，如生态环保、太空探索、文化保护等。有研究者通过对美国和中国的STEM[①]项目的对比研究也得出了类似的结论。68.75%的美国STEM课程在构建情境时能够结合社会、自然环境等方面的问题或挑战。相比之下，国内能够体现这一评估细则的课程样本仅占38.46%。（闫寒冰 等，2020）

那么，如何在项目化学习中对学生的价值观进行引导？这并不是停留于空洞的口号或说教，而是要让学生对人类面临的真实问题有"切肤之痛"，产生"关联之感"，使学生主动地、持续地卷入项目探索。在大多数疫情主题的项目中，我们很遗憾地看到，很多学校对疫情主题的学习是一次性的，知识的介入是一次性的，完成的成果也是一次性的。比如，做一个口罩，完成消毒剂的制作，根据各地疫情数据绘制曲线图，将疫情作为项目背景。但是我们是否反思过，做这样的项目的目的是什么？为什么要做口罩，对学生的价值在哪里？又如，对垃圾的处理，如果只对垃圾进行简单改造，将废旧报纸做成手拎包，那这些就只是"花边项目"，并未触及价值观的灵魂。在国际上经典的垃圾主题项目中，前端会加上对垃圾来源的考察，链接"我"作为垃圾源，让学生直观地收集一周的垃圾，中期加入对不同类型垃圾的产生原因和处理方式的探索，预测不同类型垃圾的降解时间，后端会让学生生成与垃圾处理相关的经济、商业设计，由此让学生产生"没有任何垃圾是垃圾"的深度理解。这样的项目历程更加上位、开阔和深邃，对学生的价值观引导、情感和思维培育的价值会更大。

一个好的项目不仅需要还原真实世界的本质面貌，更应该具有开阔学生眼

---

① STEM 是 Science（科学）、Technology（技术）、Engineering（工程）、Mathematics（数学）的缩写。

界、提升学生格局的立意。项目化学习的中国建构需要有深切的社会关怀，为学生打开面向世界和面向未来的窗口。我们需要抬起头来，仰望星空，从个人扩大到全球、浩渺的宇宙，以人类普遍面临的困境、机遇与挑战为项目契机，塑造自由的灵魂。

二
项目化学习的中国建构要基于理智传统，海纳百川，和而不同

项目化学习的中国建构需要长远而广阔的理智视野。我们需要承认，项目化学习是有其理智传统的，如果不认可、不理解其理智传承中的精髓，实践会变成对历史中走过的弯路的简单重复。项目化学习在西方有着悠久的历史和复杂的来源。最早的一条历史脉络可以追溯至16世纪，以建筑师、画家和雕刻家为代表，他们认为自己的职业与传统的石匠和工匠不同，是有艺术性的，需要科学和艺术的理论知识与长期训练，不仅仅通过口耳相传。所有有志于进入这一行业的学生都要接受"设计的挑战"（design challenges），形成的作品被称为progetti（project），即为今天项目化学习的原型。progetti需要满足五大标准，即今天巴克教育研究所的项目化学习黄金准则的雏形。

（1）挑战性问题，围绕这个问题展开积极的问题解决，而不仅仅是聆听、理解、整合、再现。

（2）真实性，progetti反映艺术家、建筑师的真实期望和工作经历。

（3）为了回应教师提出的真实性问题，学生需要发声和抉择，从而提出解决方案和模型。在此过程中可能产生多种答案。

（4）产生公开的产品。"产品"一词来源于拉丁文"producer"，意思是"to bring forth"，产品是创造力的外在表现，让学习变得可见。

（5）一旦学习变得可见，那么他人将能够参与讨论，给予反馈，参与批评和帮助改善，作者自身也能形成反思。

近代的项目化学习又融入了杜威"做中学"的科学探究原型，以及医学教育中的基于问题的学习（Problem-Based Learning）的特征，强调在真实问题中运用科学思维和方法进行持续探究。这就使得今天主流的项目化学习带有强烈的设计导向和科学探究意味，体现为映射学科或跨学科的核心概念和

原理，以项目成果（人工制品）反映领域专家（科学家、数学家、作家、历史学家、工程师等）的实践活动。

项目化学习的中国建构不能脱离这样的理智传统和国际大背景而展开。项目化学习需要基于特定的质量标准，并不是所有的活动、实践都可以称为"项目化学习"。今天，进入到 21 世纪，在素养的变革浪潮中，国际上诸多国家、地区和创新学校进行了各类学与教的变革，虽然名称不一，但往往具有挑战性问题、真实情境、持续探索、增进反思等要素。这些国际上具有项目化学习要素的课程、教学、评价实践，在本丛书中都有所呈现。这些来自他乡的实践有着多彩斑斓的生态，促使我们思考中国的项目化学习实施之路。

海纳百川，和而不同，是我们进行项目化学习中国建构的原则。

晏婴阐述了中国"和"的思想：

和如羹焉，水火醯醢盐梅以烹鱼肉，燀之以薪。宰夫和之，齐之以味，济其不及，以泄其过。……若以水济水，谁能食之？若琴瑟之专一，谁能听之？同之不可也如是。（《左传·昭公二十年》）

项目化学习的中国建构，不是要发展一个"以水济水"的单一样态，而是尊重现有实践，在各种可能的样态中，用项目化学习的要素，"齐之以味，济其不及，以泄其过"，允许不同样态和阶段的项目成长。在中国广袤的大地上，在中国分学科的情境中，在国家课程、地方课程、校本课程、研究性学习等多样的课程样态中，在德育、劳动教育、艺术教育、科学教育等多样的领域范围内，在学校原有的探究性作业、长周期作业、传统活动中都可以生长、创造出丰富多样的项目化学习样态。《项目化学习的实施：学习素养视角下的中国建构》这本书提出了活动项目、学科项目、跨学科项目这三种类型及不同学校的实施样态，就是一种指向不同课程类型和功能的尝试。

更进一步说，目前全国或区域推行高质量标准的项目化学习的时机还并不成熟，很多教师对核心知识的把握、学习支架的设计的理解还有待深化。在这种情况下，当下大多数的项目还不是严格意义上的项目化学习，但我们不能否认其中有值得肯定的创新因子。所以，我们还需要逐步探索项目升级的阶梯。在原有的基础上向前一步，向上一步，避免太早用统一的标准和架构来进行规范和约束。在教育中，很难有全新的实践，人的理解和实践都要经历慢慢成熟和迭代的过程。

千江有水千江月，实践是千变万化的。人是多样的，社会是丰富的。就如这次突发的新冠肺炎疫情，催生出了以往比较少见的家庭项目以及线上项目。"和"不意味着大家都是整齐划一的，"和"的基础正在于其差异性和多样性：

夫和实生物，同则不继。以他平他谓之和，故能丰长而物归之。（《国语·郑语》）

三
项目化学习的中国建构需要指向我们的教育短板

我们的教育短板是什么？

在国际比较中，中国学生往往被认为基础扎实，但是在创造性、问题解决方面存在不足，甚至是"短板"。（臧莺，2012）中国的基础教育被认为更注重知识掌握和知识体系的构建，而对包括创造性在内的21世纪技能关注较少。（傅冰，2005；朱小虎，2016）我们认为，在当下中国的教育情境中，项目化学习的重要使命之一就是要补足中国教育的这块"短板"，通过多种项目形态，让我们的学生拥有真实的问题解决经历，成为积极的行动者，调动已有的知识经验、能力基础，创造性地解决真实情境中的问题。

Guilford（1967）早在50多年前就宣称，创造性是全面意义上的教育关键，也是人类最严重问题的关键。在今天这样一个变动不居的人工智能时代，这一重要性更加凸显。面对错综复杂的不确定的问题，人是否能够创造性地思考，产生尽可能多的新颖方案，因地制宜地筛选适切的方案，成为区别人与人工智能的重要方式之一。创造性思维可以提高许多个人能力，包括元认知、解决问题的能力，促进个人认同和社会参与，提升学业成就和未来职业成就。（Barbot et al.，2017）

项目化学习的中国建构要能引导项目的设计和实施指向让学生更富创造性地解决问题。从2015年接受上海市教委任务，成立学习基础素养项目组开始，我们就展开了这样的探索。在我们对素养的理解中，素养、学习、创造性三者之间具有内在的一致性。

素养有两个要素是必不可少的：

第一，应用自己的所知完成特定的任务或问题；

第二，有能力在不同的情境间进行迁移。（Chisholm，2005）

对情境的学习力和迁移力是素养的核心。素养在情境中形成、抽象、迁移、转换。素养的形成意味着个体在以往的情境中具有足够的学习力，能在新情境中迅速找到自己想要的资源，建立知识间的联系，对新情境进行判断，最终能解决问题。简而言之，这种在不同情境中创造性解决问题的能力就是"素养"。

"素养"蕴含着对学习、学会学习的新的理解。学习不是指被动、机械地习得现成的知识与技能，也不是指孤立地训练各种认知能力，而是指在情境中获得生长性经验，再迁移并进行创造性运用的过程。学习是带有创造性的。

2019年下半年，我们再次接受上海市教委的委托，根据中共中央、国务院《关于深化教育教学改革全面提高义务教育质量的意见》，研制上海市项目化学习三年行动计划。2020年，上海市教委发布的《上海市义务教育项目化学习三年行动计划（2020—2022年）》中，将"创造性问题解决"作为推进目标，并从这一角度对项目化学习进行了界定：

以校长为核心的教育教学团队，在学校活动领域、学科领域和跨学科领域，设计真实、富有挑战性的问题，引导和指导学生在一段时间内持续探究，尝试创造性地解决问题，形成相关项目成果。项目化学习要把握育人方向，全过程融入爱国主义、社会主义核心价值观、中华优秀传统文化、公民道德等元素，培养学生创造性思维、批判性思维、团队沟通与合作等重要的终身学习能力，促进教与学方式变革和教师专业成长，激发学校办学活力。

在新一轮的行动中，我们认为，每一个学生都有创造性，学生对一件事的重新理解或新想法就是创造。创造力并不是少数人独有的、神秘的、随意的。创造性是可以培养的，可以通过累积领域知识、思维方法，逐步产生富有洞见的新想法等各种方式产生。（Hung，2015）我们的教育应该创造机会让学生能对经验、行动或事件做新颖的、有意义的诠释，有机会解决日常的、复杂的真实问题，发展自己的创造性。（孙崇勇 等，2016）未来的创新型人才、伟大的发明创造都始于这些微小的创造性想象和解释。（Beghetto et al.，2007；林崇德 等，2012）

创造性问题解决很难通过传统的基于讲授的教学方法习得。（Sweller et al.，

2011；Geary，2002，2006）关于生物主要能力（biologically primary abilities）的理论对这个问题提供了生物学层面的解释。该理论认为，生物的主要能力，诸如第一语言、社会能力、问题解决和创造性，是在漫长的积累、实践、获得反馈、改进等过程中形成的能力和技能，不可能通过一次短短的演绎式的教学就可以习得。换句话说，生物主要能力的形成是一个"精耕细作"的过程。

而项目化学习为提升学生的创造性问题解决能力提供了新的可能性，Hung（2015）分析了项目化学习指向创造力培养的不同维度，涵盖项目化学习所引发的学生内在需求、问题本身的开放性和新颖性、深入的社会性互动以及通过小步骤的创造性积累的过程。他进而提出，项目化学习不仅充满了各种能够彰显学生创造性的契机，而且还加快了这一"精耕细作"的过程。

从实证研究的数据来看，绝大多数的元分析（Strobel et al.，2009；Walker et al.，2009）支持项目化学习在知识深度、灵活性、知识持久程度等指标上优于传统的教学方法。有研究者（Sulaiman et al.，2014）的实验研究表明，项目化学习对学生的创造性思维有直接的显著影响。

在新一轮的探索中，我们希望用不同类型的项目带给学生在不同领域、课程中的多样的创造性体验。在活动项目中，引导学生体会日常的、身边的、真实的问题解决过程；在学科项目中，帮助学生形成对知识的新见解，引导学生创造性地用学科知识进行新实践；在跨学科项目中，引导学生关注更具有社会关怀导向的真实而复杂的问题，探索实践不同专业领域的合作地创造性解决问题的方式。

四
项目化学习的中国建构需要我们不断探索，用实践持续迭代

"学习素养·项目化学习的中国建构丛书"正是基于上述这些探索而诞生的。

这套丛书的出版将是一个慢慢发展和完善的过程，因为每一个成熟案例的诞生都需要经历实践的迭代。高质量的实践需要时间。

在这套丛书中，有项目化学习的理论构建，有来自国内各先行地区的实践案例，有对国际上项目化学习的样态分析，有基于学校场域的课程结构性

的变革，有持续迭代的活动、学科、跨学科项目的经典案例。尽管方向各有不同，样态参差多样，但无一不是躬行实践的结果。

我们希望这套丛书能够给当下国内的项目化学习探索以新的启发，希望用先行者的亲身尝试追根溯源，探索出可行的道路，为我国基础教育课程改革研究和实践提供资源与经验。

本丛书出版过程中得到了编委会的各位前辈和同行的专业引领与支持，与美好的思想和心灵交流是一件很幸福的事，在此一并致以诚挚的谢意！

2020 年 11 月

目 录

前 言 / 001

1 入项探索工具

1.1 如何支持学生提出可探究的问题？ / 002
工具 1　基于观察的问题清单 / 002
工具 2　POV 表 / 004
实地项目运用：如何用入项探索工具支持学生提出问题？ / 006

1.2 如何引导学生进入真实问题情境？ / 009
工具 3　用户求助 / 009
工具 4　模拟场景 / 012
实地项目运用：如何用"模拟场景"激发学生投入"神话"项目？ / 014

1.3 如何支持学生界定与分析问题？ / 016
工具 5　KWH/KWL 表 / 017
工具 6　问题权衡图 / 019
工具 7　问题链 / 021
实地项目运用：如何支持学生分析问题形成"开办一家文创店"项目问题链？ / 023

2 知识与能力建构：通用类工具

2.1 如何让学生快速了解与项目相关的背景知识？／028

    工具 8　冷知识卡片／028

    工具 9　时间轴／030

    实地项目运用：如何用"冷知识卡片"让学生快速了解项目背景知识？／032

2.2 如何支持学生对知识进行更深层次的思考？／035

    工具 10　苏格拉底式问题研讨法／035

    工具 11　5R 笔记法／038

    实地项目运用：如何用"苏格拉底式问题研讨法"促进学生深度思考？／040

2.3 如何将知识可视化地呈现？／043

    工具 12　维恩图／043

    工具 13　思维可视图／045

    工具 14　因果链／048

    实地项目运用：如何鼓励学生使用"思维可视图"呈现自己对节日的理解？／050

2.4 如何即时评估学生对所学内容的阶段性理解？／053

    工具 15　项目通行证／054

    工具 16　电梯游说／056

    实地项目运用：如何用"项目通行证"评估学生对项目的理解？／059

3 知识与能力建构：学科实践类工具

3.1 如何支持学生深度阅读？ / 064
工具 17　阅读日志 / 064
工具 18　阅读"井"字游戏 / 066
工具 19　SQ3R / 068
工具 20　作者图表 / 071
实地项目运用：如何以"阅读'井'字游戏"促进学生进行跨学科阅读？ / 072

3.2 如何让学生更喜欢更善于写作？ / 075
工具 21　汉堡包写作 / 075
工具 22　PEEL 写作工具 / 077
工具 23　RAFT / 079
实地项目运用：如何用"汉堡包写作"工具支持学生写作？ / 082

3.3 如何让学生像科学家一样思考？ / 085
工具 24　科学观察 / 085
工具 25　假设—验证 / 088
工具 26　科学研究报告评阅者 / 091
实地项目运用：如何运用"科学观察"研究校园一角？ / 094

3.4 如何让学生像设计师一样实践？ / 097
工具 27　设计决策五边形 / 097
工具 28　用户移情图 / 100
工具 29　设计思维 / 102
实地项目运用：如何用"设计决策五边形"形成耳机创意设计方案？ / 105

4 合作探究工具

4.1 如何引导学生组建团队？ / 110
工具 30　"好团队"画像 / 110
工具 31　全脑优势模型 / 112
工具 32　团队协议 / 114
实地项目运用：如何运用"全脑优势模型"支持学生分组？ / 117

4.2 如何支持学生进行团队项目管理？ / 119
工具 33　项目团队日志 / 120
工具 34　项目议会 / 122
实地项目运用：如何运用"项目团队日志"安排项目计划？ / 124

4.3 如何促进团队有效探讨？ / 127
工具 35　观点激荡 / 127
工具 36　拼图法 / 129
工具 37　六顶思考帽 / 132
实地项目运用：如何运用"观点激荡"促进学生创造性探究？ / 134

4.4 如何促进全班交流互动？ / 137
工具 38　世界咖啡 / 137
工具 39　Think-Pair-Share / 139
工具 40　鱼缸式讨论法 / 141
工具 41　四角课堂 / 142
实地项目运用：如何运用"四角课堂"让全班动起来？ / 145

4.5 如何让全班学生的意见快速可视化？ / 147
工具 42　可视化课堂意见调查 / 147

工具 43　拔河 / 149

实地项目运用：如何运用"可视化课堂意见调查"组织全班做决策？ / 151

5 形成与修订成果工具

5.1 如何快速形成成果概要？ / 156

工具 44　成果日志 / 156

工具 45　三步成果概要 / 158

实地项目运用：如何用"三步成果概要"让学生快速厘清车棚方案设计？ / 160

5.2 如何支持学生评论修订成果？ / 163

工具 46　奔驰法（SCAMPER）/ 163

工具 47　旋转木马 / 165

工具 48　评委角色扮演法 / 167

实地项目运用：如何用"评委角色扮演法"形成阶段方案？ / 169

6 出项工具

6.1 如何帮助学生进行出项规划？ / 174

工具 49　出项计划图 / 174

工具 50　项目展板 / 176

实地项目运用：如何运用"出项计划表"支持学生的出项准备？ / 179

6.2 如何促进出项中的学习？/ 183
　　工具 51　画廊漫步 / 183
　　工具 52　出项现场记录表 / 186
　　实地项目运用：如何在大型出项中运用"画廊漫步"？/ 188

7 反思与迁移工具

7.1 如何在有限的时间里快速反思？/ 192
　　工具 53　今天我学会了…… / 192
　　工具 54　我原来认为……，现在我认为…… / 194
　　实地项目运用：如何使用"今天我学会了……"促进幼儿反思？/ 196

7.2 如何进行深层次的反思与迁移？/ 198
　　工具 55　What？So what？Now what？/ 198
　　工具 56　反思 4F / 200
　　工具 57　九宫格反思与迁移 / 203
　　实地项目运用：如何运用"九宫格反思与迁移"深化学生的项目理解？/ 205

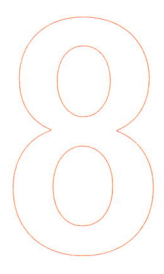

8 PBL 班级文化营造和心智培育工具

8.1 如何培育探究的文化与心智？/ 210
　　工具 58　问题墙 / 210
　　工具 59　每日问 / 213

工具 60　探究的话语规则 / 214

实地项目运用：如何用"探究的话语规则"培育学生探究的心智？ / 216

8.2 如何培育协作的文化与心智？ / 219

工具 61　倾听规则 / 219

工具 62　音量盘 / 221

工具 63　团队赞美卡片 / 223

实地项目运用：如何在项目中有效运用"倾听规则"？ / 225

8.3 如何培育创造的文化与心智？ / 227

工具 64　强制联想法 / 228

工具 65　635 头脑风暴法 / 230

工具 66　CSI 法则 / 232

实地项目运用：如何运用"635 头脑风暴法"激发学生创造力？ / 234

参考文献 / 237

前　言

经常有老师问我们各种问题：项目中都要自己推着走，学生不会独立思考，怎么办？没有好的分工办法，学生在小组合作分工上花费很多时间，怎么办？提出一个问题，学生没有什么想法，思路打不开，写出的东西平平无奇，如何让学生有自己的创意？项目实施过程中是否有一些方法可以快速地评估学生？……

这些都是项目实施中的真实问题，如何破解？

《项目化学习工具：66个工具的实践手册》这本书就是用半结构化的工具来破解这些问题的集合，我们用66个工具来破解项目化学习中的系列问题。在项目化学习这一领域，如何向上构建顶层的理论框架和质量标准，向下让项目化学习进入常态课堂，是我们这两年的探索方向。而这本书就体现了我们在向下"如何让项目化学习更接地气"上的探索。书中的工具都是短小精悍的，是可感可触摸的。在过去的几年中，我们看到教师们在实践中对这些工具的各种创造性使用，产生了令人惊喜的效果。

一、项目化学习工具的意义和价值

2015年学习基础素养项目启动三个课堂实验室的时候，在以学习为中心的课堂中，我们就逐步纳入了倾听规则、音量盘、探究的话语规则、负责任的谈话等通用类学习工具。在很多国际教材、国际上的典型项目如"零点项目"中，学习工具的运用较为普遍。但是，在国内的日常课堂中，即使在项目化学习这样的新学习样态中，学校和教师有意识地使用学习工具来支持学生的思维和探索的还是相对比较少。有鉴于此，本书系统化地整理和建构了项目化学习中可以使用的系列工具，以此推进实践的开展。

在日常课堂和项目化学习中引入学习工具，对学生的学习和教师的教学有如下的价值和意义。

1. 学习工具是学科实践和跨学科实践的载体，有助于促进新课标理念落地

在最新修订的 2022 年版义务教育课程标准中提出了学科实践，简单来说，就是要用演讲的方式学演讲，用科学的方式学科学。本书中提出的学科领域的学习工具的本质与之相通。在阅读与写作类的工具中，学生运用这些工具进行良好的阅读和写作实践，他们不是简单地翻阅图书，而是需要运用阅读策略，理解作者的意图和写作结构，思考如何写作能够更加吸引人；在科学类的工具中，学生运用科学观察的工具进行带着问题的观察和探究，用科学报告评阅人的眼光审阅自己和同伴的材料。这些学科实践工具本身就指向学科素养的实践化，并促进知识和能力的迁移。

许多教师往往会在项目化学习的目标中列出诸如合作、沟通、创造性等跨学科通用性学习目标，但这些目标在项目进程中时常没有得到关注，合作、探究类学习工具的引入可以助力这些目标得以切实地落地。比如当学生在用奔驰法评价自己的作品和他人的作品时，学生就是在进行创造性的合作沟通。

2. 学习工具的引入可以破解教师在项目实施时的普遍难题

教师在项目化学习中总是会碰到各种难题，比如学生提不出好问题，如何组织学生有序交流，学生如何参与评价标准的制订，学生没有好的成果创意，等等，这些几乎是所有的项目化学习课堂都会出现的难题。通过本书的目录读者可以发现，我们在项目化学习的每一个阶段都提出了很多问题，这些难题会限制教师和学生的探索热情，要解决这些问题，学习工具可以作为学习支架提供给学生和教师。

不过，值得注意的是，有时候我们引入工具并不仅仅是为了更顺利地解决问题，有时候也是为了给项目设置问题，这是一种更"高级"的导向。当学生觉得项目"很容易"，或者只是停留在"做"的时候，学习工具的引入可以促进学生进行更深层次的挑战，比如在学生轻易得出结果的时候，用苏格拉底式问题研讨法工具引发学生思考，"如果不这样，会怎样呢？"，促进学生进行持续的反向的思考。

3. 学习工具是"专家思维"的凝结，可以让学习者少走弯路

很多学习工具其实是这一领域的专家经过研究和实践发现的行之有效的一种思维方法。运用这一工具就意味着掌握了一种思维方式，采用它可以少走弯路。举例来说，很多老师一提到合作学习就开始组织小组讨论，但是 Think-Pair-Share 这一工具中就蕴含了"如何更良好地合作"的思维结构，合作思考的深度和有效性建立在独立思考的基础上，而两两之间的互动能够较好地激发学生表达自我的勇气，一开始就进行所有人共同参与的讨论往往会遮蔽个体思考的价值。为此，通过使用这一工具，教师和学生事实上是在理解一种更好合作的思维方法，同时也避免盲目地探索，学生运用工具的过程就是理解这一领域内专家思维的过程。几乎所有的工具都体现了对如何"更聪明地思考和实践"的理解。

4. 学习工具支持师生从日常课堂到项目化学习形成连贯的探究心智

我们一直认为，项目化学习是日常学科学习、跨学科学习的一种样态，是植根于整个学校教学系统中的，与日常学科学习是连续体上的不同节点，而不是割裂的、孤立的。本书中的学习工具不仅可用于项目化学习，由于它体量轻、用时少，也可用于日常课堂。或者说，我们更倡导大家首先在日常课堂中，结合自己的需求，在备课、课堂教学、作业设计、日常教研等情境中使用。探究、创造、合作的心智习惯可以在日常课堂中慢慢形成，当学生进入更复杂的项目化学习中，就可以用已有的能力来进一步养成更复杂的心智习惯。可以说，教师的教学过程在一定程度上就是要创设出更适切和多样的工具来支持学生的学习，而学生的学习在一定程度上是不断内化人类已有的思维工具来形成更成熟地面对未来的心智基础。

二、本书中所列学习工具的来源

工具的形成和累积是一个漫长的过程。这些年来，我们从不同的渠道收集、实践了很多工具，但并不是所有的工具都纳入这本书中。从工具所涉及的领域来源看，本书所列的学习工具主要有如下来源。

1. 来自我们在项目化学习领域的探索

本书中的部分工具是我们针对项目化学习领域中出现的问题进行的专门的设计，如问题链、用户求助、模拟场景、项目团队日志等；有一些则是根据项目化学习的性质对已有工具的改造，比如POV表、三步成果概要、项目通行证等。这些专门的设计和改造使得工具更指向项目化学习的特定目的和功能，用于解决项目中诸如学生无法提出问题、如何快速形成成果、怎样检验阶段性项目进展等特定的问题。

2. 来自实践中涌现出的典型案例

我们非常期待和欣赏这一类工具，它们来自教师主动的探索。我们发现，能主动运用学习工具的教师往往都很有创新性，对学生的学习和自己的教学也抱有更开放的心态。书中非常有创意的一些工具都是我们在教师的项目实践中发现的，比如评委角色扮演法，用于产生更多创意的635头脑风暴法，以及用于进行知识点和差异性的学习支架设计的四角课堂工具，这些工具的使用让案例出现了与众不同的思路。

3. 来自对国际上的学习工具、设计工具、学科工具等的研究

也有部分工具来自我们对国际上语文、科学教材中工具的分析借鉴，有的是如维恩图、思维可视图等这样的通用类工具，也有一些是特定的，如工程设计领域、科学领域、阅读与写作领域的思维工具。哈佛的"零点项目"中使用的可视化思维工具，以及国际上专门的思维工具的书籍也给了我们很多的启发。这些工具进入本书时大多经过了我们的改造。有些工具在多个领域通行，以至于找不到明确的最初的出处来源。如果各位读者有相应的线索，我们将在新版中添加说明。

三、本书的结构

本书聚焦项目化学习，通过四层结构组织工具。

第一层是通过项目化学习的阶段来划分工具。项目化学习有不同的阶段和课型，用项目化学习的不同阶段或是不同课型来描绘项目化学习，体现了项目化学习的实施逻辑。

本书根据项目化学习的不同阶段提出了 8 类工具，包括入项探索工具；知识与能力建构：通用类工具；知识与能力建构：学科实践类工具；合作探究工具；形成与修订成果工具；出项工具；反思与迁移工具；PBL 班级文化营造和心智培育工具。

当然，这些工具并不是只能用在某一特定阶段。比如旋转木马工具，书中是放在成果形成与修订阶段，但是也有教师会用在入项中，以引起学生更多的问题探讨。因此，对于工具的运用，更适合的是将本书中的第一层结构当作参考，在熟悉工具后进行灵活的运用。

第二层是用各个阶段中教师和学生常见的项目问题来组织工具。我们很强调工具对真实问题的解决作用。全书一共提出了 25 个真实问题。这些问题不仅在项目化学习中有，在日常的课堂中也存在，希望本书提供的工具可以启发更多的教师创造性地解决问题。

- 如何支持学生提出可探究的问题？
- 如何引导学生进入真实问题情境？
- 如何支持学生界定与分析问题？
- 如何让学生快速了解与项目相关的背景知识？
- 如何支持学生对知识进行更深层次的思考？
- 如何将知识可视化地呈现？
- 如何即时评估学生对所学内容的阶段性理解？
- 如何支持学生深度阅读？
- 如何让学生更喜欢更善于写作？
- 如何让学生像科学家一样思考？
- 如何让学生像设计师一样实践？
- 如何引导学生组建团队？
- 如何支持学生进行团队项目管理？
- 如何促进团队有效探讨？
- 如何促进全班交流互动？

- 如何让全班学生的意见快速可视化？
- 如何快速形成成果概要？
- 如何支持学生评论修订成果？
- 如何帮助学生进行出项规划？
- 如何促进出项中的学习？
- 如何在有限的时间里快速反思？
- 如何进行深层次的反思与迁移？
- 如何培育探究的文化与心智？
- 如何培育协作的文化与心智？
- 如何培育创造的文化与心智？

第三层是学习工具的使用指南。我们描述了 8 大类指向 25 个问题的 66 个工具。每一个工具都由工具是什么、工具什么样、工具如何用、工具用在哪里四个部分构成。我们既介绍了单个的工具，也强调工具间的整合运用，以及类似工具的不同使用场景，比如同样是反思，反思 4F 和九宫格反思与迁移就用于不同的目的。

第四层是与工具匹配的案例。限于篇幅，针对每个问题我们选择了一个工具的实地项目运用案例与之呼应，全书共有 25 个案例。案例来自语文、数学、科学等多个学科，也尽量覆盖了幼儿园到初中不同学段，案例的实践学校覆盖上海、浙江、江苏、山东、河南等不同地区。虽然市面上也有设计类、管理类的工具书，但是很少看到类似本书的本土实践实例。

本书中所列的学习工具只是一部分，工具与问题没有穷尽。希望本书是一种"打开"，在案例中，我们发现看上去简单、统一的工具在不同的教师实践中变得更灵动，更有血有肉。这让我们欣喜，这也是实践者和研究者互动的意义，相互启发，相互成就。欢迎大家通过"预见学习"公众号和"预见君"分享你运用这些工具创造出的案例，分享你自己创造出的独一无二的工具。

本书是团队协作的结果。全书由夏雪梅总体设计并撰写，上海学习素养课程研究所的瞿璐、李倩云、刘潇等一起参与撰写。书中还有来自一线教师的贡献，他们或自己主动运用工具撰写了案例，或运用我们的工具进行实践形成了案例，文中案例的部分都进行了一一署名。在此一并致以诚挚的谢意！

入项探索工具

"在入项中,如何让学生主动提出值得探究的驱动性问题?"
"在抛出驱动性问题之后,如何支持学生分解驱动性问题?"
　　好的入项探索是"让项目成为学生的项目",是教师支持学生积极地提出问题、理解问题的过程。我们可以在入项中创造让学生能够涌现出问题的情境,提供鼓励学生提问,引导学生理解问题、分析问题的工具。

1.1 如何支持学生提出可探究的问题？

提出一个可探究的驱动性问题是项目设计的关键。驱动性问题既可以来自教师，也可以来自学生，来自学生的驱动性问题往往更能激发学生投入。当学生能够提出、筛选、改进问题时，他们对什么是值得探究的问题就有了自己的判断和理解。比如，当学生基于对超市里顾客滥用塑料袋的现象的观察主动提出"如何减少白色污染？"的问题时，学生就在"白色污染"这个专业概念和日常经验之间建立了联结，这样的问题匹配特定年段的课程标准，经过转化就可以成为驱动性问题。

很多时候，如果只是简单询问学生是否有问题，并不能有效激发学生提出有创意的、发自内心的、可探究的问题。教师可以通过提供现象图片、描述情境等方式支持学生提出可探究的问题。我们要认识到，如何提出好问题也是可学习的。

工具 1 ▶ 基于观察的问题清单

⚙️ 工具是什么？

基于观察的问题清单是一种鼓励学生在观察真实现象的基础上提出问题的工具。学生提不出问题，很多时候是因为缺少对现象的直观感知。这一工具支持学生进入现场观察，运用多种感官记录观察到的现象，并据此尽可能多地提出问题。

⚙ 工具什么样？

工具 1：基于观察的问题清单

观察对象 / 主题：

观察到的现象	问题清单
👁 _____	? _____
👂 _____	? _____
👃 _____	? _____
✋ _____	? _____
👄 _____	? _____

基于观察的问题清单主要包括以下三个部分：

观察对象 / 主题：学生需要知道本次观察重点关注的对象或主题是什么，比如观察小区公共设施、学校午餐状况、道路上的交通秩序等。

观察到的现象：学生在观察中需要调动视觉、听觉、嗅觉、触觉、味觉等多种感官进行观察，并记录自己观察到的有趣现象。

问题清单：学生在观察与记录的基础上，提出自己想要研究的一系列问题。

⚙ 工具如何用?

1. 学生进入观察情境中

根据观察对象或主题，教师需要让学生进入观察情境中。观察情境可能是学校的餐厅、社区的某个活动场所或家庭环境。

2. 学生使用工具进行观察与记录

学生在明确本次观察对象或主题的前提下，使用基于观察的问题清单进行观察和记录。教师也可以鼓励学生用拍照、绘画的形式进行记录。

3. 学生提出问题清单

学生根据观察到的现象，列出自己想要研究的问题。教师鼓励学生尽可能多地写出问题。

4. 师生交流问题清单

教师可以组织学生先在小组内分享自己的问题清单，经过对问题进行归类、去重、整合、分析等，形成小组内公认的有质量的、值得探究的问题。

⚙ 工具用在哪里?

基于观察的问题清单适用范围比较广，与现实生活有关的项目都可运用，比如交通、天气、人群、自然等。基于观察的问题清单也可以用在日常教学中，用于发展学生的提问能力。

基于观察的问题清单可以用在项目初期，尤其是在入项探索阶段。借助基于观察的问题清单，能够促进学生对现象或者主题的深入思考，让学生带着更多直观的体验参与到新项目的学习中。教师可以应用这个工具了解学生对某一主题或现象的真实困惑，从而更有利于形成适合全班同学的驱动性问题。

工具 2 ▶ POV 表

⚙ 工具是什么?

POV，即观点（Point of View），最初指的是设计师通过与用户的沟通来确定设计愿景的一种方式，包含"观察—发现—猜想—形成问题"四个部分。在项目化学习中，POV 表有两种基本用途：一种是作为形成问题的流程，类似工具 1 基于问题的观察清单，通过观察、猜测等方式逐步确定有价值的问题；第二种是用在观察之后对问题的提炼上，有时候师生对于要解决怎样的驱动性问题可能只有一个方向，对如何准确表述问题还是比较模糊的，此时就可以借助 POV 表来澄清问题的结构。例如，在新冠肺炎疫情期间，学生观察到同学们（观察对象）都在室内而不是在操场上做体操（新发现），他们猜测这是疫情期间保持 1 米间距的要求和学校操场不够大之间的矛盾（猜想），因此学生觉得要解决的问题是：如何在保证安全距离的情况下，充分利用学校的各个空间，让学生可以在户外做体操（要解决的问题）？

工具什么样？

工具 2：POV 表

我观察到：

我发现了：

我猜这可能是因为：

因此我觉得要解决的问题是：

在（怎样的）情况下，（谁）该（如何），为（谁），做（什么），以解决（什么问题）

POV 表的最后一项其实明晰了驱动性问题的结构，教师也可以使用这一结构来帮助自己优化驱动性问题。

工具如何用？

POV 表与基于观察的问题清单的定位是不同的。问题清单是 POV 表的基础，它侧重的是让学生在观察现象中提出多个问题，POV 表则提出了从现象到原因到设计问题的流程，因此更适合用于问题的修订与完善。

1. 学生进入观察情境中

学生带着POV表进入与项目主题相关的观察情境中。比如项目主题是"社区的可改造之处",可以引导学生进入社区的"运动健身馆""社区图书馆"等观察情境中。

2. 学生填写POV表

学生根据所观察的情况填写POV表,每位学生独立完成POV表。

3. 师生交流POV表

教师可以组织学生分组交流POV表。例如,先请学生讨论以下问题:要解决的问题与项目主题相关吗?为谁解决问题、如何解决这些问题是否都明确?哪些问题是更值得探究的?在讨论这些问题的基础上,师生共同确定我们是谁、将要为谁、做出怎样的产品,这些驱动性问题中的关键要素。

✿ 工具用在哪里?

POV表可以帮助师生共同确定驱动性问题。当师生只知道项目要探究的主题,而要解决的问题很模糊时,可以使用POV表来界定问题。POV表可以与基于观察的问题清单(见本书工具1)整合起来使用。学生可以先用基于观察的问题清单进行观察,然后挑选出一些问题,用POV表来更加明确地呈现问题。

POV表也可以"倒置"使用,用于帮助学生澄清如何解决问题。具体可参看后面的实地项目运用实例。

在用POV表帮助学生初步明确驱动性问题时,也鼓励学生尝试用多种方式解决问题。

实地项目运用

如何用入项探索工具支持学生提出问题?[1]

学校门口一直有拥堵的现象,教师察觉到缓解拥堵可以作为真实项目的问题,

---

[1] 本案例来自本书作者团队提供的项目工具,对上海市浦东新区张江高科实验小学李晶老师设计的活动项目"学校门口的安全出行"的改造。本案例执笔人:本书作者团队。

但教师并不想将其作为一个任务布置给学生，而是希望学生自己发现问题。为此，在项目开始前，教师提供给学生基于观察的问题清单，让学生实地观察学校门口上下学的现象，并让学生把他们的发现记录下来。

教师让学生先独自观察记录在学校门口观察到的现象和问题，并填写"学校门口的交通观察单"。教师改造了工具1，加入了对问题价值的分析，这种改造可以让学生对什么样的问题是可研究的、可行的有一个初步的认识。

学校门口的交通观察单

观察人：	观察时间：	观察地点：
我观察到的现象：		我认为需要解决的问题：
解决的必要性：		
发生的频率：		
是否能够解决：		
可能需要的帮助：		
最终我们小组想要解决的问题：		

每位学生在观察时，都需要填写观察到的四个现象，并根据现象提出自己想要解决的问题，然后对每个问题进行分析；接着四人一组进行讨论，最终确定小组要解决的问题。

等每个小组确定好问题后，教师再对交通观察单进行整理。整理的过程中教师发现，大部分学生提到了校门口的安全隐患问题，上下学的时候马路上总是人来人往，存在许多安全隐患。因此，教师基于学生的发现以及他们想要解决的问题，提出了本活动项目的驱动性问题：

"学校门口的藿香路是一条'忙碌'的小马路，每天上学与放学期间，进出学校的学生与接送学生的家长总是将马路挤得水泄不通。这不仅会造成道路拥堵，同时也让穿梭于马路的学生们置于许多安全风险之中。如何能够在较少影响交通秩序的情况下，让校门口的道路出行变得更加安全？"

在提出驱动性问题后，教师原本是让学生再次进行观察，在观察的时候提出策略。但我们在分析时认为，让学生第二次观察时给出策略，教师提供的已有支持力度是不够的，而POV表的倒置使用可以给学生提供更好的支架。为此，本书作者团队根据"谁做了什么产生了这一问题，我们作为什么角色要做什么可以解决这一问题"的POV倒置思路，重新设计工具支架。

POV表倒置的观察支架

驱动性问题：

谁造成了这一问题：

如何导致了这一问题的产生：

我们作为（　　　）角色：

要做什么：

才能解决这个问题。

案例评析

为什么要使用这个工具

当学生不使用交通观察单、POV表倒置的观察支架这些工具时，他们对校园门口拥堵这个问题只有一种模糊的感觉，认为校园门口拥堵可能是车太多的原因。学生在问题感受上的模糊可能会导致他们草率地解决问题。当学生使用了基于观察的问题清单之后，他们能够直观、清晰地记录具体问题是什么；在借助倒置的POV表之后，学生能够更加清晰、全面地理解这一问题产生的缘由，并且提出解决问题的策略。使用这些工具，不仅可以使学生的思维可视化，也可以引导学生进行更加精细、准确的思考。

工具使用的注意点

本案例先对基于观察的问题清单进行了改编，在原来的工具上增加了"解决的必要性、发生的频率、是否能够解决"等问题，来引导学生关注解决学校门口拥堵问题的必要性。本案例还对POV表进行了倒置设计，为学生更好地解决校园门口拥堵问题提供了支架。因此，工具的使用不是一成不变的，教师在使用这些工具的时候，也可以基于自己项目的特点，对本书中的工具进行创造性的改编。

工具迭代的方向

在目前的工具使用中，学生主要是以文字的形式来呈现对问题的理解。在后续使用这些工具时，教师可以引导学生增加示意图、典型的图片、视频等内容来阐述自己观察到的现象和提出的问题。这些多元资料的使用会让学生的问题阐述更有感染力。

1.2
如何引导学生进入真实问题情境？

在项目实施中，如何引导学生进入问题情境，特别是让学生感受到问题情境的真实性，从而激发学生主动、积极地参与到项目中来是非常重要的。有些教师常以演示文稿快速出示驱动性问题，然后直接进入问题的解决过程，这样的做法很难引发学生真实的体验。为了引导学生进入真实问题情境中，教师可以借助文本情境，使用用户求助、模拟场景等多种工具。

工具 3 ▶ 用户求助

工具是什么？

用户求助是一种增强学生对驱动性问题真实体验的有效方式。用户求助，顾名思义，就是让用户以求助的方式直观、具体地抛出自己的真实问题，向学生（问题解决者）求助。这种用户求助的方式用在项目化学习中，主要是为了让学生感受到问题的真实性、迫切性以及服务他人的社会意义，进而增强学生的社会责任感。

用户求助的方式包括面对面求助和媒介求助，如下图示意。用户可以以面对面的形式向学生发出直接求助，也可以通过视频、音频和书信等多种媒介发出间接求助。例如，在校园美食节的项目中，校长作为用户，就可以通过视频的形式向全校学生征集美食节方案。

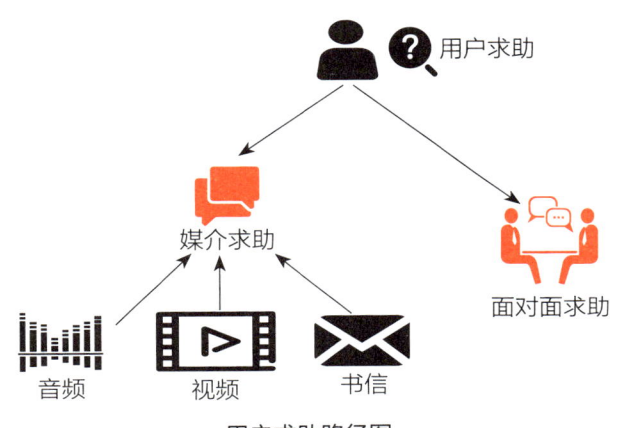

用户求助路径图

工具什么样？

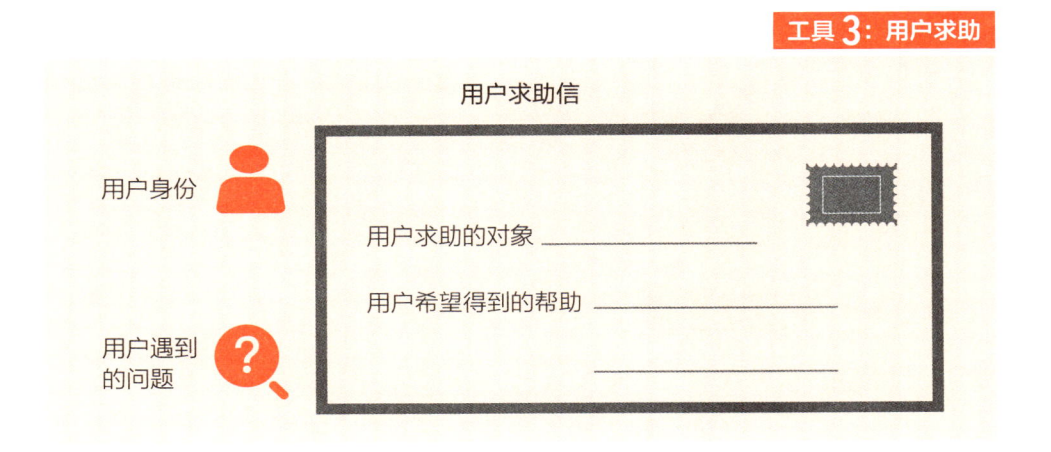

工具3：用户求助

用户求助信

用户身份

用户求助的对象 _____

用户希望得到的帮助 _____

用户遇到的问题

用户求助一般涉及以下四个关键要素：

用户身份：发出求助的用户身份是什么？可以是真实世界中的人物，比如导演、社区居民、学校校长等；也可以是一些虚拟人物，比如机器人、书中的某个人物角色等。

用户遇到的问题：用户希望解决的问题是什么？用户遇到的问题应该与用户身份相符合，是这个身份的用户可能遇到的真实的问题，也是学生可以模拟或真实解决的问题。

用户求助的对象：本次用户求助是向谁发出的？求助的对象可以是现实情境中的学生，也可以是赋予学生的相关的专业身份，比如设计师、工程师等。

用户希望得到的帮助：用户求助要明确希望最后得到的结果是什么，比如解决问题的方案或是某个产品。

工具如何用？

使用用户求助要让学生理解求助内容，并和用户建立起实质的沟通和联系。一般可以分为下面三个步骤。

1. 设计和撰写用户求助

用户求助可以由教师（用户）、学生（用户）或是家长（用户）发起。其实质就是向学生（问题解决者）提出真实的驱动性问题。用户求助是在驱动性问题明确之后再设计的。

2. 用适当的方式发起真实的用户求助

在发起用户求助时，教师也可以使用一些有创意的方式调动学生的积极性。比如，在入项中，用户突然出现，给学生一个"惊喜"；或者用来信、音频、视频等方式发起用户求助。

3. 学生接收用户求助的内容

当用户发出求助后，教师可以组织学生讨论用户的需求到底是什么。如果学生实在不理解用户提出的需求，教师还可以让学生先列出疑问，通过与用户互动来澄清问题。比如关于学校美食节的项目，学生可以进一步追问校长：美食节面向的对象是谁？活动有多少经费？对于要介绍的美食有怎样的要求？等等。

工具用在哪里？

用户求助工具一般适用于有明确用户对象的项目，比如为一个家庭设计一份理财计划，为学校的学生设计课间游戏。

如果没有明确的用户对象，也可以用虚拟的或更有创意的方式来发起用户求助。比如增加科幻元素，邀请未来的虚拟人物向现在的地球人发出生物技术的挑战等。

工具 4 ▶ 模拟场景

工具是什么？

模拟场景是指教师借助角色扮演、视频播放、文本阅读、环境布置等方式让学生模拟进入问题情境中。

很多驱动性问题发生的场景可能距离学生有些遥远，比如太空、火星、唐朝生活、史前环境等，也可能比较专业，比如实验室、考古挖掘现场、录音棚等。如何让学生尽快进入模拟情境中的角色，建立起驱动性问题情境与自己的关联呢？教师可以运用模拟场景这一工具，增强学生对驱动性问题的代入感和体验感。

工具什么样？

工具 4：模拟场景

- 科学家角色模拟
- 历史朝代模拟
- 动物角色模拟
- 社会角色模拟
- 太空情境模拟

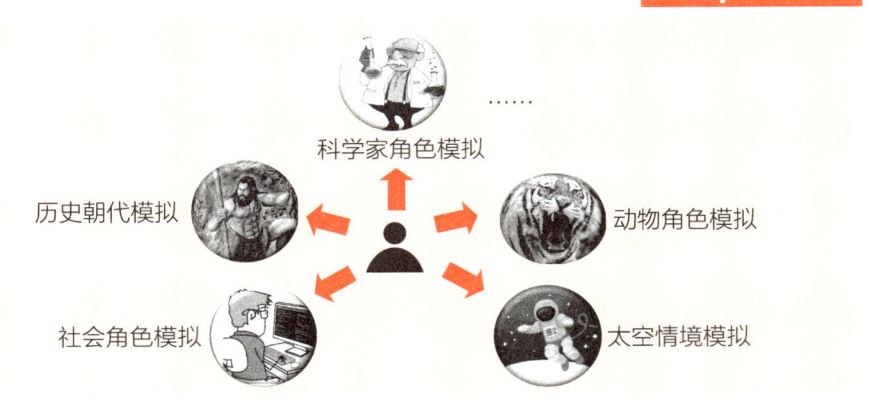

学生既可以模拟现实生活中的科学家、社区角色，也可以模拟动物，还可以模拟远古或未来的人。模拟这些角色或场景，能够让学生更好地进入驱动性问题的情境中。

工具如何用？

1. 确定模拟场景是什么

教师需要明确在准备实施的项目中需要请学生进入怎样的模拟场景，学生需要担任的角色是什么。比如在"春秋战国时期的名人的今日说法"的道德与法治学科项目中，就同时涉及两个模拟场景，一个是春秋战国时期诸子百家争鸣的模拟场景，一个是今天真实世界中的辩论场景。

2. 确定哪些关键要素能够让学生进入"专家角色"中

为了让学生更快、更真实地进入角色，教师需要分析这一类角色生活场景的典型或关键要素是什么。比如儒家、法家、道家的典型服饰，鸟类科学家整理资料的工作间等。

3. 选用恰当的方式来模拟场景

根据关键要素的不同，教师可以选择不同的方式来模拟场景。比如有巢氏时代距离学生生活比较远，教师可以通过播放视频的方式让学生回到古代生活的场景中；教师可以借助张贴有鸟类图画、鸟类生活资料的海报，让学生获得鸟类科学家的角色代入感。

工具用在哪里？

模拟场景在入项阶段可以起到带领学生进入问题情境的作用。此时，模拟场景可以和用户求助（见本书工具3）结合在一起使用。比如在环境保护类的项目实施中，教师可以请社区居民录制一段反映周边水污染严重的视频，然后让学生以环境治理专家的身份进行调查、分析、提供解决方案等。

在项目实施过程中也可以运用模拟场景，让学生保持足够的动力，继续以相关的角色来行动。在出项中，模拟场景能够赋予学生仪式感、专业感和荣誉感。比如在上海市嘉定区实验小学说明文项目的出项中，教师布置了展销会的场景，让学生模拟真实的展销过程。当学生模拟"推销员"来介绍一种小家电时，他们需要像专业的推销员一样着装、组织语言，这样的设计也会更好地激励学生沉浸在项目中。

实地项目运用

如何用"模拟场景"激发学生投入"神话"项目？①

"神话"是一个非常有趣的语文单元项目。在这个项目中，学生需要进入远古的古巢国情境，以先民有巢氏的身份经历神话故事诞生的过程。可是，远古人民的生活情境距离学生很遥远，学生难以想象那个时代的人们是如何生活的，不能理解神话是在什么样的情境中为了怎样的目的诞生的。为了解决上述问题，教师在入项课中运用了以下模拟场景的方式来带领学生进入问题情境中。

1. 通过角色扮演赋予学生有巢氏的身份

在入项课中，教师首先抛出一个问题，以了解学生的已有经验："你了解的神话是什么？"学生各抒己见后，教师结合单元导语娓娓道来："在远古时期，人类还处在自己的童年时代，我们的祖先游荡在大地上。华夏民族的土地上有一个古巢国……"教师稍作停顿后告诉学生："古巢国的首领名叫有巢氏，就是你，你，你……"接着教师追问了班里的几名学生："你是谁？"学生们一个个仿佛来到了古巢国，有的挥舞手臂，有的自拍胸脯，有的昂起头说："我是有巢氏。"

2. 借助视频进一步强化学生的角色意识

教师顺势说道："来，首领们，一起去你的古巢国看看吧！"40秒的视频短片，让学生对远古人类所处的真实情境，对自己作为这位首领面临的困境有了更深层的体验。此时，教师追问："作为首领，你有怎样的感受？"

当大部分学生沉浸在自豪、喜悦、得意之中时，一个不同的声音响了起来："我觉得作为一名首领，还有一份责任。"听到这样的声音，教师感受到了学生情感的变化。教师顺势引导："首领的责任是什么？请同学们拿出项目书，读一读首页的故事。"

---

① 本案例来自夏雪梅等团队设计、华东理工大学附属小学蔡国英老师实施的语文学科项目"神话"。本案例执笔人：本书作者团队，蔡国英。

3. 提供可读性强、具有感染力的文本带领学生进入情境

教师提供的文本描述了远古人民生活的具体场景，以及他们是如何思考世界的，他们是如何看待自然中的水、火、闪电等自然现象的……。下面是节选的有关驱动性问题情境的一段描述：

> 很久很久以前，在人类的远古时期，人类还处在自己的童年时代，华夏民族的土地上有一个古巢国。他们逐河流而居，他们的首领叫作有巢氏。
>
> 有巢氏带领族人们游荡在大地上。他们不知道自己从哪里来，到哪里去，自己所生活的这个世界是如何诞生的。他们很困惑……
>
> 这一群人还不会耕种，他们通过打猎、捕鱼、采摘野果来充饥。大多数时候，他们只能吃生食，猎物的血滴滴答答流下来，吃完有时候肚子还会痛。偶尔降下"天火"，他们能吃到香喷喷的食物。那么"火"是从哪里来的呢？……

读完文本，学生的思绪好像已经回到了远古人民的生活场景中。

课堂静默后，教师悄悄问道："首领们，此时此刻，你的心情又怎么样？"学生的回答是：难过、沉重、担心，我的族人们该何去何从？……

此时，学生已经完全投入情境中，以有巢氏的身份来思考，并产生了解决驱动性问题的强烈意愿。

案例评析

为什么要使用这个工具

在入项阶段，如果教师只是读一读问题情境，学生将很难产生强烈的参与感和冲击感。在本案例中，教师运用模拟场景工具，能够帮助学生很快沉浸在距离自己日常生活较远的问题情境中，产生理解神话诞生的强烈意愿。

工具使用的注意点

模拟场景的使用需要师生更多的情感投入，所以，模拟场景工具比较适合

情感充沛型教师，教师用自己的热情感染学生，用富有感染力的话语感动学生。理智型教师采用的模拟场景如果过于夸张和虚拟，有可能会带来违和感。模拟场景的使用还和学生的年段有关，小学生更容易投入虚拟的、需要情感的场景，他们更容易受到感染，如果是中学生，模拟场景可以更关注思维的真实性。

在线上和线下的项目中，模拟场景的使用各有利弊。就线上项目来说，教师可以借助更丰富、便利的场景，视频的使用更便捷和清晰，但学生的投入程度教师可能不易了解；就线下项目来说，师生可以布置相应的环境来进行场景的模拟，但线下模拟场景对空间的要求更高，同时也需要投入更多的时间和人力成本。

工具迭代的方向

在工具的迭代使用中，我们可以考虑两个问题：第一，如何进一步强化学生对角色的认知。在学生明确了自己的身份之后，他们如何理解这个角色要承担的任务或这个角色的思维方式。第二，如何在项目实施过程中利用模拟场景工具来维持学生的热情和持续参与探究的动力。在项目实施过程中，学生在入项时可能对问题情境很感兴趣，但过了一段时间后，他们的热情会消退。此时，教师就需要思考该如何借助其他工具来维持学生的参与热情。

1.3 如何支持学生界定与分析问题？

界定问题是指学生能够准确地描述问题是什么，分析问题是指学生能够初步分析出现问题的原因，以及从哪些方面来解决问题。许多学生看到项目中的问题就想直接动手解决，缺少界定与分析问题的过程。当学生缺少对问题产生原因的深入分析时，就会导致浅薄的思考。有时学生对问题进行的归因非常简单，例如，学生看到植物叶子枯萎了，就认为是太阳把植物晒死了，把要解决的问题限定为如何搭建一个遮阳篷。界定与分析问题的工具可以促进学生思维的深化。

工具 5 ▶ KWH/KWL 表

工具是什么？

KWH/KWL 表是用来了解学生关于驱动性问题的背景知识，激发学生学习兴趣和进行知识整理的学习工具，在日常的课堂学习中也经常用到（Ogle，1986）。KWH/KWL 表的全称是 Know-Want-How 或 Know-Want-Learning。这样的工具可以展现学生对驱动性问题的初步理解，教师可以据此调整项目实施的内容。

例如，在"保护中国的世界文化遗产"这一项目中，教师就可以用 KWH/KWL 表来了解学生对于我国世界文化遗产已经知道的、感兴趣的知识，以及准备如何保护的想法，然后根据学生感兴趣的内容进行项目深化。

工具什么样？

工具 5：KWH/KWL 表

Know 关于这个问题 我已知的	**W**ant 关于这个问题 我想知道的	**H**ow (**L**earning) 我打算如何解决 （进一步学习）

KWH/KWL 表主要包括三个方面的内容：

第一，K（Know）：关于这个问题学生已知的内容。

第二，W（Want）：关于这个问题学生想要知道的内容。

第三，H（How）/L（Learning）：关于这个问题学生准备如何解决 / 想要进一步学习的内容。

工具如何用？

1. 教师向学生介绍什么是 KWH/KWL 表

教师先向学生介绍 KWH/KWL 表的内涵以及具体的使用方法。

2. 根据驱动性问题填写 KWH/KWL 表

通常，教师可以给学生 3 分钟的时间来填写关于这个问题的已知，给学生 3 分钟的时间列出他们想要知道的内容，给学生 5 分钟的时间列出他们想要进一步学习的内容或关于如何解决问题的思考。具体时间可以根据项目的复杂程度调整。

3. 教师组织学生交流 KWH/KWL 表

教师可以按照 K、W、H/L 的顺序组织学生围绕自己填写的 KWH/KWL 表进行交流。在 K 的部分，重点是让所有的学生都获得对 K 的差不多的认知，让所有学生的知识起点都差不多均等；在 W 的部分，教师可以组织学生形成几个关键问题，作为项目探索的基础；在 H/L 部分，教师可以组织学生对后续问题链和如何探索、可能产生怎样的结果进行交流分析。

工具用在哪里？

KWH/KWL 表可以用在日常教学中，鼓励学生更加主动和积极地学习。学生通过整合自己的已知、想要知道的内容、最后学到的内容，建立新旧知识之间的联系，从而提高学习的效率。KWH/KWL 表可以用在主题阅读、课堂笔记、科学实验记录等多种日常学习的形式中。

KWH/KWL 表可以在每个子问题的探究过程中，呈现学生对子问题的理解过程。KWH/KWL 表还可以配合头脑风暴、思维导图等工具一同使用。

KWH/KWL 表中的"我想要进一步学习什么"也可以配合基于观察的问题清单（见本书工具1）等工具一同使用，鼓励学生提出更好的问题。

工具 6 ▶ 问题权衡图

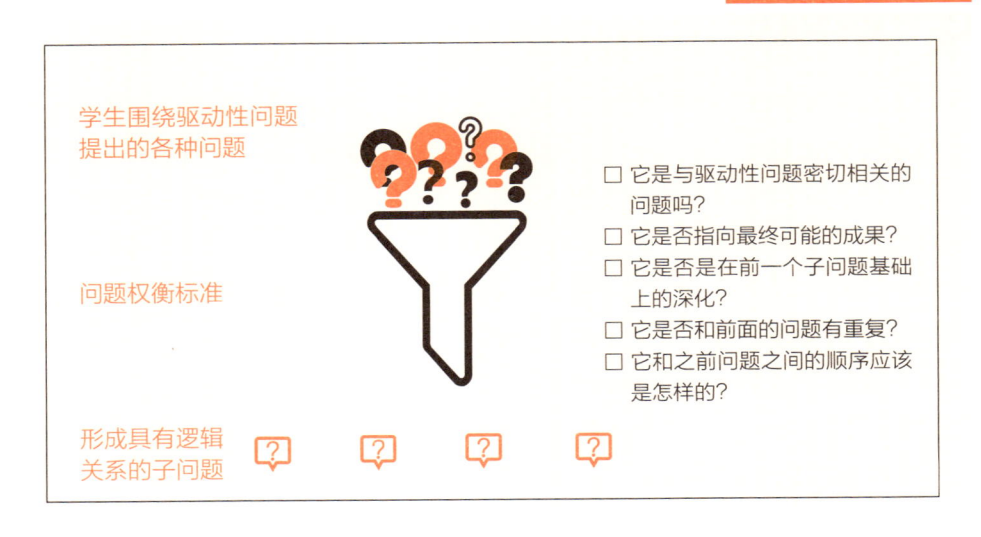

⚙ 工具是什么？

问题权衡图是帮助师生迅速判断所提出来的问题是否有价值、是否与驱动性问题紧密相关、是否与其他子问题重复等的工具。

基于观察的问题清单和 POV 表的功能是帮助师生明确要探究的驱动性问题是什么，问题权衡图则是在驱动性问题比较清晰的情况下，来判断和权衡学生围绕驱动性问题提出来的一系列问题是否有价值，能否成为子问题。比如在与开办文创店相关的项目中，学生可能会提出商店的选址、商店的装修、文创产品类别、员工管理、经费筹措等很多问题，学生就可以借助问题权衡表进行筛选，初步分解驱动性问题，选出有价值的子问题。

⚙ 工具什么样？

工具 6：问题权衡图

学生围绕驱动性问题提出的各种问题

- □ 它是与驱动性问题密切相关的问题吗？
- □ 它是否指向最终可能的成果？
- □ 它是否是在前一个子问题基础上的深化？
- □ 它是否和前面的问题有重复？
- □ 它和之前问题之间的顺序应该是怎样的？

问题权衡标准

形成具有逻辑关系的子问题

问题权衡图就像一个过滤器，师生可以借助问题权衡标准来过滤和权衡哪些问题有价值，可以作为子问题来探索。在筛选之后，教师还需要引导学生比较这些问题，形成具有递进、并列等逻辑关系的子问题。

工具如何用？

1. 鼓励学生列出所有想探究的问题
教师需要鼓励学生围绕驱动性问题尽可能多地提出自己想要探究的问题。

2. 指导学生理解问题权衡标准
教师可以引导学生先明确问题权衡的标准有哪些，以及如何根据这些标准来筛选问题。

3. 引导学生使用问题权衡图
学生可以借助这些问题权衡标准，先尝试对自己提出的问题进行权衡，然后在与小组同伴的交流中共同权衡问题，最后全班交流。

4. 师生在交流的基础上初步形成具有逻辑关系的问题链
对经过初步权衡、确定为关键问题的这些问题，教师和学生还需要再考虑哪些问题先解决，哪些问题后解决，问题和问题之间的逻辑关系是什么，等等。结合问题链（见本书工具 7），师生可以将这些问题初步转化为具有一定逻辑关系的问题链。

工具用在哪里？

在入项分解驱动性问题时，学生往往想要研究的问题很多，不知道哪些值得研究，这时教师就可以让学生使用问题权衡图。在项目中期围绕特定的子问题进行探究时，学生可能也有非常多想要探究的内容。比如在开办文创店的项目中，在解决子问题"文创店可以出售哪些文创产品？"时，学生可能会提出"我喜欢的文创产品是书包，是否可以卖书包？""是不是要卖大家喜欢的文创产品？""文创产品从哪里来？""文创产品如何更加吸引人？"等问题。学生借助问题权衡图，可以判断出逐步解决"受学生欢迎的文创产品有哪些？""文创产品从哪里来？""这些文创产品如何进行售卖？"等子问题可能更有价值。

工具7 ▶ 问题链

🔧 工具是什么？

我们在遇到一个比较复杂的驱动性问题时，往往不是直接解决这个问题，而是先整理出一个问题解决的思路。问题链就是这样一种能够澄清问题解决思路的工具。

问题链是由驱动性问题分解而成的一个个子问题构成的。学生在问题链的带动下，一步步解决驱动性问题。问题链一般是师生基于对驱动性问题的理解共同创建形成的。

🔧 工具什么样？

项目化学习的问题链总体上呈现出逐步深化的特征，而在具体实施时也会出现不同的变式。最典型的一种结构是递进的子问题关系，这代表了逐层深化的问题思路。比如在解决"如何为教师开发一款满足他们教学需求的软件？"这一驱动性问题时，学生需要解决以下问题：教师有什么教学需求？这种需求如何转化为设计程序？如何基于这样的设计程序形成设计初稿？如何不断完善软件？这几个子问题的解决是有先后顺序的，呈现出一种递进的关系。

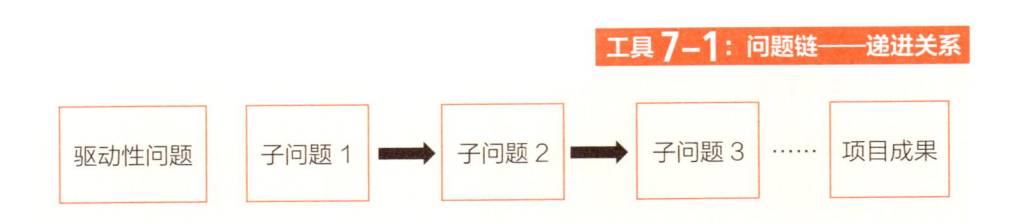

工具7-1：问题链——递进关系

驱动性问题 → 子问题1 → 子问题2 → 子问题3 …… 项目成果

还有一种结构是各子问题之间是并列关系（见下页图）。在解决"如何为我们小区老年人更便利的生活提出可行的方案？"这一驱动性问题时，学生提出一些关于老年人出行、用餐等方面的子问题，这些子问题之间就是并列的关系。

问题链还可以有多种组合方式，可以是先并列再递进，也可以是先递进再并列。

工具 7-2：问题链——并列关系

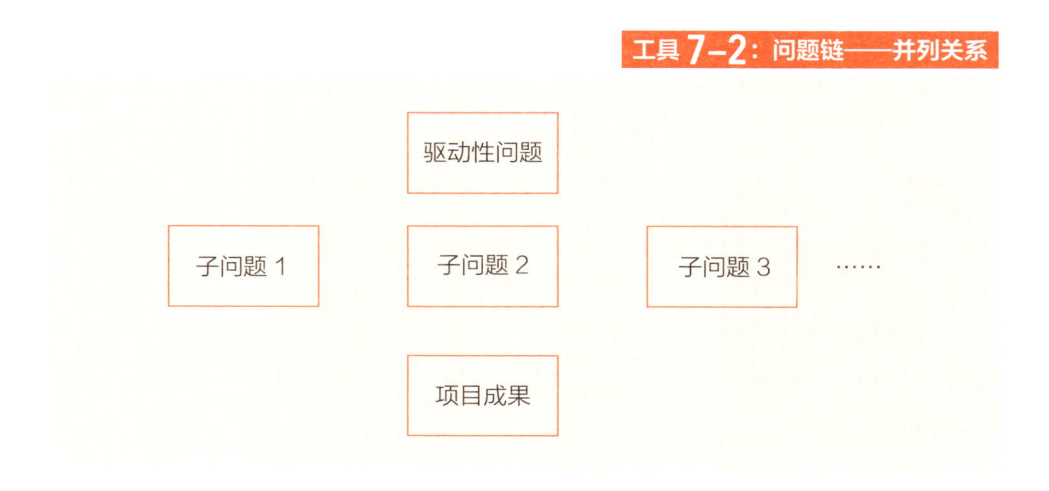

```
              ┌──────────┐
              │ 驱动性问题 │
              └──────────┘

┌────────┐   ┌────────┐   ┌────────┐
│ 子问题1 │   │ 子问题2 │   │ 子问题3 │   ……
└────────┘   └────────┘   └────────┘

              ┌──────────┐
              │  项目成果 │
              └──────────┘
```

工具如何用？

1. 教师抛出驱动性问题，学生提出要探究的问题

教师抛出驱动性问题，学生以小组为单位进行头脑风暴，结合 KWH/KWL 表和问题权衡图（见本书工具 5、6）列出子问题。

2. 师生分析、组织这些关键问题，形成问题链

教师组织学生讨论问题之间的关系，填写表格，形成具有并列关系或递进关系的问题链。

工具用在哪里？

通常，驱动性问题的解决都需要经历问题分解的过程。在项目设计之初，教师可以预设问题链，教师自己应明确驱动性问题如何一步步被拆解、分析、组织形成问题链。同时，在学科项目和跨学科项目中，教师还需要思考如何在子问题中融入学科知识和跨学科知识。

在入项阶段，教师可以创设机会先倾听学生的想法，引导学生探讨形成子问题，然后判断是否需要调整驱动性问题。在此过程中，问题链可以配合问题权衡图（见本书工具 6）一同使用。

实地项目运用

如何支持学生分析问题形成"开办一家文创店"项目问题链？[①]

"开办一家文创店"项目的灵感来源于我校"时光续延"学生社团，以"如何开办一家长期运营的校园文创店？"为驱动性问题。在上入项课的过程中，我发现一个问题：这一驱动性问题的解决涉及面广，包含多个维度，学生可能会想出很多要解决的问题，但是对这些问题之间的关系不一定能够梳理得很清楚。那么，如何带领大家分析问题并形成问题链呢？

我先向社团成员们发起了开放式的提问："一家校园文创店可能是怎样的？"

有的学生说："可能是一家实体店铺！"有的学生说："也可能是自动售卖机的形式。"还有的学生说："是不是每天都需要有营业员？"也有学生想到："如果我们现有的产品已经卖完了，怎么办？"……现场的讨论十分热烈，而且每个成员切入的角度都不同。此时，我让社团成员们以他们原有的小组为单位，运用头脑风暴的方法，尽可能多地搜集关于开店的所有想法，并用思维导图的形式呈现出来。

在小组讨论中，有的小组成员关注店铺的"选址"问题，他们讨论把店铺开在哪里更合适，教学楼？科技楼？蓝天长廊？等等。我肯定了他们的想法，提示他们可以把这些问题全部归纳为"店铺选址"的问题，用思维导图加以呈现。同时，我进一步引导学生思考："除了选址以外，还有哪些问题值得关注呢？"成员们会想到"什么时候售卖？""谁来担任售卖人员？"等子问题，但是这些子问题一时又无法进行归纳，不知道如何概括，我让学生把这些问题也先罗列下来。在各小组交流后，全班同学集思广益。

各个小组成员将自己的讨论成果进行了汇报与展示，从中我们可以清楚地掌握学生们在思维发散中收集的问题。有些小组用的是提问的方式来表述，比如"如何管理？""如何销售？"；有的小组用的是概括的标题，比如"产品""运营""财务"等。

[①] 本案例来自上海市延安初级中学陆佳颖老师设计的跨学科项目"开办一家文创店"，实施者是陆佳颖。本案例执笔人：陆佳颖。

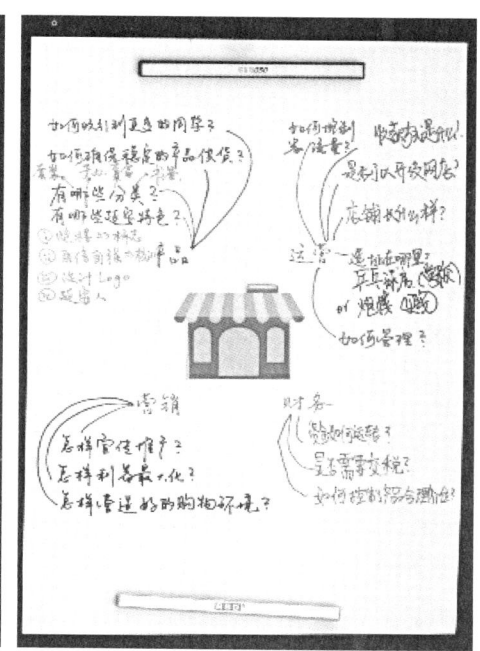

学生在小组讨论中形成的思维导图

此时我呈现出我们在"我是创业家"知识素材包中学过的知识图，并且提出我们可以借鉴第四小组的方式，对这些子问题进行归纳概括。在第四小组提出的"产品""运营""营销""财务"这四个问题的基础上，我们结合知识图补充了"人员"问题，这也是许多小组都提到的"谁来担任售货员？""我们升入九年级之后，谁来接管社团？"的问题。

因此，围绕驱动性问题"如何开办一家长期运营的校园文创店？"，我们通过这堂入项课，形成了包括如何选址、如何管理产品、如何管理资金、如何进行营销以及如何安排店铺人员等方面的子问题。

确定好子问题之后，我们将思维导图中的问题整理为表格，细化生成了子问题的问题链。

"开办一家文创店"子问题及子问题下位的相关问题

子问题	子问题下位的相关问题
如何选址？	（1）校园文创店的地址可以选在校园里的哪个地点？ （2）文创店可以采用什么形式？ （3）校园文创店的店面如何进行设计？ （4）是否开设线上店铺？
如何管理产品？	（1）同学们对校园文创产品有哪些偏好和需求？ （2）产品如何定价来匹配初中生的消费水平？ （3）如何管理产品库存？
如何管理资金？	（1）启动资金目前还有多少？ （2）如何进行财务管理以支持店铺运转？
如何进行营销？	（1）营业时间和销售人员如何安排？ （2）售卖时间如何和学校的作息时间相匹配？ （3）如何控制与平衡人流量？ （4）如何开展店铺宣传？ （5）选择哪些适合校园的营销方式？
如何安排店铺人员？	当本届社团成员毕业时，如何培训下一届成员并交接店铺，以保证校园文创店的"长期运营"？

案例评析

为什么要使用这个工具

教师在本案例中使用了问题链这一工具，不仅发现了学生对于驱动性问题的最初理解，还帮助学生更好地梳理了解决驱动性问题的思路。经过这样的探讨，学生能够以更加积极和主动的心态投入项目实践中，因为他们通过一起分解驱动性问题，感受到"我的想法很重要""我要有自己的思考而不仅仅是听别人的"。

工具使用的注意点

问题链这一工具的应用需要考虑两方面的问题：第一，要考虑驱动性问题解决的复杂度。当解决驱动性问题的路径相对比较明确时，教师可以请学生直接分解驱动性问题；当解决驱动性问题的路径相对复杂时，教师需要组织学生在讨论的基础上不断梳理问题。本案例的驱动性问题相对复杂，教师要带领学生深入研讨。第二，驱动性问题的分解、整理借助可视化的思维工具效果更佳，如思维导图。思维导图的使用不仅能够充分呈现学生的想法，还可引导学生对自己的想法进行初步的整理。思维导图的使用能够让学生的讨论过程更加显性化。

线上同类项目的工具处理

从案例中我们可以发现，问题链这一工具的使用需要师生不断进行互动与交流。如果在线上项目中使用这一工具，教师可以设置线上任务单，明确线上批注与线上交流的规则。在确认学生都理解了驱动性问题后，教师可以提供给学生任务单，请学生先初步写下自己的理解，然后利用在线软件，请学生互相批阅并提出建议。最后，教师可以组织学生进行线上交流，共同探讨哪些问题链更合适。

知识与能力建构：通用类工具

"为什么我的学生在项目进行中总是没有什么新观点？"

"为什么我的学生的项目成果好像不用经过项目也能做出来？"

如果你的学生也有这样类似的表现，那很有可能是我们忽视了项目化学习中的知识与能力建构。项目化学习不是让学生只表现自己已知已会的东西，而是要产生新的学习。

知识与能力建构是教师创设学习任务、提供资源和学习支架以支持学生发展的过程。高质量的问题解决过程和成果离不开学生的新学习。基于入项中学生暴露出的认知难点，良好的学习工具在这一阶段能够支持学生进行文本阅读、在地实践、批判性思考等，促进学生深化对问题的认识和理解。知识与能力建构包括通用类和学科领域类。我们先来看看通用类工具。

2.1
如何让学生快速了解与项目相关的背景知识？

背景知识是有助于理解项目主题的知识。比如在"为学弟学妹们打造适合的课间游戏"这一项目中，传统的和时兴的游戏玩法就是相关的背景知识，这些游戏玩法并不是项目主要的学习内容，但却是项目进行中不可缺少的知识。

学生在项目中的停滞有时候就缘于他们对相关的背景知识了解太少，但教师如果就主题进行大量的讲解或者给一堆资料让学生自行阅读，效果也未必理想，这个时候就需要用到一些可以让学生快速获取知识的工具。

工具 8 ▶ 冷知识卡片

⚙ 工具是什么？

冷知识卡片是一种快速收集整理"不常见的知识"的工具。它一般用于让学生迅速进入不太熟悉的项目主题，帮助学生快速地获取知识，从而对这一主题及主题中的重要人物、事物、事件等建立初步的理解，或是突破以往的刻板印象。

冷知识卡片可以通过图文并茂的方式呈现出来。针对冷知识卡片的制作、交流、讨论，有时候还会颠覆教师和学生的相关认知。比如，在"拯救海洋濒危生物"这一项目中，学生通过冷知识卡片收集了关于鲨鱼的大量冷知识，从而颠覆了学生关于鲨鱼"凶残、吃人"的刻板认知，发现了鲨鱼不为人知的"可爱、温柔"的一面。冷知识卡片可以由教师制作，也可以由学生自己制作，学生自己制作冷知识卡片会更有参与感。

🛠 工具什么样？

工具 8：冷知识卡片

冷知识卡片包含如下几个部分：

标题：冷知识可以是关于项目的整个主题或其中的某些关键人物、事物或事件的知识，比如关于火星探测/免疫系统的冷知识卡片。

照片：学生根据自己的理解画出的简图，也可以是学生或教师打印出来的图片、照片。

文字：既可以是冷知识是什么的客观说明，也可以是学生自己总结整理的冷知识。

🛠 工具如何用？

1. 明确需要用到的冷知识

教师/学生围绕项目主题，或与主题相关的人物、事物、事件，寻找学生可能不了解但是对项目主题有帮助的冷知识，将这些知识整理出来。

2. 制作冷知识卡片

给学生空白的卡片，教师也可以提前在卡片上配上相关提示。学生摘抄自己此前不知道的知识。

3. 传阅交流冷知识卡片

组织学生尽可能多地传阅卡片，了解自己不知道的知识。学生相互交流对这一主题的新理解，说说自己现在的理解和之前的理解不一样的地方。

4. 分享张贴冷知识卡片

传阅交流结束后将所有的冷知识卡片复印成册或者张贴在教室白板上，学生可以自由浏览。

工具用在哪里？

冷知识卡片适用于距离学生生活较远的项目主题，比如关于粮食饥荒、全球疫情、太空探索等主题，冷知识卡片可以迅速建立起学生和项目主题之间的关联。

不过，冷知识卡片并不能够帮助学生建立起系统的知识，所以比较适合在项目的初期阶段使用，通过卡片的制作和交流引发学生的兴趣和进一步探索的意愿，或是改变对项目主题、事物的最初认知。

冷知识卡片也可以用在项目中期或后期，尤其是在分小组进行项目问题讨论时，各小组相互之间可以用冷知识卡片快速交流项目收获，帮助其他同学建构对项目的新理解。这时候，冷知识卡片的知识来源并不一定都是网络或教师。学生也可以自己在项目中通过观察、探索生成有关的冷知识，比如在小鸡项目中，有的小组探索了小鸡有没有牙齿、怎么吃东西，而这对其他小组学生来说就是冷知识。对学生而言，不了解的知识都可以称为"冷知识"。

工具 9 ▶ 时间轴

工具是什么？

时间轴是一种整理时间进程和事件的工具。这一工具可以有效地将大量的过往事件和相关信息按时间进程有序地组织起来，让人一目了然。如果说冷知识卡片是指向背景知识中"不为人所知"的知识，那么时间轴就是用时间排列的方式将这些不为人所知的背景信息可视化地呈现出来。

要形成时间轴，需要学生先确定轴上的内容，如时间、关键事件等，学生需要阅读相关的背景知识，确定哪些内容可以记在轴上。时间轴本身蕴含着学生对重要事件的判断和理解，以及能否根据项目需要采用详略不同的呈现方式，因此可以比较综合地锻炼学生的信息搜索、概括提炼、逻辑呈现等重要能力。即使是面对同样的"秦汉时期的重大文学事件"这一主题，不同学生做出的时间轴也是不一样的，其中蕴含了学生的判断和理解。

工具什么样？

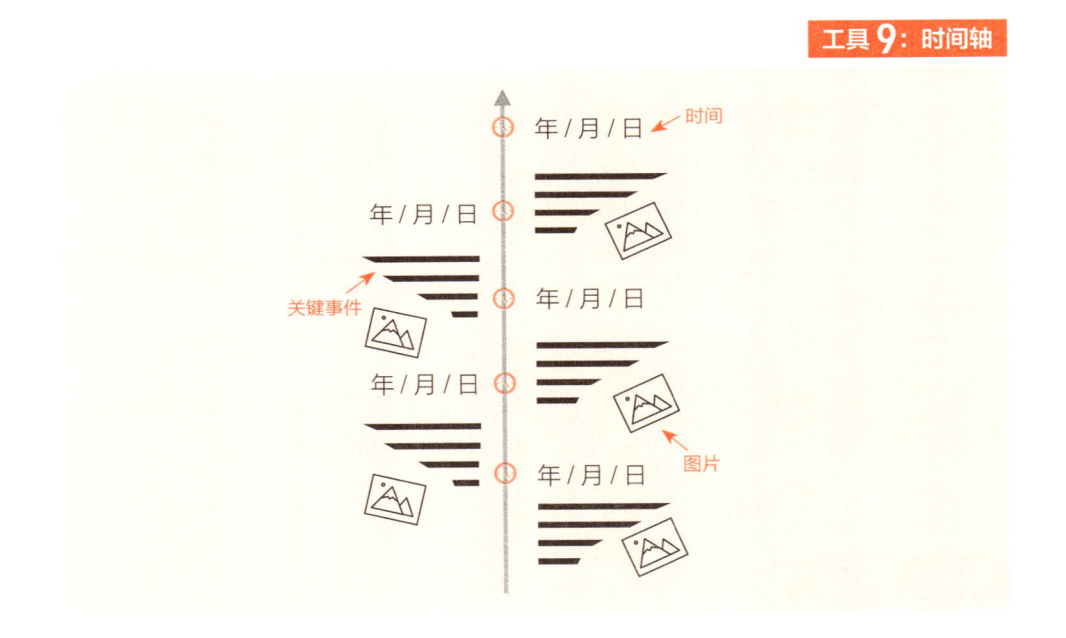

工具 9：时间轴

时间轴有简版和详版。简版的时间轴只有时间和事件。详版的时间轴可以添加各种要素，如对关键事件的阐述、说明等，还可以增加图片或文字评述。

工具如何用？

时间轴工具可以在很短的一节课中完成，也可以经过一段时间后完成，具体可根据需要而定。

1. 形成时间轴草图

确定项目中需要用到时间轴的地方，明确时间轴的主题。阅读相关资料，筛选出时间和关键事件，明确关键事件的选取标准。草图制作前要确定以下关键要素：时间、关键事件、关键事件的详略程度及写作体例。

2. 研讨交流

在完成时间轴草图后，可以引导学生进行交流，以修订时间轴。

3. 绘制正式的时间轴

在时间轴草图的基础上，根据研讨交流的结果和主题对时间轴进行美化，形成正式的时间轴。比如太空探测主题的时间轴可以是火箭式样，与电影有关的项目时间轴可以用胶片式样等。根据需要为时间轴匹配关键事件的图片。

工具用在哪里？

时间轴的应用场景很广泛。当它用在历史主题的项目中时，既可以作为梳理历史线索的载体，也可以作为历史项目的一种重要成果。比如在语文和历史学科的跨学科项目中，时间轴可以作为子成果之一。

此外，在与时间进程有关的项目中，可以用时间轴来延伸学生对其中重要议题的理解深度。

在使用时间轴时，重要的是时间点和关键事件的选取，所以在美化时间轴之前，可以带领学生讨论时间点和关键事件的选取标准。绘制时间轴时也有一些专门的绘制软件可以尝试，如 Tiki-Toki Timeline Maker 等。

实地项目运用

如何用"冷知识卡片"让学生快速了解项目背景知识？[1]

在"鲨鱼护卫队"这一项目中，我们在入项时开展了一个"鲨鱼冷知识卡片"制作活动。教师将冷知识卡片作为学生了解鲨鱼的重要工具，从而打破学生对鲨鱼"凶猛""可怕"等特点的刻板印象。工具使用步骤如下。

---

[1] 本案例来自上海市嘉定区华江小学周婉丽老师设计的活动项目"鲨鱼护卫队"，实施者是周婉丽、丁当。本案例执笔人：周婉丽。

第一，围绕该项目主题搜集学生可能不了解的鲨鱼冷知识。我先从搜集有关鲨鱼的冷知识着手，重点突出与平时学生认知中"鲨鱼凶猛、可怕、危险"不一样的冷知识。如：鲨鱼的换牙小知识（鲨鱼一生都在换牙）、鲨鱼的大小（有的鲨鱼只有巴掌大）、鲨鱼的食物来源（有的鲨鱼以草类为食）等冷知识。

第二，将冷知识分类，配上相应的鲨鱼图片，制作成资料卡。

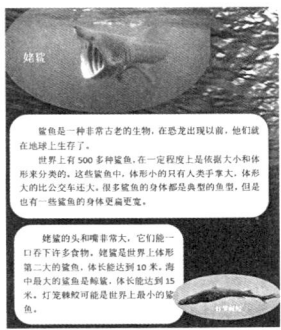

教师梳理的鲨鱼冷知识

第三，分发给学生空白的卡片，说明如何利用有关鲨鱼的资料卡来制作冷知识卡片：快速阅读鲨鱼资料卡，选择其中自己最感兴趣的鲨鱼冷知识写在卡片上。时间充裕的学生也可以将教师提供的鲨鱼小贴纸贴在文字（所摘抄的冷知识）左边。

第四，学生摘抄并与同伴或教师交流。在这一过程中，学生交流的热情较为高涨，通过五分钟左右的冷知识卡片的制作，学生快速获取了之前所不知道的鲨鱼冷知识。他们乐于分享，也对其他同学所获取的别的冷知识充满兴趣。

学生制作冷知识卡片

第五，课后，教师将学生创作的冷知识卡片收集整理成册。

总结：冷知识卡片这一学习工具在课堂中的运用，使学生在短暂的时间内建构了关于鲨鱼的知识联结，打破了对鲨鱼的刻板印象，为下节课认识保护鲨鱼的重要性以及对驱动性问题的讨论埋下了伏笔。同时，也帮助学生适应互相学习和分享的课堂交流氛围，加速了对项目化学习方式的适应过程。

案例评析

为什么要使用这个工具

这个项目的主题是鲨鱼，鲨鱼对上海地区的学生来说是比较不熟悉的动物，学生可能只是在电视中、海洋馆里见过它们，而鲨鱼的形象又往往是凶残、恐怖的，学生在面对这样一类不熟悉且"可怕"的物种时，第一反应会是害怕。但是在本项目中学生需要解决的驱动性问题是呼吁大家保护鲨鱼，为了让学生能够主动建立起想要保护鲨鱼的想法，教师需要改变学生对鲨鱼的刻板印象。基于此，教师选择了冷知识卡片这一工具来帮助学生缓解对鲨鱼害怕的情绪。

工具使用的注意点

在此项目中，冷知识卡片是用来改变学生的刻板印象的，所以搜集有对比性的信息非常重要。这些信息虽然是零散的，但是整体可以形成一种有冲击力的力量，转变学生对鲨鱼的固有认识，真正让学生感到知识的"冷"，从而激发学生的探究欲望，所以冷知识卡片的运用是与项目的核心探究主旨相匹配的。

工具的迭代

这个项目中的冷知识卡片是由教师提供信息资源，学生阅读、选择自己感兴趣的冷知识制作而成的。当我们面对更高年段的学生或者当我们的项目目标是让学生学会搜集信息时，建议教师在使用这一工具时可以让学生进行信息的搜集，从而制作冷知识卡片。

除了在探索前使用这一工具，教师还可以在项目中期，在让学生创作呼吁大家保护鲨鱼的连环画故事前，再次引导学生使用冷知识卡片。此时的冷知识卡片的作用就不是改变学生对鲨鱼的刻板印象，而是搜集整理更多真实世界中人们保护鲨鱼的知识，从而丰富故事创作的内容。

2.2 如何支持学生对知识进行更深层次的思考？

在项目化学习中，许多学生因沉浸在"做事"中，而对知识本身缺乏抽象性思考。如果过于追求项目成果，就会让学生感觉学习只要"正好满足"，"浅尝辄止"，"做出一个产品"就可以。所以，项目化学习中的学习支架不能总是让学生顺利地完成任务，还需要让学生产生困难，让他们进行更深层次的思考。这样的工具是为了深化学生所学的知识，避免让学生止步于表面理解，支持学生进行更深层次的探索。

工具 10 ▶ 苏格拉底式问题研讨法

⚙ 工具是什么？

苏格拉底式问题研讨法，简单来说就是通过教师不断提出富有思考性的问题来促进学生的思考。在苏格拉底看来，知识内在于人的内心，需要不断地探求、拨开迷雾、发现谬误，最终得出自己的想法。苏格拉底式问题研讨法还可以用在学生看起来明白了但是却不确定学生是否真正理解的时候，比如在"谁是英雄"这个项目中，大多数学生对英雄有一些初步的认识，但是一旦被追问"平凡的人也可以是英雄吗？""失败的人也可以成为英雄吗？"，学生就会产生很多分歧，对这些问题进行研讨会深化学生对英雄的理解。

苏格拉底式问题研讨法为教师和学生开展项目中关于本质问题、核心知识等的深入讨论提供了逻辑框架，教师可以在此框架下循序渐进地引导学生深入思考。

⚙️ 工具什么样?

工具 10：苏格拉底式问题研讨法

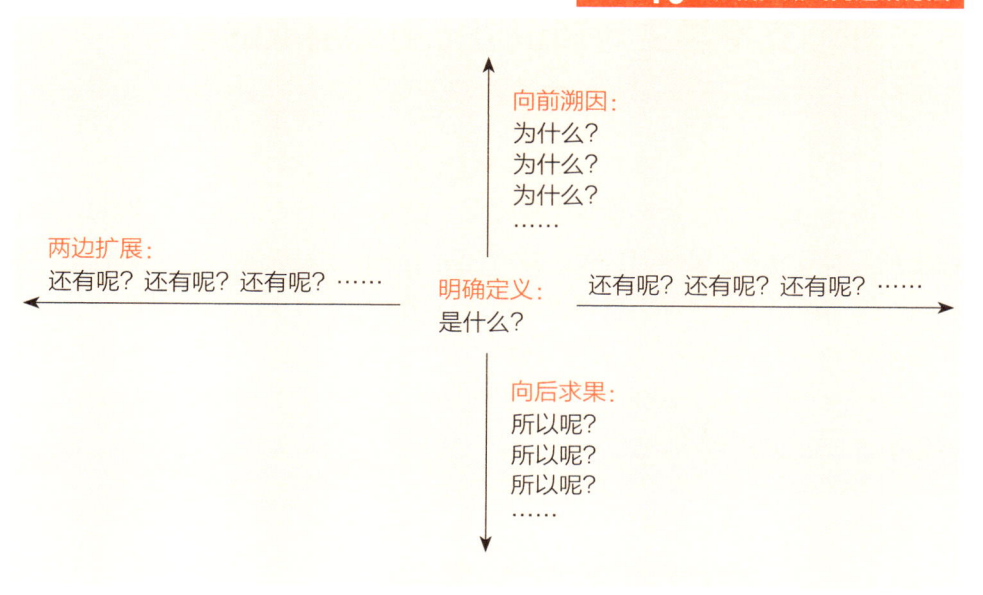

```
                    向前溯因：
                    为什么？
                    为什么？
                    为什么？
                    ……
                      ↑
两边扩展：             │             
还有呢？还有呢？还有呢？……  明确定义：  还有呢？还有呢？还有呢？……
←─────────────────   是什么？   ─────────────────→
                      │
                      ↓
                    向后求果：
                    所以呢？
                    所以呢？
                    所以呢？
                    ……
```

苏格拉底式问题研讨法有很多种模型，也有多种不同的提问方式，比较简单易行的一种如上图所示，围绕四个方向可提出四类问题：[①]

第一，问本身，"这是什么"。

你说的……具体是指什么？

可不可以举个例子，说明你想要表达的概念？

第二，往前多问几次"为什么"。

你为什么会这么想？

[①] 上图和相关阐述来自子夜观的简书"哲学趣史番外一：苏格拉底式提问"。https://www.jianshu.com/p/7045db6ee8cc.

为什么会做这样的设想？
你为什么相信这是真的？

第三，往后多问几次"所以呢"。
所以这意味着什么呢？
所以你如何证明或推翻这个假设？

第四，往两边多问几次"还有别的可能吗"。
别的不同的观点可能会是什么？
可以用其他的方式或方法来对待这件事吗？
还可以有其他的可能吗？

工具如何用？

苏格拉底式问题研讨法有多种使用步骤，既可以是面向全体学生的"低风险"的提问研讨，谁想回答谁回答，也可以是"高风险"的，结合"冷电话"（Cold Call）或"热点座位"（Hot Seat）法，对特定类型的学生进行追问。

1. 确定概念
确定项目中有必要进行苏格拉底式问题研讨法的重要概念，比如"成本"。

2. 设计问题链
按照苏格拉底式问题研讨法形成追问的问题。匹配这些问题链，教师可以提前准备好一些材料。

3. 课堂中使用
工具开始使用时，可以结合"热点座位"法，即这个位置上的学生将会接受苏格拉底式提问。这样的方式会让学生产生一定程度的紧张感，但也会很好地促进学生做好准备。"热点座位"法对学生有一定的挑战性，更适合高年级学生，在使用时可以几轮轮换。

4. 教师进行总结
结束一轮提问后，教师可以让学生评估自己对概念的理解有什么变化。

工具用在哪里？

在进行苏格拉底式问题研讨法前，先让学生了解这种提问意味着什么，对自己的学习有什么益处，以及其中的规则。比如不能嘲笑他人，要耐心倾听，敢于面对挑战；不要举手而是等待开放性讨论，尊重地称呼对方，做推断时基于证据；等等。另外，让学生们参与到规则的制订中来，这也能够提高他们的参与度。

随着目的的不同，在运用苏格拉底式问题研讨法时可以切换"高""低"风险，如果目的是检验学生的理解，可以采用高风险方式；如果是为了了解、促进学生对知识的理解，可以让学生自愿参与讨论，想要参与的学生依次发言，让讨论持续开展。甚至，在项目中，还可以采用更以学生为中心的方式，让学生自己进行提问并且推进整个讨论进程，这给予了学生自我管控学习的机会。

工具 11 ▶ 5R 笔记法

工具是什么？

项目中学生会接触到不同类型的信息来源，如学校提供的专家报告、志愿者的讲解、自己的阅读、网上查找的资料信息等，那么，如何让学生有效地记笔记，让这些信息能够被有效吸收呢？

项目中知识需要学生主动建构，简单的知识记录和搬运并不够，笔记是一种主动对知识进行深度加工的方法。5R 笔记法就是一种帮助学生在想法之间建立联系、综合信息并更好地应用的方法。

5R 笔记法，又称康奈尔笔记法，其核心是将不同的笔记内容进行分区，将记录的知识进行再加工与处理。之所以称为 5R，是记录（Record）、精简（Reduce）、记忆（Recite）、反思（Reflect）、复习（Review）五个单词的首字母集合，包括五种行为和三个区块。

5R 笔记法可以帮助学生将自己的疑难、思考、总结等和笔记放在一起（一页/一个窗口），这样使笔记的整体性更强，笔记内容彼此之间联系更紧密，有助于学生深化理解、启迪思考。

⚙ 工具什么样？

5R 笔记法一般是将笔记分成三个区块，记录区—要点区—总结区。

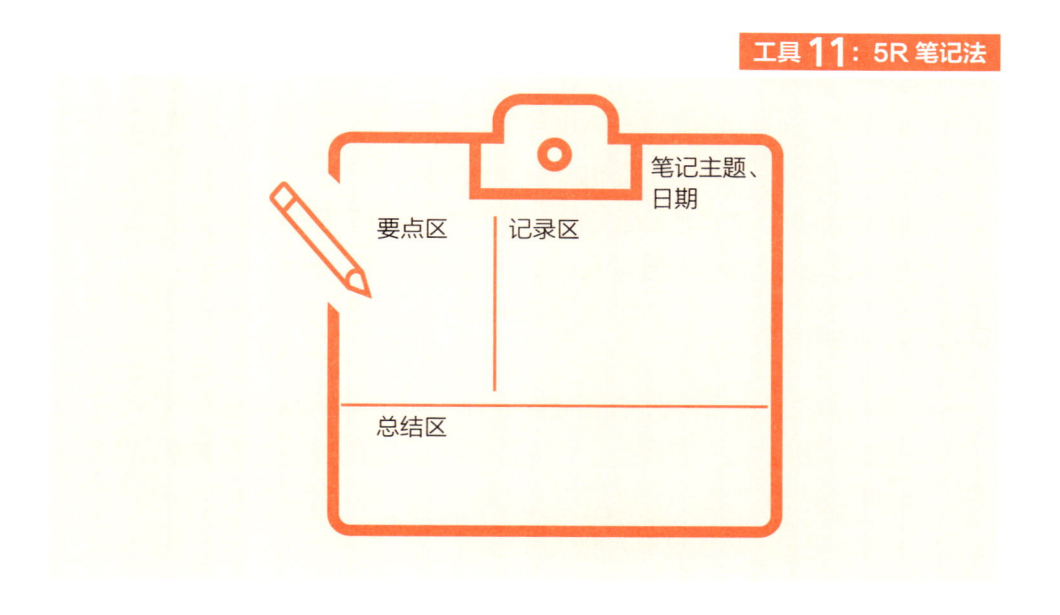

工具 11：5R 笔记法

笔记主题、日期

要点区　　记录区

总结区

笔记纸被分为三个区块：记录区通常在右边，空间是左侧要点区的两倍，笔记内容可以来自任何信息来源，如课外书籍、DVD、讲座、课本等。页面底部留出 5～7 条线，或约 5 厘米，作为总结区。在记录完笔记后的 24 小时内，学生必须写下问题与摘要总结。

在实际使用中，5R 的结构和区块可以做适当调整。学习的本质是思考和记忆，只要能够实现帮助学习者完成思考和记忆的分区设置都是可以接受的。

⚙ 工具如何用？

1. 了解现状

询问学生目前记笔记的方法，以及什么是好的记笔记的方法。

2. 引入5R笔记法

引入 5R 笔记法的图示和结构，阐述 5R 是什么。结合第一步的讨论，澄清记笔记的一些误区，了解为什么要用 5R 笔记法记笔记。

3. 课堂实践

在课堂学习或项目进展的资料搜索中实地运用 5R 笔记法。

Record，记录。在"记录区"中记录课堂学习要点。

Reduce，精简。下课后，尽快在"要点区"中提炼最核心的知识点，用关键词、关键短语和短句的形式呈现出来。

Recite，记忆。完成对项目知识内容的复盘和巩固。

Reflect，反思。把自己的学习随感写在"反思区"里。

Review，复习。根据自己的实际学习情况进行复习。

⚙ 工具用在哪里？

5R 笔记法主要用在知识与能力建构阶段，用来整理和深化理解知识，并可用于对知识与能力建构的评价。在项目进行一段时间后，可组织学生展示和交流一些典型的 5R 笔记，分享记笔记时遇到的关键问题及解决的策略。鼓励学生定期复习笔记，形成更深入的认识。

实地项目运用

如何用"苏格拉底式问题研讨法"促进学生深度思考？[1]

"我真就想不明白了，这孩子怎么教都教不明白！感觉一个个听得挺认真的，也不知道有没有真的在听。"

以上是曾经的我在下课后走进办公室说的第一句话。

"别着急，我们换个思路，试试看问他们呢？"

以上是现在的我对遇到同样困难的年轻同事说出上面一句话的时候说的一句话。

我们为什么提问？我们是在期待学生给出的答案吗？还是期待学生能够去思

---

[1] 本案例来自上海市民办协和双语尚音学校易菀兰老师设计的英语学科项目"一场关于文化差异的短剧秀"，实施者是易菀兰、王茹、岳喜玲、沈静思、邬雨婷、李依农。本案例执笔人：易菀兰。

考、去洞察？

苏格拉底式问题研讨法倡导提出富有启发性的问题，引导学生思考，即使学生回答错了也不直接纠正，而是继续提问引导他们独立思考，从而一步步自己得出答案。回答富有启发性的问题需要给学生一定的时间，大脑需要创建新的联结并且深化原有的认知。

我们 2021 年做了一个英语学科的项目"一场关于文化差异的短剧秀"，一封神秘来信拉开了整个项目的序幕。夏雪梅博士在《项目化学习的实施：学习素养视角下的中国建构》一书中提出，入项是通过一定的情境让学生投入项目化学习中，要让学生有更真实、深刻的体验，持续的时间更长。我们怎样才能知道我们的课是否具备了入项课的特征呢？一起来看看我是如何朝着这个标准努力，又是如何使用苏格拉底式问题研讨法达成促进学生深度思考的目标的吧！

结合我的实践，如果想要尝试苏格拉底式问题研讨法的话，也可以结合 5W1H（谁？什么？何时？何处？为什么？如何？）使用，如：

- ……的特点是什么？（学生对某事物进行解释）
- ……如何与我们相关？（学生阐明某事物、观点）
- 我们可以怎样用……来……？（学生思考如何应用已学知识）
- ……和……有什么相似/不同的地方？（学生洞察问题的能力）
- 你是如何……的？（学生的元认知能力）

针对苏格拉底式问题研讨法的使用，我总结出以下策略：

1. 教师要克制表达的欲望。收起"我知道，我来说"的习惯，至少在对话的前半段不要说自己的观点，不要给学生提建议。

2. 教师可以表明自己不知道、不懂、不会，但同时需要真诚地表示愿意陪学生聊聊。

3. 教师要用对学生友好的语言来连续提问，使他们尽可能对自己的学习对象感到有趣，产生求知欲。

4. 要发现问题，重要的是注意力高度集中地去倾听，去洞察。

5. 鼓励学生提问。如果教师坚持这样做，学生们的问题意识也一定会被培养出来。

6. 提问是为了引导思考，促进内化、洞察和获得。真正的思考是一定会产生问题的。那么，当学生们开始越来越多地提出问题时，我们应该如何做呢？

在我的班级，我的常用做法是先肯定他们的问题，"哇，这可真是个有意思的问题"，接着用苏格拉底式问题研讨法引导他们远离那些简单的用"是""否"回答的问题，鼓励他们积极提出自己的想法，训练他们提出有质量、有深度的问题。我会用"你认为……是如何……的？""你为什么认为……呢？"这类问题来引导他们提出假设，并找寻答案。如果最后学生的假设被证明是对的，他们的成就感就会油然而生，足够幸运的话，我们的问答还会衍生一些新的更有趣的问题。我还喜欢在学生提出问题时跟他们"唱反调"，因为这能帮助他们理清自己想法的内在逻辑，并反思自己到底为什么会产生这样的想法。

在"一场关于文化差异的短剧秀"的剧本写作周，有个学生问："我能不能先出个草稿，然后直接排练，演着演着再修改语法？"我就立即与他一起从演员演出往前倒着推算："演员演出得背台词吧？""语法错乱的台词对于演员背词来说会有什么影响呢？""演员如果直接就背错误的台词，这对演出会有什么影响呢？""如果你是演员，一边背词，一边还需要自己改语法的话，你的感觉会是怎样的？"最后让他自己决定哪些任务是必须按流程完成的，哪些是可以灵活调整的。这个经历远比简单地说"不"更有意义。我扮演着引导者的角色，用问题引导学生不断思考，将他推到主导地位来激励他自行寻找解决方案。学生在独立做决定的同时，明白了做决定之前要三思而后行，懂得了如何做出明确的决策。

案例评析

使用工具值得肯定的地方

从这个案例中，我们可以看到教师对苏格拉底式问题研讨法有自己的实践思考，用连续性的提问促进学生的主动思考。也能看出教师的项目化学习实施理念：鼓励学生勇于提出自己的观点，同时弱化教师对课堂的掌控，给学生更多发挥的空间。

教师根据自己的实践，把苏格拉底式问题研讨法和5W1H相结合，给初次使用此工具的教师提供了一个"捷径"：用5W1H（谁？什么？何时？何处？为什么？如何？）这6个基本问题框架来提问。教师还总结出在使用苏格拉底式问题研讨法时需要遵循的规则。在"一场关于文化差异的短剧秀"项目中，这个工具的使用达到了"促进学生的主动思考"的目的，通过问题的引导，让学生主动寻求答案，做出决策。

工具的深化迭代

苏格拉底式问题研讨法在促进学生主动思考、形成对概念的深度理解中发挥了很大的作用。本案例中，教师在入项阶段使用该工具聚焦在怎么做事上面，让学生澄清思路。这是工具的常规用法。其实，此工具也可用来帮助学生理解"什么是文化差异"，从表面问题入手引发学生对学科本质的思考。

2.3
如何将知识可视化地呈现？

可视化是深化知识理解、形成独特见解的一种重要手段。可视化有很多种方法，不同的可视化方法意味着不同的知识逻辑。可视化工具的优点在于能够展示出各部分间的内在关系。项目化学习涉及的知识比较多，运用不同类型的可视化工具可以达到知识分类、知识理解的目的。

工具 12 ▶ 维恩图

⚙ 工具是什么？

维恩图（Venn Diagram），又称文氏图、韦恩图，是一种常用的知识可视化工具，通常用来表示两个或三个概念之间的交叉关系。维恩图由19世纪英国的哲学家和数学家维恩发明。维恩图通过联系已有知识结构来学习新内容，从而进行有意义的学习。比如在绘制昆虫图谱的项目中，可以通过维恩图比较分析蝴蝶和蜜蜂作为昆虫的共性特征。

工具什么样？

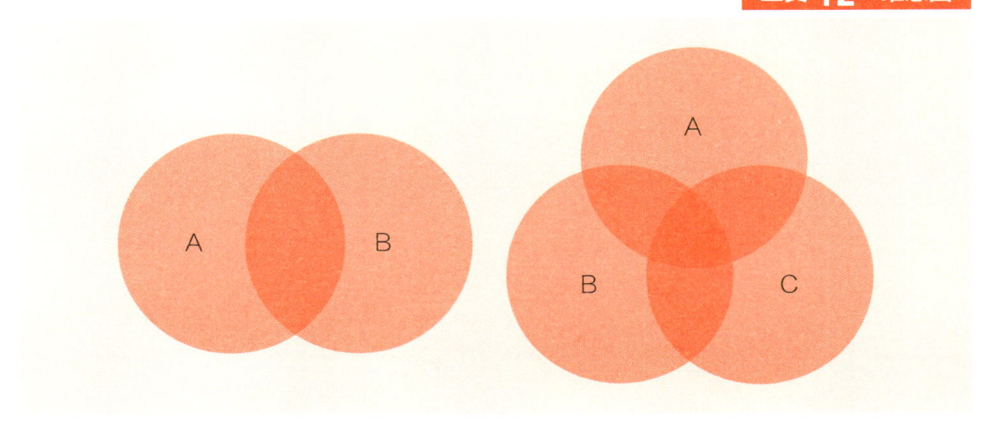

工具12：维恩图

一般情况下，维恩图中的所有圆圈大小相似，但是也可以根据需要来调整大小。

一般情况下，维恩图包含两到三个圆圈，不过也可以根据内容的复杂程度对形状及个数进行相应的调整。需要注意的是，维恩图不适用超过五个圆圈的场景。

工具如何用？

维恩图的使用可以很高效，只用一节课的一小部分时间，也可以是边搜集、边学习、边整理，从课上延续到课下。

1. 确定使用点

确定项目中哪些地方需要使用维恩图。往往是在需要进行新旧知识的对比，或两种有关联但又有差异的事物、现象的对比时。

2. 制圈

明确维恩图中需要用到几个圈。比如 STEM 的项目可以用四个圈的维恩图来澄清与这一问题有关的科学、技术、工程、数学等知识。

3. 形成维恩图

学生个体或小组识别出每个概念的关键特征，在维恩图中标注其共性和不同点。

⚙ 工具用在哪里？

除了概念的比较，维恩图还可以灵活地用于比较项目中的事物、现象、规律、文本等，应用范围非常广泛。比如，学生可以阅读两篇科学文本并识别出每篇文本的证据论述，用维恩图来呈现两篇文章中的证据。

学生在填写维恩图时，关键是识别概念的分类和关键特征，教师可以通过提问、提炼等方法支持他们突破这个难点。

工具 13 ▶ 思维可视图

⚙ 工具是什么？

思维可视图旨在将学生不可见的思维以图的形式直观地表现出来，一般用于培养学生的思维方式。在遇到复杂的问题时，很多学生不知道从哪些方向来思考，教师也难以了解学生对这个问题的理解是怎样的。思维是隐性的，教师可以借助思维可视图为学生提供思考的角度，让学生的思维结构化、可视化。

思维可视图有很多种形式，包括概念图（Concept Map）、思维导图（Mind Map）等。其中美国研究者大卫·海勒创建的思维可视图（Thinking Map）因简单、操作性强而被广泛使用。这种思维可视图有八种，可培养学生不同的思维能力，包括界定、描述、分类、类比、因果关系、局部与整体、对比和对照、梳理顺序等。

🛠 工具什么样？

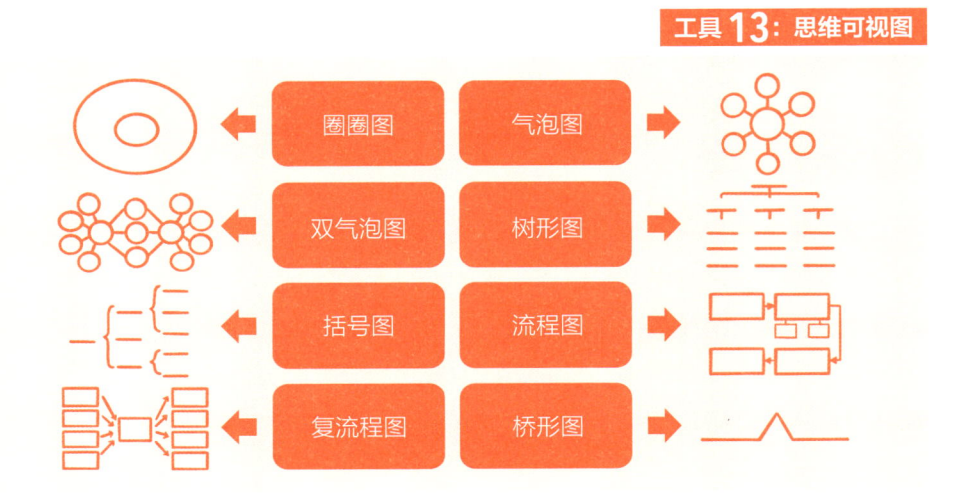

工具13：思维可视图

←	圈圈图 　气泡图 →
←	双气泡图 　树形图 →
←	括号图 　流程图 →
←	复流程图 　桥形图 →

以上的思维可视图培养学生的思维能力依次是：

1. 圈圈图——界定（Circle Maps-Defining in Context）：主要用于界定一个主题，学生可以围绕这一主题进行联想或描述细节。

2. 气泡图——描述（Bubble Maps-Describing Qualities）：用于引导学生描述事物的性质和特征。

3. 双气泡图——对比和对照（Double Bubble Maps-Comparing and Contrasting）：用于帮助学生对两个事物进行比较和对照，找到它们的差别和共同点。

4. 树形图——分类（Tree Map-Classifying）：引导学生对事物进行分类。

5. 括号图——局部与整体（Brace Maps-Part-Whole）：用于引导学生分析局部与整体的关系。

6. 流程图——梳理顺序（Flow Maps-Sequencing）：引导学生按一定顺序分析事物的发展及内在逻辑。

7. 复流程图——因果关系（Multi Flow Maps-Cause and Effect）：用于帮助学生分析事件产生的原因和结果。

8. 桥形图——类比（Bridge Maps-Seeing Analogies）：引导学生类比和类推，分析事物的相关性。

工具如何用？

思维可视图可以按照以下步骤来使用。

1. 让学生理解每一种思维可视图的含义和用法

教师首先需要让学生理解每一种可视图的含义、思维方式。

2. 针对特定问题，学生判断使用何种可视图

在项目实施中，学生可以根据实际遇到的问题，结合思维可视图的特点，自行选择使用何种思维可视图，以更清楚地呈现自己的思考。比如在生物学项目中，当要比较两种病毒的异同时，学生需要能够想到可以选择双气泡可视图来比较两者的异同点。

3. 在应用中不断加深学生对可视图的认识

在项目过程中，教师可以有意识地引导学生分析，针对相同的问题，使用不同类型的思维可视图呈现出来的图是怎样的，思考哪一种类型的思维可视图与问题更匹配。通过这样的交流，可以不断加深学生对思维可视图的理解。

工具用在哪里？

从年段上来讲，教师可以在小学、初中、高中的任意阶段引导学生使用思维可视图。在高年段，教师可以引导学生将这些思维可视图组合使用。

在项目化学习中，不同类型思维可视图的使用也可以和项目实施阶段相匹配。在入项阶段，如果学生不知道如何确定研究的主题，教师可以引导学生用圈圈图列出与项目主题相关的内容，进而界定主题；在知识与能力建构阶段，教师可以根据需要引导学生使用复流程图来分析问题的因果关系，利用双气泡图来对比和对照项目实施中的关键概念；如果学生不知道如何梳理解决驱动性问题的步骤，教师可以引导学生使用流程图来推进。

此外，思维可视图也可以作为一种评价工具。在项目进程中通过让学生制作思维可视图，可以了解学生对相关问题的理解情况。

工具 14 ▶ 因果链

✪ 工具是什么？

因果链是指有序的事件序列，且因果链中的一个事件会引发下一个事件。因果链可以帮助学生分析项目整体的"因果关系"，了解一个变化或事件如何导致后续事件的发生。在诸如食物链、生物进化、粮食危机、疫情防控、全球气候保护、朝代变迁等科学性、社会性项目中，因果链可以用来理解与历史事件或科学系统有关的内容。

因果链还可以用于建立驱动性问题和项目成果之间的因果关系。例如，为了制作一个能够让饺子良好保温若干小时的保温杯，学生需要弄清楚隐藏问题背后的各种因果关系：是什么导致了热饺子在这样的杯子里能够持续保持温度？是什么有可能让热量无法传递出去？是因为材料还是因为空间还是因为其他什么原因？这些原因如何去验证？通过这样一步步地推理分析澄清项目当中的各种关系。

因果链的分析不能仅靠头脑中的推理。科学类项目的因果链推理往往需要经过科学文本的阅读，以及观察、实验等科学实践。语文类项目的因果链推理，比如小说中的前因后果的分析，需要通读文本，深入分析揣摩。数学类项目的因果链分析需要经过数据的计算、处理、推理、验证。比较复杂的项目中因果链的推理还可以和专家邀请结合起来，比如在"物种入侵"这一地理生物跨学科项目中，地理学家和生物学家的介入与交流会让学生对因果关系产生更好的理解。

✪ 工具什么样？

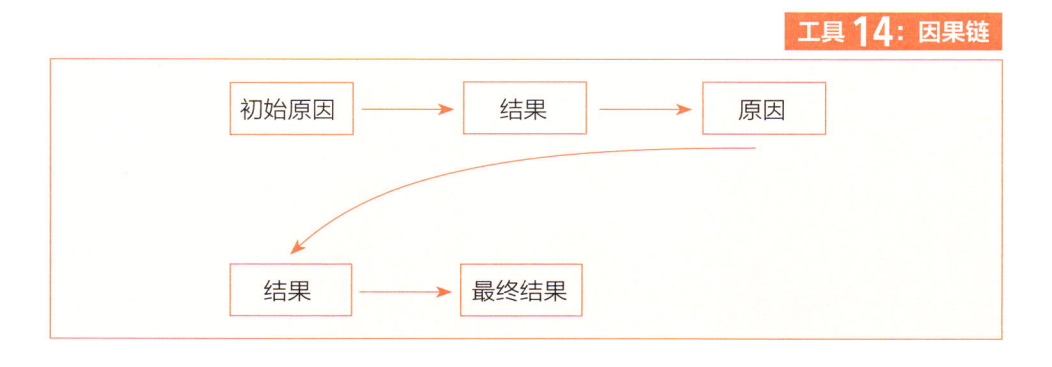

工具 14：因果链

初始原因 → 结果 → 原因 → 结果 → 最终结果

因果链图形工具从"初始原因"框开始，推出"最终结果"框。

多链式因果链不仅包含单一的原因，可能会有两个及以上的原因导致一个特定的结果，也可能一个原因会产生两种及以上的不同结果，这其中需要分清主要原因和次要原因、主要后果和次要后果。

工具如何用？

1. 提供因果链工具

引导学生分析项目中蕴含的因果关系，提供因果链。

学生先自己完成因果链，教师根据学生完成情况给予支持，如因果分析可以以两种思路展开：向着求因/求果的方向，由现在分析过去或由现在分析未来。因果链的结束往往意味着不能继续找到下一层的原因。

2. 学生讨论

学生分小组讨论因果链，相互质疑和批判。可以和苏格拉底式问题研讨法相结合，以帮助确认因果链中的证据。

为了加深学生对特定因果关系的理解，教师可以根据情况引入相关文本或相反的例证，以挑战学生，引发他们更深层次的思考。

3. 迭代因果链

可以根据实际情况再次对因果关系进行探讨。为了促进学生的理解和小组内的沟通，也可以让每个学生选择负责了解一个具体的原因/结果，之后向小组内的成员阐述，在此基础上迭代因果链。

4. 形成终稿

全班最终形成达成共识的因果链图，也可以形成自己个性化的因果链图。教师可将因果链图放在教室中的显眼位置，并根据项目进展决定是否对因果链进行实地验证。

工具用在哪里？

因果链的制作可以分布在项目的多个节点，分多次完成。如可以让学生完成最初的因果链，然后为他们提供另一个原因，让他们修改完善，讨论因果链序列的变化。

为了增强挑战性和促进学生思考，也可以打乱既定因果链，或剥离部分影响因素，重新进行排序。例如，如果学生列出灰姑娘这个故事的因果链，那么就可以改变其中的若干个因果关系，如果没有仙女送出礼物，如果没有时间的限制，如果继母不是这么恶毒，可能会是怎样的情况。

在全班讨论时，可以让每个学生只阐述因果链的一部分，以让更多学生参与其中。有些学生对自己的完整内容阐述不自信，这时也可以鼓励他们阐述其已经理解掌握的内容。

实地项目运用

如何鼓励学生使用"思维可视图"呈现自己对节日的理解？[①]

五年级英语学科项目"我是节日创造家"，从一个充满奇思妙想的驱动性问题开始，鼓励学生构思属于自己的节日。驱动性问题具体描述如下：

一年之中，我们会庆祝许多节日，并体会到庆祝节日的快乐。在本次英语活动周上，你们是否也能创造一个特殊的节日，并向大家展示你们的 holiday idea 呢？在毕业前，让我们共同庆祝大家投票选出的那个最佳节日吧！

学生在创造节日的过程中，可以先了解中西方已有节日的庆祝方式，学习从庆祝时间、服饰、饮食、风俗习惯等方面介绍节日，感受节日背后的历史和文化，体会其对人们的意义。在建构基本的语言框架和介绍逻辑后，学生结合自身的经历和感受，自主提出更多想要了解的节日，如清明节、端午节等。

学生在选择自己感兴趣的节日后，可以自主检索或参考教师提供的资源包，对节日的文化以及相关的语言知识进行探究。然而，在项目实施时教师发现，由

---

① 本案例来自上海市杨浦小学仰雯玥、张余珏老师设计的英语学科项目"我是节日创造家"，实施者是仰雯玥、张余珏。本案例执笔人：仰雯玥。

于学生拥有不少资源，要学习和整理的资料过多，有些学生难以掌握其中的关键信息，也无法进行有效的整理，在准备个人成果的过程中容易出现思路混乱、情绪急躁等情况。

为帮助学生确定探究思路、明确信息收集方向、明晰个人成果展示方案，教师建议学生在资料查阅与整理过程中利用各种思维可视图。

有的学生利用树形图将节日相关知识进行有效分类。树形图形似树枝分杈，学生可以从主题词出发，直观明了地展现各分支内容，帮助学生增强思维的逻辑性。

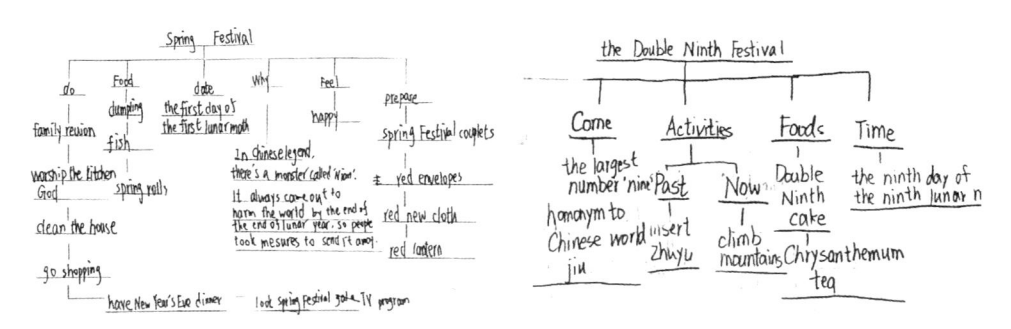

树形图

有的学生利用气泡图将与节日有关的琐碎知识连接起来，从一个中心主题出发，向四周发散出许多子主题，再从子主题出发进一步发散。

还有的学生利用鱼骨图（见下页图）明确个人成果的展示逻辑。在对节日有关知识进行梳理后，学生需要准备个人成果的英语展示，即在小组内完成所研究节日的英语介绍。学生在鱼骨图中设置开始端与结束端，其方向代表介绍的顺序，有助于帮助学生思考表述逻辑与语言框架。

通过运用上述思维可视图，大部分学生能够迅速聚焦节日主题，梳理不同内容之间的层级关系，从不同角度思考问题，主动参与和体验知识的建构。

在实施过程中我们也发现，虽然高年级的学生已有一定的项目经验，但教师仍需要给予针对性的指导。首先，部分学生可能难以选出合适的思维可视图帮助其解决问题，这就需要教师通过举例的方式，引导他们复习与回顾不同思维可视图的作用和使用方法。其次，部分学生在使用过程中仍会出现各种使用障碍与误

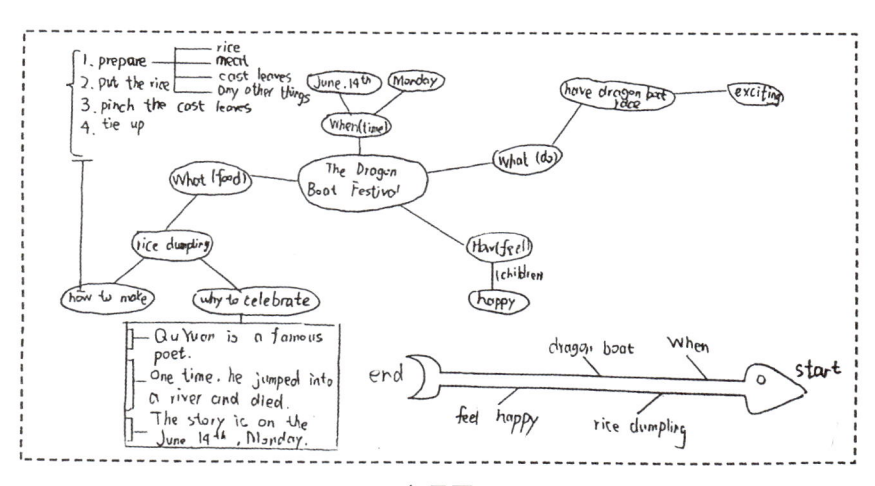

鱼骨图

区，使思维可视图无法起到事半功倍的作用，这就需要教师实时观察学生的探究过程，及时发现学生存在的问题，组织与鼓励学生之间的交流和讨论，相互讲解并做出调整，帮助学生树立自主学习的信心，培养自主学习的能力。

案例评析

为什么要使用这个工具

在本案例中，学生根据自己的需要选择相应的思维可视图来呈现自己对节日的理解。思维可视图能够让学生对节日建构出结构化的理解，且多样化的思维可视图有助于培养学生思维的多样性。同时，在本项目中，思维可视图非常巧妙地成了学生汇报的"提纲"，让学生的表达更有条理、更有逻辑。

工具使用迭代的方向

在后续使用该工具时，教师还需要思考如何引导学生优化自己的思维可视图。教师可以尝试这样做：第一，组织做同一类思维可视图的学生一起交流，互相提出建议，然后完善自己的思维可视图；第二，在学生汇报之后进行点评，根据思维可视图的特点指出学生在工具使用中的误区。如在本案例中，学生在整理与春节有关的知识时,将"做什么""为什么""时间""节日氛围""准备工作"几个方面用树形图表示出来。严格来说,树形图中各部分属于并列关系,但目前学生列出来的内容并不都是并列关系,如"准备工作"和"做什么"之间就有重复。因此教师在这一环节就可以引导学生思考应该按照怎样的分类方式能够有逻辑地将一个节日说清楚。

线上同类项目的工具处理

在线上同类项目中使用这一工具时,由于时间、沟通方式的限制,学生之间很难展开充分的交流,因此可以请学生在画出思维可视图之后,在旁边标注自己为什么要选择这个思维可视图,以及使用这样的思维可视图之后自己的收获和感想等。

2.4
如何即时评估学生对所学内容的阶段性理解?

项目化学习实施中如何快速评估学生对所学内容的理解程度?很多时候我们会忽略,项目中的每一个重要的节点、每一节项目课,都应该是脚踏实地的,都应该伴随学习过程的评价与反思。项目化学习中的评价是全程评价,应贯穿始终,促进学生的知识习得和深入理解,而教师也可以据此调整项目方向,以更好地适配学生的理解水平或为学生设置适宜的挑战。项目通行证和电梯游说就是两种可行的、即时的评估工具,可以用来快速收集信息,反馈学生的学习状态。

工具 15 ▶ 项目通行证

🛠 工具是什么？

项目通行证（Exit Ticket），在日常课堂中也可称为下课通行证，是一种快速、简单的过程性评估工具。教师可以根据需要灵活设计通行证的内容，以达到不同的评估要求。

项目通行证通常是一张小卡片，可以根据项目的进程设计不同水平的问题，学生要在下课前或某个项目节点前上交才能进入下一步。

项目通行证可以帮助教师迅速了解学生学到了什么，是否遇到困难。同时，通行证的形式让学生感觉更轻松、安全，能更真实地说出自己的理解，避免公开回答问题的紧张，减轻学生对失败的恐惧。

项目通行证也可以设计成在线的形式，或者和档案袋评价结合起来，以获得对学生更完整的学习评价。

🛠 工具什么样？

项目通行证有不同的版本，可以根据情况选择。

工具 15：项目通行证

表情版通行证

简易版通行证

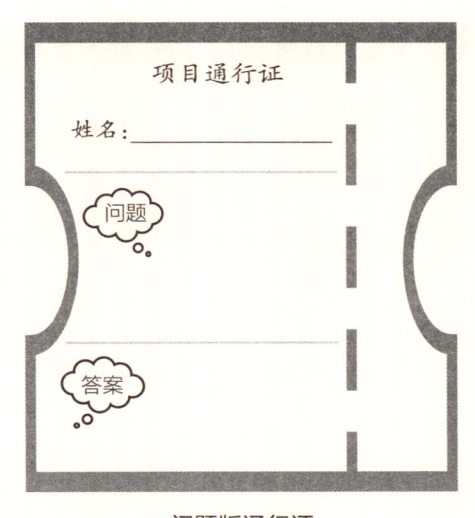

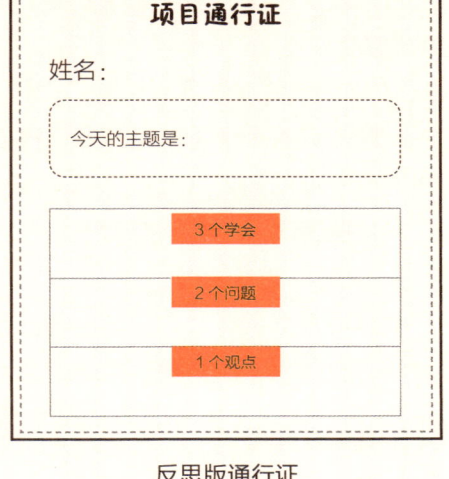

问题版通行证　　　　　　　反思版通行证

表情版通行证：最简单的评估方式，适合幼儿阶段。

简易版通行证：可以让学生写出自己最大的收获或困惑，学生可发挥的空间很大，比较灵活多样。

问题版通行证：可以结合项目中的核心知识，提出这一节课／这一阶段最重要的一个问题，教师以此了解学生的理解情况。

反思版通行证：结合反思"321"，结构化地呈现学生对这节课的理解。

工具如何用？

1. 确定评估节点

在一个项目开始前，大致确定哪个阶段需要使用项目通行证。在项目开始后，如果感觉需要更多地了解学生的想法，也可以随时增加通行证的使用次数。

2. 制作通行证

根据需要制作不同版本的通行证，也可以组合几种版本个性化地定制通行证。

3. 收集通行证

可以设定一定时间（如 5 分钟）让学生完成项目通行证，并投放到教师指定的地方。

4. 对学生的理解程度分类

教师阅读每个学生的通行证，根据需要可进行分类整理。比如，可以根据学生对所测试的知识点及概念的理解程度分为：完全理解、一知半解、理解有误。对这些情况的了解，有助于教师在下一节课时有的放矢。

5. 调整反馈

教师可根据需要对个别学生进行针对性的反馈和补救教学，或提供新的学习材料；教师也可以根据学生的表现调整后续的项目流程。

工具用在哪里？

简易版通行证适用于项目中的每一节课，作为一种常规的形成性评价方法，简便易行。在项目的重要评估节点上，可以采用问题版通行证，将需要学生记忆、领会、理解、表现的内容体现在通行证上。在项目的出项、反思与迁移等阶段，可以采用反思版通行证。总之，教师可根据学生的年段和不同的教学目的选择适合的通行证版本。

通行证的使用重点不仅在于学生的写，更在于教师的看。不是收上来就结束了，教师需要迅速对通行证进行浏览、分类，快速掌握学生当前的认知情况，并在此基础上调整后续教学。

工具 16 ▶ 电梯游说

工具是什么？

电梯游说是一种快速整理自己所学并将其告知他人的工具。这个工具的原型是商业领域的"电梯游说"，即在电梯里与潜在的用户、上司、领域专家意外相遇，在电梯运行的短暂时间里，迅速整合信息要点，从而打动他们。

电梯游说由于具备以下几个关键特点，因此适合用来进行项目的阶段性评估。首先，时间不是很长，只是电梯运行的那段时间，所以教师可以根据需要设定 30 秒到 3 分钟不等的时长；其次，对知识的大量整合与提炼要在很短的时间内完成并让他人理解，因此需要学生对之前的项目经历进行概括浓缩，这能锻炼他们简要复述的能力；最后，教师可以自由地设置各种类型的角色，电梯中遇到的可以是校长、项目用户、相关领域的专家、潜在伙伴等各种类型的人员，以培养学生的用户意识。

工具什么样？

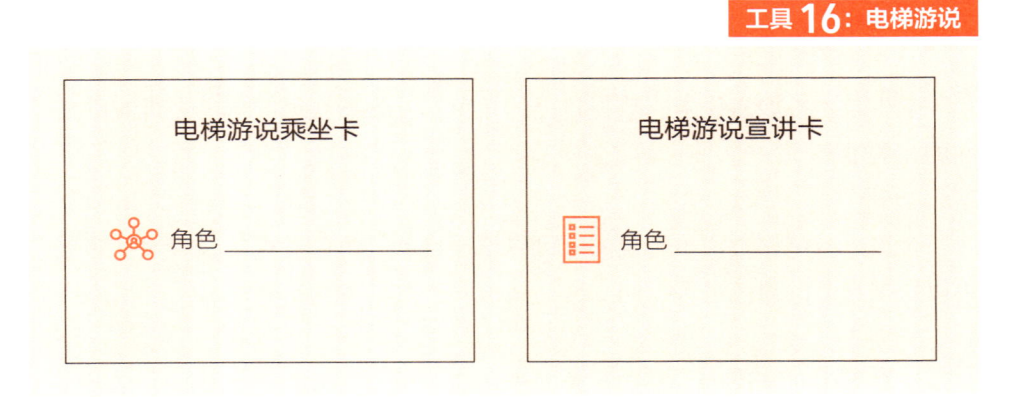

工具 16：电梯游说

电梯游说乘坐卡　　　　　电梯游说宣讲卡
　角色_____　　　　　角色_____

游说卡有两类，一类是给"乘电梯的人"，一类是给"游说的人"。乘电梯的人其实承担了评价的功能。游说的人所拿的卡上通常写有任务，比如告知别人目前项目的进展等。

乘电梯的人可以扮演多个角色，也可以承担多个任务的评价功能。
- 投资人，如联合国环保项目投资人等，任务是说服他接受某个提案。
- 用户，如校长、教师、社区居民等，任务是说服他接受某项产品或设计。
- 宣传人，如新闻报道人、记者等，任务是说服他认同项目的社会价值。
- 领域专家，如生物学家、设计师等，任务是说服他认可项目的学术价值。

⚙️ 工具如何用？

1. 确定评估节点

在项目开始前，教师须大致确定在哪个阶段进行电梯游说。在项目开始后，如果需要在其他节点了解学生的情况，也可以随时增加。

2. 制作游说卡

根据项目中的关键问题制作两类游说卡。给"乘电梯的人"的卡可以多一些，给"游说的人"的卡可以少一些。

3. 抽签与准备

学生自由抽取游说卡，获得自己的角色，并根据获得的角色进行演讲和提问的相关准备。

4. 进行电梯游说

全班进行电梯游说。游说的人可以根据自己的角色进行交流，乘电梯的人可以根据自己的角色进行提问。

5. 评估

引导学生对游说进行评估：游说成功吗？对方是否愿意继续倾听？为什么成功？为什么失败？如果乘电梯的人的角色是投资人或用户，他们需要给出自己接受或不接受游说的理由。

⚙️ 工具用在哪里？

电梯游说可以用在各种类型的项目中。

进行电梯游说的人最好只有一个，但有时也可以尝试两个学习伙伴搭档游说的方式，但是游说的人数不要超过两人，否则就很可能有学生没有说话的机会。即使是学生要求或希望两人搭档，也要明确每个人都要发言的原则。

如果允许学生根据电梯游说的结果选出自己心仪的问题或结果，会增加学生的活动投入度，也会引发更多的讨论。

实地项目运用

如何用"项目通行证"评估学生对项目的理解？[①]

在"争当民间故事传讲人"的项目中，教师构造了项目通行证来评估学生的阶段性理解。这一项目的总时长为 12 课时，一共构建了 6 个项目通行证，具体做法如下。

1. 确定评估节点

（1）入项：设置问题版通行证（图 1）

问题——民间故事有哪些特点？

目的——了解学生对民间故事的了解情况。

（2）知识与能力建构：设置问题版通行证（图 2）

学生写出练习用变换角色及情节顺序等方法创意复述民间故事时，自己最大的收获或困惑。

目的——精准把握学情，并根据具体的情况调节项目进度。

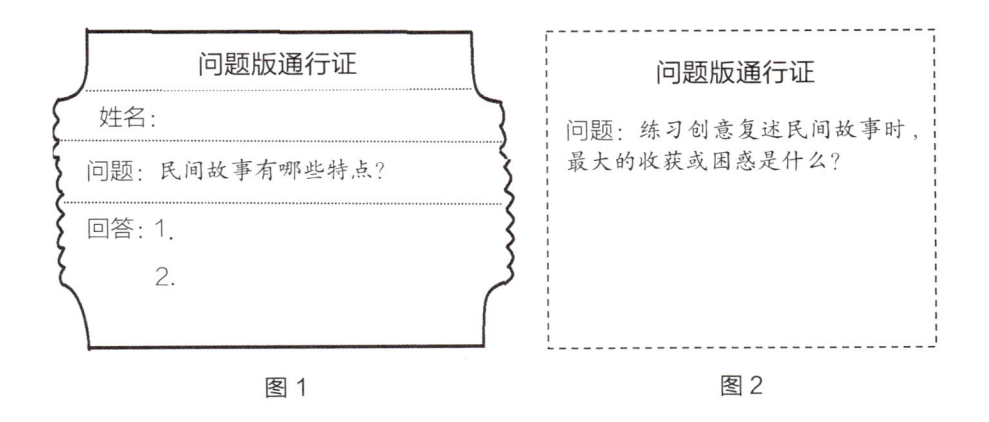

问题版通行证

姓名：
问题：民间故事有哪些特点？
回答：1.
　　　2.

图 1

问题版通行证

问题：练习创意复述民间故事时，最大的收获或困惑是什么？

图 2

（3）探索与形成成果：设置问题版通行证（图 3）

问题——小组合作练习表演民间故事时，你在组内的分工是什么？你对自己

[①] 本案例来自本书作者团队提供的项目工具，江苏省无锡市南京师范大学滨湖实验学校蠡湖小学王轶、高枫老师应用设计的语文学科项目"争当民间故事传讲人"，实施者是王轶、高枫。本案例执笔人：王轶、高枫。

的表现满意吗？为什么？你的建议是什么？

目的——及时了解每组的合作分工情况，发现问题并进行干预指导。

（4）评论与修订：设置问题版通行证（图4）

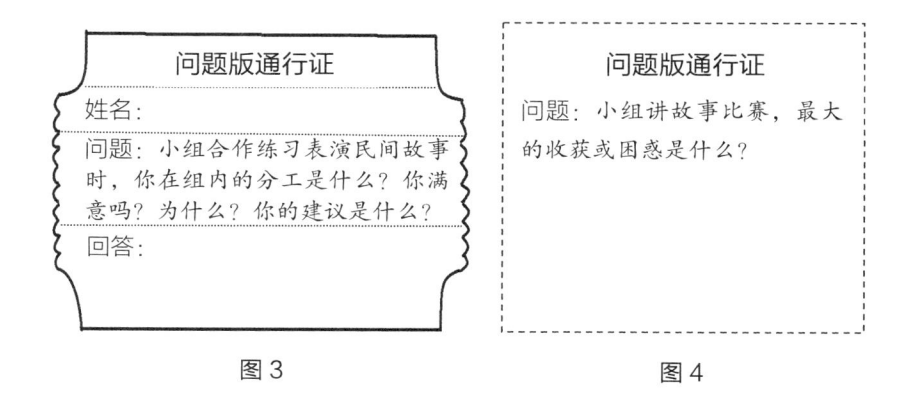

问题版通行证

姓名：

问题：小组合作练习表演民间故事时，你在组内的分工是什么？你满意吗？为什么？你的建议是什么？

回答：

图3

问题版通行证

问题：小组讲故事比赛，最大的收获或困惑是什么？

图4

各小组进行讲故事比赛，评出"创意讲述民间故事大王"后，写出自己最大的收获或困惑。

目的——了解学生对创意讲述民间故事方法的掌握情况以及存在的问题。

（5）反思与迁移：设置反思版通行证（图5）

填写反思单——1个我的建议；2个我的问题；3个我学到的东西。

目的——引导学生反思活动中的得与失，特别是到低年级课堂去给弟弟妹妹们讲故事时，遇到突发事件自己或小组成员是如何处理的，在与家长、同学的交流中提升解决问题的能力。

（6）评估与总结：设置评估版通行证（图6）

填写评估单——根据自己对项目的理解，给相应的笑脸涂色。

目的——了解学生对"争做民间故事传讲人"项目的理解，以便今后更好地开展其他的项目化学习。

2. 制作通行证

3. 收集通行证

距离下课还有5分钟时，学生完成项目通行证的填写，并投放到每个人的"通行证收集袋"里。

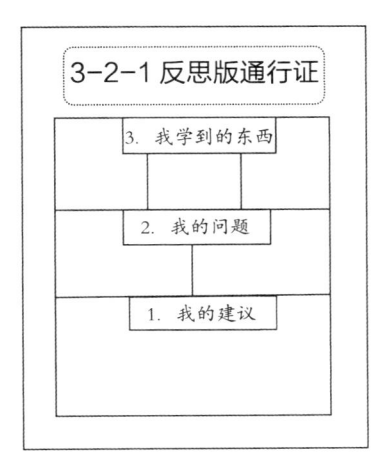

图5 为 3-2-1 反思版通行证，内容包括：3. 我学到的东西；2. 我的问题；1. 我的建议。

图6 为评估版通行证，内容如下：

评估版通行证

姓名：

1. 通过项目活动，我学会了创造性复述，我会用学到的方法讲其他的民间故事。☺☺☺
2. 到低年级讲故事调动了我"创造性复述民间故事"的积极性，锻炼了我的能力。☺☺☺
3. 我喜欢以小组合作的方式完成任务，同学给了我很多帮助。☺☺☺
4. 我觉得项目化学习的效果不错，相比之前的上课形式，我更喜欢项目化学习的方式。☺☺☺

图5　　　　　　　　　图6

4. 对学生的回答反馈分类

（1）根据学生对民间故事的了解程度分类。因部分学生不能准确区分民间故事和神话故事，后续教学将组织学生把已学过的神话故事与本单元的民间故事进行比较，加深学生对民间故事特点的认识。

（2）根据学生对创意复述民间故事的收获与困惑进行分类。针对欠缺创意复述方法的问题，推荐学生关注听书类软件等优质资源，借鉴创意复述的方法。

（3）根据小组合作的满意度进行分类。及时掌握和调控小组学习状态，对合作不和谐的小组进行干预指导。

（4）根据小组比赛的收获与困惑进行分类。为今后的项目化学习总结经验教训。

（5）根据反思版通行证，分项梳理项目化学习中的得与失。表扬面对突发事件巧妙化解危机或提出优化活动建议的学生。

（6）根据通行证上所涂的笑脸数量分类。了解学生对本次项目化学习核心知识的掌握和迁移运用情况，以及对创设的情境、小组合作形式及项目化学习的喜欢程度，作为今后开展项目化学习的参考及依据。

案例评析

使用工具值得肯定的地方

在"争当民间故事传讲人"这个项目中，教师根据不同的目的和项目阶段设计了不同的通行证。教师将通行证作为了解学生学情、及时调整教学计划以及对学生进行指导的工具。另外，作为学科项目，教师还将项目通行证作为评估学生概念理解和迁移的工具，充分发挥了通行证的作用。

工具的深化迭代

基于此案例中项目通行证的使用，还可以有一些探讨的方向，来让通行证更好地促进学生学习。

比如在探索与形成成果阶段，教师设计通行证来了解每组合作分工的情况，而这一阶段的项目目标和重点到底是什么呢？学生只需要完成分工就可以了吗？通行证的目的是评估这一阶段学生的学习，因此除了关注学生的合作分工情况外，还可以加入评估学生"如何将民间故事进行创意复述"等方面的内容。

在评论与修订阶段，评出"创意讲述民间故事大王"后，教师请学生写出自己最大的收获或困惑。其实这一步可以放在评出"创意讲述民间故事大王"之前。评选不是最终目的，评论与修订阶段的目的，是让学生能够更好地形成本项目的最终成果，将写出自己的收获或困惑放在讲故事之后评选之前，能够更好地促进成果的修订，并且能够保护学生的积极性。

3 知识与能力建构：学科实践类工具

"在我的语文项目中，为什么学生写出来的文章缺少深度？"

"在我的科学项目中，为什么学生思考问题总是很片面？"

不同的学科对知识与能力的建构会提出不同的需求。比如语言类项目化学习，更强调以学生深入的阅读和写作等语言实践来促进学生对问题的理解；科学技术类项目化学习，更鼓励学生像科学家一样细致观察、缜密思考、大胆假设、小心求证。

在本章学科领域的知识与能力建构中，我们以语文学科和科学学科为例，呈现如何借助工具来带领学生进行更有趣、更有思维含量的学科实践。

3.1 如何支持学生深度阅读？

深入专注的阅读能够开阔学生的视野，促进学生的批判性思维和概念理解。高质量的项目往往都和深度阅读关联。当学生在阅读过程中能感受到阅读对解决问题的意义，他们会更加愿意投入到阅读中。

那么，如何支持学生进行主动的、批判性的、深度的阅读呢？有效的阅读工具可以为教师助力。

工具 17 ▶ 阅读日志

⚙ 工具是什么？

阅读日志是追踪学生阅读广度与深度的一种工具。基础版的阅读日志可以只是让学生记录阅读时间和阅读章节，通过类似九九消寒图那样有趣的"涂色"帮助学生养成坚持性（吴萍 等，2021）[1]。复杂一点的阅读日志，可以用于对阅读内容的提炼，对关键问题思考的记录。比如，《海底两万里》的整本书阅读项目，学生需要围绕"这本书奇特的幻想体现在哪里？"这个关键问题，记录相关的阅读情节和阅读内容。

---

[1] 有趣的阅读日志请参看吴萍等编著的《跨学科项目经典案例：太空探索"家"》（教育科学出版社 2021 年出版）第 23 页。

⚙️ 工具什么样？

工具 17：阅读日志（复杂版）

阅读图书：＿＿＿＿＿＿ 记录人：＿＿＿＿＿＿＿＿＿

阅读要解决的关键问题：			
阅读日期	阅读章节	内容概括	我的新理解 / 困惑
＿月＿日			
＿月＿日			
＿月＿日			
＿月＿日			
＿月＿日			

经过本阶段阅读，我对关键问题的总体理解是：

阅读日志的形式多样，可以是表格，也可以是学生的记录本、小册子等。阅读日志的内容也可以丰富多样，主要包括以下几方面：

第一，本阶段阅读的基本信息，如本次阅读图书的书名、本阶段阅读要解决的关键问题。

第二，本阶段阅读的主要章节、内容概括。

第三，学生对要解决的关键问题产生的新理解或困惑。

工具如何用？

阅读日志可以按照以下流程来使用。

1. 先明确阅读目的

使用阅读日志前，教师要先和学生共同明确阅读目的是对某一主题有宽泛的了解还是促进对特定关键问题的理解。

2. 学生阅读书籍或文章，完成阅读日志

教师给学生留出一段时间，如一周或一个月或寒暑假，让学生一边阅读一边完成阅读日志。学生在阅读日志上记录自己阅读的进程和思考的内容，也可以对阅读日志进行个性化补充。

3. 组织学生交流阅读日志的内容，促进学生对关键问题的理解

一段时间后，教师可以组织学生围绕关键问题进行交流，分享自己对关键问题的理解或者困惑。阅读日志的分享也可以和画廊漫步（见本书工具51）等促进学生深度交流的工具一同使用。

工具用在哪里？

阅读日志适用面广，包含阅读环节的项目都可以采用。

阅读日志既是项目进程中的阶段性成果，也可以作为评估学生项目理解情况的里程碑，从中反映学生对关键问题的理解。如随着对《昆虫记》阅读的深入，我们可以看到学生对"什么是科学观察的文学表达？"这个问题有了更深入的理解。

工具18 ▶ 阅读"井"字游戏

工具是什么？

阅读"井"字游戏是一种促进学生运用阅读策略的工具。它看上去就像一个个"井"字，以游戏的方式激发学生的阅读兴趣。

"井"字可以有纵横交错的各种填法。学生借助这个工具，经过不同路线的阅读策略，形成对所读图书的观点。例如，学生可以根据书名《鲁滨逊漂流记》"预测"这本书是关于生存游记的；通过"摘要"明确书中主要讲述了主人公鲁滨逊因为遇到风暴，凭借坚强的意志与不懈的努力，在荒岛生存的故事；再回到中间形成这样的"观点"——一个人百折不挠的毅力是非常重要的。

工具什么样？

工具18：阅读"井"字游戏[①]

根据你最喜欢的书里的内容，完成下面的"井"字游戏。请填写三个格子使得它们穿过中心点且连成一条线，快来填一填吧！

预测	有趣的事实	问题
根据书名，我猜这本书的内容是关于：	我在阅读的过程中，发现了两个有趣的事实： 1. 2.	读完这本书后，我还想了解的问题是：
主旨	**观点**	**我学到了**
读完这本书后，我理解这本书的主旨是：	读完这本书后，我认为这本书的观点是：	读完这本书后，我学到了： 1. 2.
细节	**联系**	**摘要**
我认为这本书的主要章节是：_____，理由是：	我发现这本书中的内容和我的生活/其他书中的内容/现实世界有以下的联系：	我发现这本书讲的是（答案请包含人物、时间、地点、事件、中心思想）：

工具如何用？

1. 明确阅读"井"字游戏的规则

教师向学生介绍工具，和学生明确规则：学生需要在阅读的基础上填写表格，可自由选择路线，必须填写"观点"部分。

2. 学生完成阅读"井"字游戏

学生阅读，完成"井"字游戏。教师鼓励学生在小组中按照横向、纵向或

[①] 这一工具摘自吴萍等编著的《跨学科项目经典案例：太空探索"家"》（教育科学出版社2021年出版）第25页。

对角线方向等线条来完成填写。

3. 学生围绕同一本书分享和交流

当学生阅读同一本书时，教师可以采用画廊漫步的方式将学生的阅读"井"字游戏成果张贴在教室指定的地方，学生可以互相交流和分享阅读后的理解。

工具用在哪里？

阅读"井"字游戏可以与项目化学习中的作业设计结合起来，将阅读"井"字游戏作为一项有趣的作业布置给学生。

可以尝试将阅读"井"字游戏推荐或布置给一些不喜欢阅读或阅读比较浅层的学生。此外，也可以改造这一游戏中的阅读策略，使其呈现层次性，体现不同的阅读水平。具体可参见实地项目运用部分。

教师也可以将阅读"井"字游戏和阅读日志（见本书工具 17）结合起来使用。学生可以先通过阅读日志记录阅读内容，然后用阅读"井"字游戏与大家分享自己阅读后的理解和感悟。

工具 19 ▶ SQ3R

工具是什么？

SQ3R 是浏览（Survey）、提问（Question）、阅读（Read）、复述（Recite）、回顾（Review）英文首字母的缩写，能够帮助学生从浅层阅读走向深层阅读。它一般用于教师指导学生进行整篇或者大段的文本阅读，鼓励学生带着问题阅读、提炼主要内容、将阅读内容与个人生活联结。通过这些方式，学生的阅读将走向深入。例如，学生整本书阅读《骆驼祥子》时运用 SQ3R，就需要在浏览情节的基础上主动提出问题，比如"祥子的人生为什么会经历三起三落？"，然后带着问题去阅读，提炼文章的中心思想，尝试回答问题，再将自己对问题的理解复述出来。

⚙️ 工具什么样？

工具19：SQ3R

S	Q	3R
1. 浏览（Survey）	2. 提问（Question）	3. 阅读（Read）
		4. 复述（Recite）
		5. 回顾（Review）

SQ3R 主要包括以下部分：

1. 浏览（Survey）

学生需要通读文章或整本书，包括标题、小标题、前言、重要图表、摘要等，获得对文章或整本书的整体认识。

2. 提问（Question）

学生在阅读前提出问题：关于文本已经知道了什么？这次阅读希望获得什么？作者想要表达的中心思想是什么？

3. 阅读（Read）

学生带着上述问题进行阅读。在阅读中主要关注以下方面：（1）寻找问题的答案；（2）记录在阅读中产生的新问题。

4. 复述（Recite）

学生需要：用自己的话复述阅读的内容；问自己一些关于文本的问题，并尝试解答；向别人介绍自己阅读的内容；试着写一份能够回答本项目学习中关键问题的总结。

5. 回顾（Review）

学生需要：重新阅读相关联的部分；回顾自己的笔记和问题；特别留意产生了哪些新问题。

工具如何用？

1. 介绍SQ3R

教师先介绍 SQ3R，可以将每个关键词以关键问题的形式进行解释，方便学生理解工具的内涵。

2. 使用SQ3R

学生使用 SQ3R 来进行整本书或文章的阅读与记录。关键点是阅读之后教师引导学生提出问题，确定重要的、值得探究的问题，作为下一步阅读的方向，这些问题可以和整个项目的驱动性问题结合起来。

3. 交流SQ3R中的收获

学生可以用海报、阅读笔记、阅读日志单、思维导图等多种形式记录自己的阅读过程，并据此交流阅读中的收获。

工具用在哪里？

这一工具适用范围较广，在需要以阅读促进学生对驱动性问题或子问题有更深入理解的项目中都适用。可以是语文学科项目，比如借助《中国古代神话》《希腊神话》等图书丰富学生对"神话故事"的深入理解；可以是地理学科项目，比如通过阅读《中国国家地理》等杂志的相关文章来丰富学生对"地理自然特征和人文景观之间关系"的理解。

教师在带领学生使用这一工具时，需要进一步强化阅读的目的。教师可以让学生讨论、明确每次阅读的主要目标是什么，要解决的主要问题是什么，鼓励学生将阅读和问题解决联系起来。

SQ3R 本身也可以是一个项目作业，将其转化为相应的阅读任务单，让学生在课外高质量地完成文章或整本书的阅读；SQ3R 也可以和其他工具结合使用，如阅读日志（见本书工具17），可以组织学生在一段时间内通过阅读日志来记录用阅读解决一个问题的过程。

工具20 ▶ 作者图表

⚙ 工具是什么?

作者图表可用于支持学生进入文本阅读和思考的更深层次，透过文本表面思考作者的写作目的。通过整理与分析作者的背景信息、观点以及写作动机，来获取浅层阅读无法得到的信息。

诗歌教学中常常强调"知人论世"，当我们对诗人、诗人生活的背景有了更多的了解，我们就能够更好地理解诗歌的内涵。作者图表的功能同样如此，通过了解作者背景等信息，学生可以更好地理解文本的内在含意。

⚙ 工具什么样?

工具20：作者图表

```
┌─────────────┬─────────────┐
│  作者背景    │    观点     │
│         作者              │
│   目的      │    观众     │
└─────────────┴─────────────┘
```

作者图表提供了一个搜集与整理信息的框架：

- 作者背景，包括作者个人生活背景和社会生活背景。
- 观众，是指这一文本面向的对象。
- 观点，是指作者在这一文本中所表达的观点。
- 目的，是指作者希望借助这一文本达到的目的。

⚙ 工具如何用?

1. 学生围绕特定文本，搜集作者图表上的信息

学生分小组搜集同一个作者不同文本的作者图表信息，或是不同作者的作者图表信息。学生完成作者图表的填写后，同伴之间可以相互交流，补充、丰富作者图表。

2. 教师引导学生比较不同的作者图表

教师在引导学生比较时，要遵循的一个原则是：尽可能让学生思考作者对作品所起的作用。教师可以引导学生思考，如果其中一个因素发生了变化，整个文本可能会发生怎样的改变；也可以围绕同一个作者，比较不同作品的变化，思考是哪些因素导致了这种变化；还可以让学生比较不同作者的作者图表，引导学生思考作者的不同背景是如何影响他们的作品的。

工具用在哪里？

作者图表一般用在需要学生建立作者与阅读材料之间关联的项目中。在虚构类文学作品中，作者的背景、写作动机对读者解读文学作品影响不大。但在一些非虚构类作品中，作者的背景、写作动机等会影响作品表达的客观性、可信度。比如，在历史学科项目中，教师需要引导学生思考：不同作者是如何基于自身的背景来表达对同一历史关键事件的不同理解的？哪些作者的表述相对更有说服力？

围绕作者图表工具本身，教师也可以开发有趣的项目，如以"作者和作品的关系是怎样的？"为驱动性问题，引导学生通过比较多种不同的作者图表，来感受作者对作品的影响力。

实地项目运用

如何以"阅读'井'字游戏"促进学生进行跨学科阅读？[①]

"玩具再生"是面向七年级学生的跨学科项目。学生在这个项目中要为小伙伴改造或修缮儿时玩具并使其重新发挥价值。

学生在项目中需要运用设计思维来实现对产品的设计和改造，也需要在课外

---

① 本案例来自上海师范大学附属第二实验学校陈莹老师设计的跨学科项目"玩具再生"，实施者是陈莹。本案例执笔人：陈莹。

进行阅读来了解关于玩具改造的相关知识。如何帮助学生有效地提取文本中的核心内容，让自主学习不沦为简单的互联网搜索呢？这是我遇到的真实问题。

我适当改编了阅读"井"字游戏，让学生经历从浅层阅读到深层阅读的过程。"井"字一共三层，依次指向不同的思维能力。第一层"猜猜、读读、想想"，任务难度低；第二层"提炼、概括、收获"，需要学生对信息进行简单处理；第三层"联系、观点、联结"，需要对知识完成认知加工。

接下来，我从学校图书馆借来了与项目相关的各种图书，并补充采购了《玩具设计师》等专业书籍形成"项目图书资料库"，整理参考书籍目录并将它提供给小组按需选择。

各小组从"项目图书资料库"中选出能帮助自己建构更多玩具改造知识的书籍，制订好阅读计划后开始了自主学习，并使用改编后的阅读"井"字游戏来记录阅读的内容。

以下是杨偲辰同学在完成《玩具设计师》《旧物改造》《玩具设计与制作项目教程》的部分章节学习后，运用这一学习工具进行的知识梳理，这对他后续进行玩具改造的设计理念、设计流程都有很多启发。

学习工具：阅读"井"字游戏

	猜猜	读读	想想
第一层	我猜这些书的主要内容是： • 教会读者如何设计玩具。 • 毛绒玩具如何改造。 • 基本的玩具制作步骤。	我在阅读的过程中，发现了： • 多样化的玩具制造材料。 • 被人忽略或忘记的旧物经过自己的再设计与创造，可以变为另一种风格。	读了这几本书后，我还想了解的问题是： • 如何在小区里开展旧玩具收集，请大家共同参与玩具再生？ • 玩具改造能让我们收获什么？
	提炼	概括	收获
第二层	主要章节是：玩具创意设计的关键点。 • 理由：要让自己的作品有创意，设计非常重要。 • 只有抓住创作的核心，才能真正进入创作。 • 创作需要有理有据。	我来概括一下基本大意： • 赋予旧物新的生命与灵魂。 • 让制作者在创造过程中充满愉悦与感动。 • 让使用者获得情怀与感动。	读完这几本书后，我学到了： • 在"小结构到大神奇"部分，我领悟到了团队合作的重要性，看似简单的物品都需要大家的共同努力才能完成。 • 有些美并不贵，但意义深刻。

续表

联系	观点	联结
第三层	发现书中的内容与我的生活/周围的世界有以下的联系： · 创意设计与我们的生活学习息息相关，小到学习计划表的设计也是很好的实践。	我的观点是： · 无论什么旧物都能通过我们的双手变成更有意义的物件。看似平凡普通的旧物也需要我们发掘其中的美。	书中对我的项目有用的是： · 让我在制作环节更有条理，从设计到制作一步步来，最后完成作品。

通过使用阅读"井"字游戏，学生的阅读更有目的性，更具有抓住阅读重点内容的意识。同时，学生在阅读图书与项目问题解决之间建立了较好的关联，图书的阅读为后续如何更好地解决项目实施中的问题做好了铺垫。

案例评析

为什么要使用这个工具

在本案例中，教师对阅读"井"字游戏进行了改编，希望体现学生从浅层阅读逐步深入到深层阅读的过程。从学生的作品中可以看出，学生利用这一工具完成了对自己阅读的图书的知识整理。这样的知识整理能够帮助学生后续更好地进行玩具的设计与改造。

工具使用的注意点

教师在使用阅读"井"字游戏工具时，要注意以下几点：第一，该工具不仅仅能够帮助学生梳理阅读中读到的内容，还能够激励学生阅读。教师在改编阅读"井"字游戏时，需要考虑以怎样的方式来激发学生的阅读兴趣。比如，在本案例中，教师是通过三个层次来激励学生的认知投入的。第二，这个工具在运用后也需要同伴之间就此进行交流。学生在交流中可以深化对书籍的理解。比如在本案例中，可以引导学生交流其他同伴是如何理解这本书的，其他同伴基于这本书产生了怎样的设计灵感。第三，在工具使用中也需要关注学生的个体差异。就教师在本案例中改编后的工具来说，对于阅读概括能力很强的学生来说，他们可以从第二层开始填写，甚至是直接填写第三层的表格内容。

工具迭代的方向

这一工具在后续迭代时，还可以考虑增强工具本身的趣味性，比如设置本班级使用阅读"井"字游戏的积分榜。在工具使用过程中，教师可以让填写了"观点"的学生分别讲述自己是基于书中的哪些证据得出这一观点的，看看谁的证据更有说服力，更有说服力的学生将赢得相应的积分。

3.2
如何让学生更喜欢更善于写作？

写作是在一定程度上将个人零散的观点条理化、系统化的过程，是作者对问题的理解和思考的集中体现。但是，很多学生甚至教师并不喜欢写作，有时甚至害怕写作。当学生写作积极性不高时，我们可以借助一些有趣的写作工具来激发他们的积极性；当学生写作思路凌乱不清晰的时候，我们可以提供一些支持学生结构化写作的工具。写作能力的培养需要积累和锻炼，关键是让学生从写作中获得乐趣，这就需要教师引导学生习得更多的写作技巧和经验，从写作类工具的使用中掌握写作的思维方法。

工具 21 ▶ 汉堡包写作

⚙ 工具是什么？

汉堡包写作是以汉堡包的制作来比喻文章结构的写作工具。它将文章的主题句和结尾形象比喻为汉堡包的"面包"，将文章中的细节比喻为汉堡包的

"肉"和"菜"。汉堡包写作最大的特点是能够以形象化的方式让学生理解写作的结构。比如，当学生用自己的文章对照汉堡包写作工具图时，有可能会自主发现这篇文章缺少细节的支持。

汉堡包写作可以用在学生写作前，指导学生构思；也可以用在学生写作完成之后，让学生对照工具，对自己的文章进行结构的调整和细节的补充。

工具什么样？

工具 21：汉堡包写作

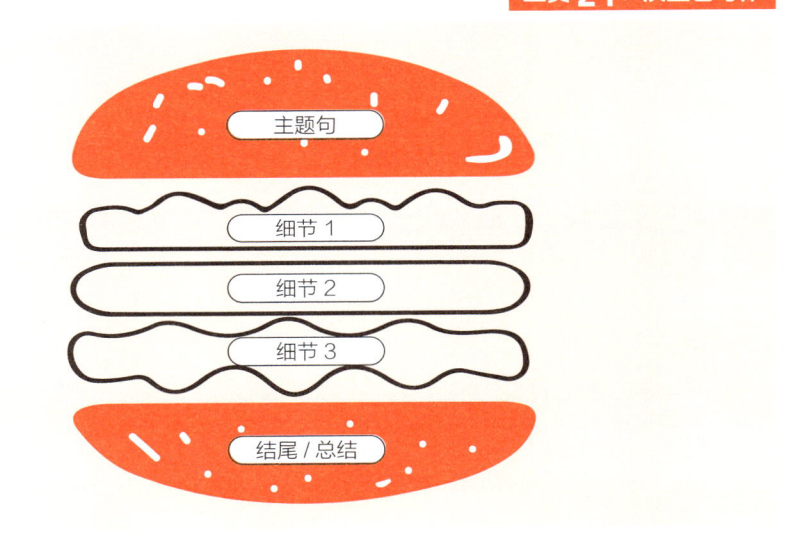

（汉堡包图示，自上而下：主题句、细节1、细节2、细节3、结尾/总结）

汉堡包写作工具由以下三部分构成：

主题句：用 1～2 句话开宗明义，吸引读者，并陈述文章的主要观点。

细节：用细节支持文章的观点，包括证据和例子等；在细节和细节之间使用过渡句，以使文章更通顺。

结尾/总结：总结文章的主要观点，或者用过渡句将文章过渡到下一个段落。

工具如何用？

汉堡包写作工具可以用于学生写作的多个阶段。

1. 借助汉堡包写作工具构思文章

在学生写作之前，教师向学生介绍工具的使用方法，然后请学生根据工具构思文章结构；教师也可以组织学生交流他们初步构思的想法，此时，汉堡包写作工具可以结合世界咖啡（见本书工具38）一同使用。

2. 借助汉堡包写作工具完成文章修改

当学生形成文章初稿后，教师可以让学生再次对照汉堡包写作工具，看看自己的汉堡包可以增加哪些"肉"或者"菜"，从而让自己的汉堡包更好吃。

工具用在哪里？

汉堡包写作工具适合小学和初中年段的学生使用，可以有多种变式。教师可以自定义汉堡包中间材料与文章内容的关系。比如增加汉堡包的"酱汁"，以此比喻文章中"生动的语言"。

汉堡包写作工具可以用于项目中需要学生记叙事件、描写景物、表达观点时。当发现学生总是记流水账式表达层次不清时，教师可以用汉堡包写作工具帮助学生分析问题。

汉堡包写作工具更适合记叙文的表达方式，与说明文、议论文这两种体裁的表达方式关联不强。教师要在适合的项目中引入这一工具。

工具22 ▶ PEEL 写作工具

工具是什么？

一篇文章通常由多个段落组成，每个段落负责传达不同的内容。如果说上文的汉堡包工具是指向学生把握文章总体结构的，那么，PEEL 写作工具就是一种指导学生撰写段落的工具。

PEEL 是由观点（Point）、例证（Example）、解释（Explanation）、连接（Link）的英文首字母组成的缩略词。PEEL 写作工具用于指导学生在某个段落中呈现观点时能够提供支持性例证并进行解释，然后将这一段落的观点和文章整体的观点连接起来。

比如，若整篇文章是要论述动物的形态会受到生活环境的影响，那么，在论述鸟的形态与生活环境时，学生可以先呈现这两者之间是有关系的（观点），然后介绍适应生活在沼泽和水边的涉禽（鸟的类别），它们的腿特别细，颈和脚趾特别长（例证）。学生解释涉禽的腿细、颈和脚趾长的原因是生活在水边，方便在水中行走、捕食（解释）。然后提出涉禽作为一种脊椎动物，它们的形态与生长环境之间存在密切关联（连接）。

⚙️ 工具什么样？

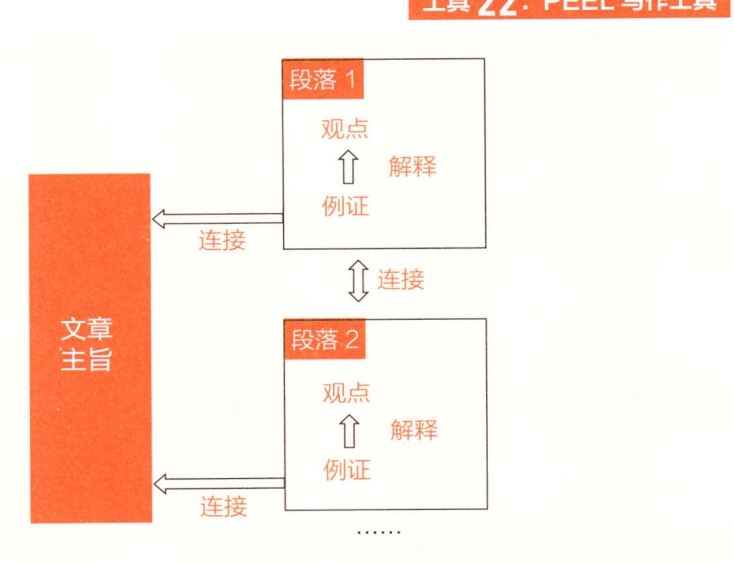

工具 22：PEEL 写作工具

```
         段落 1
         观点
         ↑  解释
         例证
文章 ←连接
主旨     ↕ 连接
         段落 2
         观点
     ←   ↑  解释
         例证
         ←连接
         ……
```

PEEL 写作工具主要包括以下四个部分：

- 观点：在某一段针对你要讨论的话题，直接表明你的观点。
- 例证：提供支持你观点的示例或者证据。
- 解释：解释为什么例证能够说明你的观点。
- 连接：将该段论述与文章的主要观点连接起来，或将该段论述与下一段落的论述连接起来。

工具如何用?

1. 介绍PEEL写作工具

教师先向学生介绍PEEL写作工具，讲清楚句子、段落和文章之间的关系，以增加学生对工具的整体理解。在本环节，教师要注意引导学生对"观点""例证""解释""连接"等概念形成较为清晰的理解，若学生不会区分"观点"和"例证"，教师可以先用例子把它们解释清楚。

2. 借助PEEL工具写作

将项目最终成果或子成果和PEEL写作工具结合起来，引导学生借助PEEL写作工具进行写作。在学生初步接触PEEL写作工具时，教师可以让学生分步骤填写，在一个段落写好之后，教师组织学生交流他们在"观点""例证"等维度的写作内容。

3. 组织学生交流完整的文章

在学生借助PEEL写作工具完成一个段落后，教师可以鼓励学生将其他段落也按照相同的结构撰写出来，然后组织学生交流完整的文章。

工具用在哪里?

PEEL写作工具比较适合需要撰写议论文、说明文这两种文体的相关项目，也适用于需要进行复杂的阅读材料分析的项目。学生在阅读复杂材料时，可根据"观点"等四个要素整理阅读材料，有意识地从阅读材料出发，形成自己的思考和观点。

PEEL写作工具不仅可用于指导学生形成写作的思路，还可以作为评价方式。教师可以和学生共同讨论，基于PEEL写作的四个要素如何形成一份PEEL写作评价标准。比如，可以制订"有明确的观点""例证能够说明观点"等评价指标来评价学生的写作。

工具23 ▶ RAFT

工具是什么?

RAFT是20世纪80年代美国教育学者开发出来的一套写作教学模式，旨在帮助学生对自己作为写作者的角色、自己作品的阅读对象、不同的写作方式以及所期望的写作内容的理解和把握（Holston et al.，1985）。RAFT 是作者角色（Role）、读者（Audience）、方式（Format）、主题（Theme）英文首字母的组合。

　　RAFT 为学生学习写作提供了一种有效和有创意的思路。学生确定和组合"角色、读者、方式、主题"四要素的过程，就是学生架构文章的过程：学生首先通过想象设定自己为某一"角色"，再调动自己的生活经验和所学知识，选择合适的写作方式，向某一特定的读者对象，富有条理地组织、阐释和表达自己的观点。比如，学生在学习了"沙漠"单元后，可以以仙人掌为角色写出租房屋广告词，读者是以该仙人掌为寓所的动物。学生在创造性地推销"自己是沙漠上最好的寓所"的过程中，活化了对沙漠知识的整体理解（陆平 等，2009）。

工具什么样？

工具23：RAFT

作者角色（Role）	作为写作者，此刻你是什么人？ 你是一名骑士、一个无家可归的人，还是一位记者？
读者（Audience）	你现在的作品是写给谁的？ 你的一个朋友、当地银行经理，还是报纸的普通读者？
方式（Format）	你采用怎样的文章体裁来写？ 是一封信、一则经典的广告词、一篇新闻报道，还是一首诗？
主题（Theme）	你写作的主题和所用的关键词分别是什么？ 是呼吁保护生物多样性、说服父母在家里养宠物，还是推荐某种文创产品？

RAFT 引导学生从以下四个方面来构思文章。

- 作者角色（Role）：作者既可以是真实身份，也可以是虚拟身份。学生在确定角色后，需要非常清楚地知道角色的定位，语言文字表达要考虑角色身份。
- 读者（Audience）：读者要素不仅包含写作对象，也隐藏着写作的目的。学生要能够用读者的心态来审视、感悟自己的作品。
- 方式（Format）：方式的选择要综合考虑读者对象、作者角色。
- 主题（Theme）：主题是所写文章的中心观点，直接决定着文章的方向。

工具如何用？

1. 教师介绍RAFT工具

教师可以用图、表格或板书的形式呈现这四个要素，同时抛出本次写作的主题或者话题。

2. 学生构思文章

学生围绕特定的话题或主题，运用头脑风暴的方式进行思考，简明扼要地写下本次写作的四个要素的内容。教师鼓励学生开阔思路，让自己的想法富有创意。

3. 学生撰写文章

学生开始写作，试着将四要素有机融合在一篇文章中。教师也可以将四要素基本一致的学生分配到同一个写作组中。

4. 交流反馈

学生在小组或全班范围内交流自己的作品。教师可以组织角色相同或者相关的学生一同交流。同伴、教师可以根据四要素之间是否紧密相关等提出修改建议。

工具用在哪里？

RAFT工具的实操性比较强，适用于多个领域的项目化学习中的写作。比如，在语言领域，学生可以作为一个火灾中幸存下来的人，给消防员写一封信以表达感谢。

在日常教学中RAFT工具出现的时间可以很灵活，可以在单元教学之前作为预习作业布置给学生，也可以在单元学习之后用于检测学生对单元主题知识的掌握情况。

教师还可以和学生共同讨论，基于RAFT工具的四要素如何形成RAFT写作评价标准。如围绕"方式"可以制订"你用了特定的写作样式了吗？是否符合特定样式的特征？提供了细节和例子来满足话题的需要了吗？"等评价标准。

实地项目运用

如何用"汉堡包写作"工具支持学生写作？[1]

在"中国神话传说"项目中，教师创设了学生参加神仙大会的情境，并让学生思考：在神仙大会那一天，你想和谁一起度过？怎样度过这神奇的一天？在出项课上要开展以"我和xx过一天"的故事分享会。课前，学生围绕主题充分想象，完成了自己的作文。但是我们发现，学生作文中的细节描写比较少，情节不够生动有趣，神奇之处难以体现。于是，我们运用汉堡包写作工具，引导学生认识到作文中存在的问题并修改作文。

首先，教师向学生介绍汉堡包写作图。

教师出示了一张汉堡包图片，当学生看到美食产生兴趣时，教师提问："做一个汉堡包需要哪些食材？"一个"小吃货"回答道："要准备两片面包，中间还要

---

[1] 本案例来自本书作者团队提供的项目工具，江苏省无锡市育红小学徐敏燕、周霏、曹珍珍老师应用设计的语文学科项目"中国神话传说"，实施者是徐敏燕、周霏、曹珍珍。本案例执笔人：徐敏燕、周霏、曹珍珍。

放肉饼、蔬菜。""如果汉堡包只有两片面包你们会喜欢吃吗？"学生们纷纷摇头，表示光是两片干巴巴的面包，难以下咽。教师继续出示汉堡包写作工具图，介绍道："写作文就和做汉堡包相似。开头和结尾就好比汉堡包中的两片面包，要首尾呼应。细节就好比汉堡包中的肉、蔬菜，是汉堡包中最关键的部分，详写部分是肉，略写部分是蔬菜，有详有略，荤素搭配，才能好看好吃又有营养。"

然后，学生对照这一工具检查自己的"汉堡包"是否"好吃"。

教师让学生根据自己的作文画出一只"巨无霸"汉堡包，先画出开头、结尾，再把细节部分与肉饼和蔬菜进行对应。学生听说可以在作文上画画，一开始劲头十足，可是画着画着就面露苦色。教师问："你的汉堡包作文好吃吗？"他们纷纷摇头，有的学生说："我开头的面包放了，结尾忘了加面包了。"有的学生说："我的汉堡包里肉和蔬菜太少了，一共只有两片。"还有的学生说："我的汉堡包里肉太薄了，不够吃。"

教师追问："在用汉堡包写作工具重新检查了自己的作文后，很多同学发现自己的汉堡包味道并不可口，不是缺了面包、肉、菜，就是嫌它们太少了。我们一起来想想办法，可以怎样让自己的汉堡包更好吃呢？"通过小组讨论，有的组提出："两片面包不能少，这样才能把肉和蔬菜夹住，作文的结构才完整，在这两片面包上我们可以写一写神话人物与众不同的出场和退场，让面包也好吃起来。"有的组提出："有的同学说肉太薄了，可以多加一些细节描写，也可以使神话故事情节一波三折，比如写一写过程中遇到了什么困难，是怎么克服的，这样就可以增加肉的厚度了。"还有的组提出："如果汉堡包中的肉堆得太多，也容易让人吃腻，要精挑细选，恰到好处才是，我们的作文中要将精彩的、神奇的地方突显出来，让人一看就被吸引住。"

对照着汉堡包写作工具，总结出修改意见，学生再对自己的作文进行添加与修改，最终呈现出的故事更加完整有趣，情节更加丰富。

案例评析

为什么要使用这个工具

在本案例中,教师使用这个工具能够以一种富有趣味的方式带领学生探索如何写作,支持学生对自己的文章进行修改;同时,学生通过这个工具能够掌握主题与细节之间的基本关系。在以后的写作中,学生也可以将这一工具迁移到新的写作情境中。

工具使用的注意点

这一工具出现的时机很重要。不是在写作一开始就给学生提供工具,而是在学生尝试写作之后再提供。在学生完成初稿之后再使用这一工具能够让学生更好地感受和理解文章结构的含义。因此,这个工具可以延迟到学生经历了写作的"有效失败"之后再提供。例如,本案例将汉堡包写作作为工具来指导学生修改文章。

工具迭代的方向

在后续工具的使用迭代时,教师还可以考虑两个方面。第一,思考如何将这一工具改为评价表,作为学生日常写作的核查清单。教师在引导学生常态化使用这一工具的过程中,帮助学生梳理写作的结构。第二,考虑如何将工具的使用与好的文章片段联系起来。教师不仅需要用汉堡包工具形象地让学生理解文章的结构,还可以在适当的时机提供一些好的文章片段,让学生理解好的主旨句是怎样的、好的细节是怎样的。这些内容作为学习支架提供给学生,能够有效地引导学生理解文章具体应该怎样写,帮助学生从结构和内容上尝试进行好的写作。

3.3 如何让学生像科学家一样思考？

为什么雨从那么高的地方掉下来不会砸到人？为什么眼睛能够看到东西？如果不下雨还会出现彩虹吗？科学家对自然以及未知的生命、环境、现象等抱有好奇心，他们会观察现象、提出问题、进行假设，通过探究去验证并且构建解释，之后还会持续不断地观察思考并提出新的问题。

在很多科学项目中，教师习惯于将科学知识与技能直接讲授给学生，而没有注重培养学生可迁移的科学思维能力。学生在项目过程中往往会按照教师预设的步骤完成任务：学习知识、操作实验、回答问题……，但是，对为何要这样做、如何主动提出问题、如何自己设计科学观察、如何提出假设并进行验证等可能并不清楚。科学工具的使用不仅可以让学生用科学思维解决问题，还可以在不断使用中促进科学思维的内化。

工具 24 ▶ 科学观察

⚙ 工具是什么？

科学观察是带着问题和预测进行有目的的观察，是为回答问题而搜集信息（马冠中，2020a）。科学观察有别于日常观察。在日常观察中，学生只是"看一看"，或者最多"做个记录"。科学观察是带着问题的观察，通过自己、教师的提问深化观察；科学观察也是融入科学知识的观察，通过阅读、讲解、追问，深化观察；科学观察有时还伴随着猜测、实验与验证。很多科学项目都需要进行科学观察来推动项目的进程，比如在"校园植物图鉴"项目中，学生需要通过科学观察了解植物的生长情况、结构特征等。

🛠 工具什么样?

工具 24:科学观察(马冠中,2020b)

提问	学生回答框架	环节
你观察到了什么?	我观察到 _____。	对观察的现象进行描述
这些是用什么观察的? 借助其他感官,你又观察到什么?	听起来 _____。 吃起来 _____。 闻起来 _____。 摸起来 _____。	用多种感官观察
观察时,有什么让你好奇的吗? *此处可以提供学生记录想法的表格*	我注意到 _____(观察到的现象)。 我想知道 _____(提出来的问题)。	从观察中提出问题
对于每一个提出的问题	我觉得 _____(问题的回答)。 因为 _____(为什么这么想)。	通过观察回答问题

观察前	观察后
_____ _____ _____	_____ _____ _____

科学观察是一个不断深入推进的过程，主要包括以下几个部分。

- 对观察的现象进行描述：选定观察对象，学生直观地写出自己观察到了什么。
- 用多种感官观察：除了用眼睛观察外，还可以根据具体观察对象利用听觉、味觉、嗅觉、触觉等，写出观察到的现象，其中可能会涉及对比观察、搜索资料深化观察等。
- 从观察中提出问题：教师引导学生对观察到的现象提出感到好奇的地方，请他们写下观察结果以及与之相对应的问题。
- 通过观察回答问题：根据提出的问题，进一步进行观察来回答问题，并且说出回答的依据。
- 观察前后的认知变化：在观察结束后，教师引导学生体会观察前后发生的变化。

工具如何用？

1. 教师了解科学观察的步骤

教师首先了解科学观察的一般步骤，并确定如何组织可以更好地推动学生进行科学观察。

2. 教师根据项目设计观察任务单

教师将科学观察的每一部分结合具体项目转化为相应的任务单。预留足够的空间让学生填写观察结果与提出的问题，可在科学观察工具图示的基础上根据项目实际进行调整。

3. 学生根据观察任务单进行观察

学生拿到任务单后根据任务单上的内容进行观察。在这个过程中教师可对学生进行相应的提示（马冠中，2020c）：

- 要关注关键点；
- 要了解事物的结构，观察可以聚焦事物的组成部分、各部分的特征，以及它们之间的相对位置关系；

- 比较不同事物的异同，观察可以聚焦在特征区分上，这通常是事物分类的依据；
- 按一定的次序进行观察，观察动物时通常由远到近，从远处看它们的行动，在近处看身体结构，再放大看某个部位的细节；
- 可以使用工具辅助观察，如从外用眼观察草莓后，可以用刀切开拿着放大镜看外部的小黑点在草莓内部的分布。

4. 学生对观察内容进行分享交流

观察结束后，教师组织学生对观察结果进行分享交流，尤其关注学生观察前后的认知变化，以及实际观察的内容。如果是第一次使用此工具，可引导学生交流对"科学观察"本身的认知变化。

工具用在哪里？

科学观察工具可以用在需要学生进行观察的科学项目中，帮助学生获得对项目中关键对象的第一手的观察资料，支持他们在观察结果和科学概念之间建立联系。如在关于"植物如何繁殖"的项目中，学生需要理解不同植物的形态和生活习性，那么这时候学生需要运用科学观察工具对植物的组成部分——根、茎、叶、花、果实等进行细心观察，不断追问并融入相关的知识。

在语文项目或语文、科学的跨学科项目中，也可以使用这一工具。在统编版语文教材中，就有观察日记和观察表格的写作，可以与之关联。如果涉及对事物进行说明、描写物体或景物等也可以运用这一工具，帮助学生更有方法更细致地进行观察。

该工具可以结合假设—验证工具（见本书工具25）一起使用。科学观察既能帮助学生提出好的假设，同时也是帮助学生获取验证假设的证据的一种方法。

工具 25 ▶ 假设—验证

工具是什么？

假设—验证工具是帮助学生将重要的研究假设及证据可视化呈现的工具。

假设和验证是科学探究中的重要环节。如在科学中，基于现象"冬天河水结冰了，海水没结冰"所产生的问题"造成这个差别的原因是什么？"，做出假设1"海面风太大，结不成冰"、假设2"海边比河边温度更高"、假设3"冬天海水不结冰，是因为海水盐多"（马冠中，2021），通过设计实验进行验证，得出相应的结论。

工具什么样？

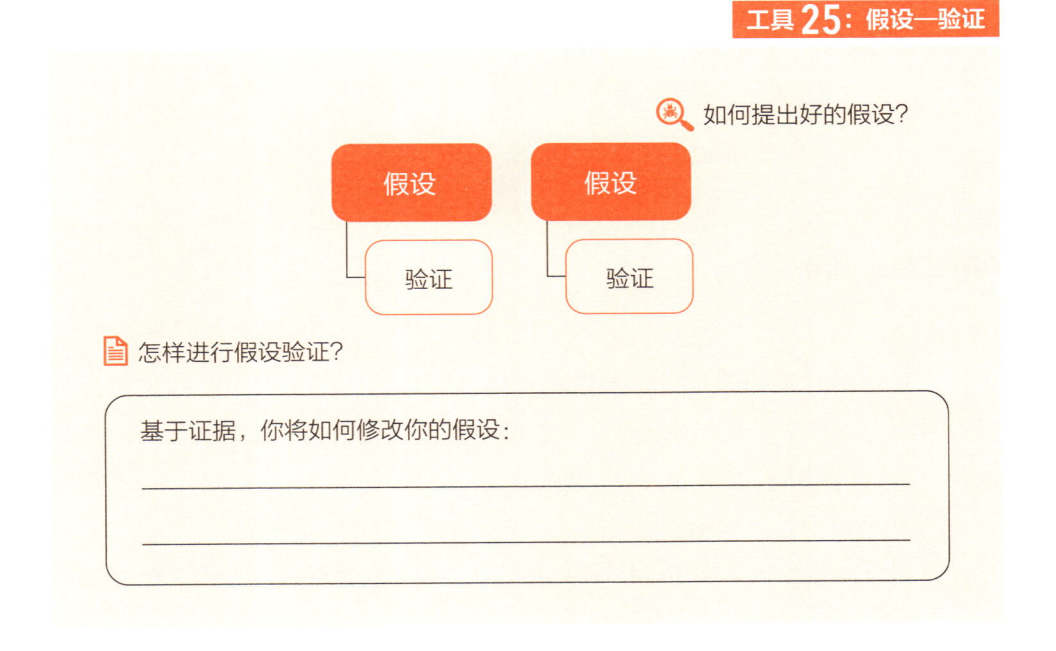

工具 25：假设—验证

如何提出好的假设？

假设 —— 验证
假设 —— 验证

怎样进行假设验证？

基于证据，你将如何修改你的假设：

_____

_____

在假设—验证图表上，学生在"假设"栏中列出假设，在"验证"栏中列出证据来支持/反对这一假设。科学是一个不断验证的过程，必要时可以增加一栏，让学生列出根据证据修改后的假设内容。在这个工具中，如何提出好的假设以及怎样进行假设验证是关键。

那么，应该如何提出好的假设呢？（马冠中，2021）

- 引导学生回忆或联结以往的生活经验，比如询问学生生活中是否见过类似现象，看到这些现象会想到什么假设。

- 给学生提供线索，比如相关的视频、图片、文本等，让学生观看、阅读并思考，询问学生在观看、阅读时发现了什么，发现的对象具有什么特征，根据发现会提出什么假设。
- 提供学生相关研究结论，为学生提供假设的方向。

如何进行假设验证？

- 通过观察获取证据。
- 通过调研获取数据。
- 通过实验得出结论。
- 搜索相关研究的权威发布或文本资料等。

⚙ 工具如何用？

1. 教师带领学生讨论该工具

教师介绍并带领学生讨论假设的价值，探讨如何提出假设、如何验证假设。对刚进入科学研究领域的学生，教师也可以提供范例，展示假设—验证的流程。

2. 教师将工具呈现给学生

教师将工具呈现给学生，让学生根据项目的实际情况，以个人、小组或者班级形式使用假设—验证工具。

3. 学生填写假设—验证表格

学生结合之前对如何提出假设、如何进行验证的理解填写表格。

4. 交流讨论迭代

在完成假设和验证两栏的内容后，学生实际进行验证，并对结果交流讨论，视情况对假设进行迭代。

⚙ 工具用在哪里？

这一工具最常在科学探究类项目中使用，使用该工具能够帮助学生建立对核心概念的理解。学生根据观察到的现象提出假设，并设计实验进行验证，基于实验结果修改假设。在诸如"沉浮实验"之类的项目中，学生思考并就"物体在水中的沉浮与哪些因素有关？"提出假设，在思考如何设计实验并得出结论的过程中，学生可以借助此工具将搜集证据、验证假设的过程可视化。

工具 26 ▶ 科学研究报告评阅者

⚙ 工具是什么？

科学研究报告评阅者工具是让学生扮演"评阅者"的角色，对科学研究报告进行评审。学生作为评阅者（角色扮演导师或专业同行或研究报告合作者）会收到一份科学研究报告（可以来自科学期刊、科学网站或者是学校教师、学生撰写的科学研究报告）和一份评阅指南（包括评阅须知和评阅流程），通过此工具了解经典的科学研究报告的主要结构，发展阅读科学研究报告的技能，模拟科学家对报告的科学性、可信度进行分析和质疑，为后续科学研究报告的写作奠定基础。

如果说科学观察、假设—验证工具能够帮助学生更严谨、高效地在项目中进行学科实践，那么科学研究报告评阅者则可以让学生对"科学家是如何呈现其研究过程的"有一个整体理解。而对研究报告的评阅过程也能促进学生对项目中所需的知识与能力进行建构。比如在"恐龙"主题项目中，由于恐龙早已灭绝，很多背景信息、学习资料需要学生基于证据进行理性判断，教师可以提供相关主题的研究报告，比如《科学报告》（*Scientific Reports*）上的"恐龙群居的最早证据"等供学生评阅，从而深化学生对"恐龙"主题的理解，同时促进学生的批判性思考。

工具什么样？

工具26：科学研究报告评阅者（Bengtson et al.，2022 & IEEE，2022）

科学研究报告评阅指南

评阅须知
1. 您作为评阅者，如导师、专业同行、研究报告合作者，评阅的目的是帮助作者为研究报告的发表做准备。
2. 您应该提供这份报告在四个维度的总体反馈，包括问题、方法、发现、反馈。
3. 您要选择前三个维度中的至少一个维度提出具体反馈，如"问题"维度中的第3条"研究的问题是否真的很重要？"。

评阅过程
评阅涉及以下四个维度，这是评阅过程的核心。

维度1：问题
1. 研究人员想要发现什么？
2. 研究对象和目的是否表述清楚？
3. 研究的问题是否真的很重要？
4. 研究的问题是否符合伦理道德？

维度2：方法
1. 研究人员是如何进行调查的？是否清楚地描述了他们的研究策略？是否对所收集的数据提供了足够详细的样本资料？
2. 他们的研究方法适合这项研究吗？
3. 这些方法是最合适的吗？其他方法是否能提供实质性的改进？如果是这样，采用这些方法可行或实用吗？
4. 研究人员是否为他们所选择的方法提供了一些合适、充分的理由？

维度3：发现
1. 研究人员通过研究发现了什么？调查结果是否表述清楚？
2. 此研究是如何推进该领域的知识发展的？
3. 研究人员如何将他们的发现与研究背景相结合？
4. 结果部分是否表述清楚？研究数据是否支持之前相应的结论？逻辑是否清楚？
5. 表格和数据是否清晰简洁？主要发现是否可以很容易被阅读？作者的表格是否符合目前公认的数据表示的规范格式？
6. 研究人员提供的图表是否是必要的、不重复的？是否使用了适合的单位来描述数据？是否针对指定的研究问题来报告研究结果？
7. 研究结果是否有意义？

维度4：反馈
当您对一篇文章给出最终建议时，请从以下选项中选择一个：
1. 发布。本文满足了上面列出的所有要求，可以发布了。
2. 轻微修订。文章包含一小部分需简单改正的地方。
3. 重大修订。文章有明显的不足。作者的说法没有事实根据，或所参考的资料缺乏指向性。
4. 修改并重新提交文章。文章目前不适合发表，需要大量重写。然而，它确实有一定价值。在作者重新提交原稿时，是否依据审稿人提出的意见进行修改与完善，将值得在未来发表时进行再次评估。
5. 不适合发表。这篇文章不适合发表。它没有向读者提供任何价值，或者它的逻辑完全不连贯，不值得进行修订。

上述表格包含了科学研究报告评审的主要内容，教师可以根据情况进行删减和调整。

⚙ 工具如何用？

1. 为学生选择评阅文章

教师可以选择与项目相关的科学研究报告，比如在与濒危动物保护有关的科学项目中选择生物物种调查有关的研究报告，在建筑类项目中选择与建筑工程质量考察相关的报告，在营养健康类的项目中选择与糖的神经科学研究有关的研究报告。教师可以通过线上文献资源平台、线下期刊等渠道获取有关的科学报告，也可以选用以往的学生研究的报告作为资源。

2. 设计评阅表

教师根据评阅表上的内容将其转化为任务单，将每一模块进行拆分，对于相应的问题留下足够的版面供学生记录自己在评审过程中的想法，具体内容可以结合项目进行删减和调整。

3. 学生根据评阅表进行评阅

教师给学生分发评阅文章和评阅表，学生理解评阅目标和评阅表各个维度，根据评阅表上的内容对文章进行评阅，教师给定评阅时间。

4. 同伴交流

教师收集学生的评阅意见，并组织学生在班级分享评阅意见，进行同伴交流。

⚙ 工具用在哪里？

该工具可用在科学类项目中，帮助学生以专业的带有批判性的视角来进行阅读并提出修改建议，同时还可以帮助学生进行科学研究报告的写作。当项目主题涉及离学生比较远的科学知识背景，需要学生对科学问题做出深度思考和理解时，使用此工具对学生的科学思维的发展大有好处。

考虑到学生的认知水平，这个工具适合初中、高中阶段的学生使用。

该工具也可单独作为一个科学类项目开展，比如"如何作为评阅人审议要发表的科学研究报告？"。

实地项目运用

如何运用"科学观察"研究校园一角？①

春风袭来，三年级学生围绕"如何设计校园一角"启动了"我与绿植有个约"的项目。同学们一起走进校园，利用科学观察工具认识植物，挖掘校园秘密，设计心目中的校园一角。

各小组纷纷走进校园，相约校园一角，谈论着校园中的多样植物、各个地点的环境特点以及设计意向等，并且做了简单的记录。

最初，各小组观察了香草园的枇杷树，他们重点观察了枇杷树比较明显的各组成部分，比如树干看起来短小而粗壮，树皮摸起来很粗糙，树叶呈卵形，枇杷果吃起来酸酸甜甜的，等等。

教师给出了新的观察单，并提供了观察方法：

1. 使用感官去观察。
2. 按照一定的顺序去观察。
3. 带着问题去观察。
4. 在比较中观察。
5. 观察之后发现了问题要搜索资料深化观察。

每个小组对照观察单选择了不同的方法进行观察。

第一小组用五感观察和顺序观察重点观察了香草园的小池塘，并发现："从整体的角度观察，香草园是长方形的，有植物和教学装置，旁边还有高大的乔木，中间有花有草，还有一个长廊和一个小池塘。从部分的角度去观察，小池塘周边有一圈又一圈的杂草，听起来有哗啦哗啦的流水声，拨开杂草，闻到一股泥腥味，看到池塘里有藻类植物，摸了周边的泥土，很湿很滑。"

第三小组也用了上面两种方法重点观察了桃林，他们发现："从整体的角度观察，桃林很大，墙边还有两棵紫藤树，而且桃林环境阳光充足，土壤干燥。从部分的角度观察，紫藤的树皮是深灰色，摸起来很光滑，而桃树树皮是灰褐色，摸

---

① 本案例来自本书作者团队提供的项目工具，同济大学附属实验小学杨云涛、刘莉老师应用设计的活动项目"我与绿植有个约"，实施者是孙迪、翟星寒、吴星宇、杨北岳、郭雅真、宁静、刘丽。本案例执笔人：杨云涛。

起来很粗糙,摘了一点桃胶,黏黏的,闻起来有股淡淡的清香,洗干净,尝起来像软糖一样。"

第二小组带着问题对比观察了不同的植物,他们提出:不同植物的根和茎都不相同,那根和茎对于植物生长有什么作用呢?

为了更好地交流科学观察结果,教师组织了一次活动交流会,各小组踊跃分享活动所得。

第一小组的代表说:"对比两次观察,我发现有问题的指引,我们的观察目标更加清晰,而且按照次序去观察竟然有意想不到的发现。"

第二小组的代表说:"我们观察并对比了不同植物的根和茎,通过查阅资料和进行实验总结植物的根和茎的作用。我们发现植物的根形态各异,但是根都有吸收水分和养料、固定植株的作用。而植物的茎具有输送水分和养料、支撑植株的作用。"

第三小组的代表说:"我们发现桃林区域阳光充足,土壤疏松,环境干燥,这个环境特别适合桃树生长,所以种植植物时要考虑植物的生长环境。"

第四小组的代表说:"我们小组主要观察了植物的叶和花。我们发现植物的叶形态不同,但是都具有叶柄和叶片,而且植物的叶还能进行光合作用制造植物所需要的养料。植物的花是最漂亮的,它的作用主要是进行传粉,繁殖后代。"

通过此次活动,学生经历了完整的科学观察,知道问题导向可以使观察更具目的性,利用多种感官和工具观察可以使观察结果更全面,学会了用多种观察方法有序观察植物。同时利用观察所得,结合实验和阅读等活动,知道植物的生长离不开水、空气、养料和阳光等,绿色开花植物的根、茎、叶和花等部分的形态结构各不相同,而且功能各异,学生纷纷感叹植物世界真奇妙。

案例评析

为什么使用这个工具

科学主题的项目一个很大的特点是学生需要经历科学实践,如科学观察等,因此,本书提供的科学观察工具能够让学生的观察更有深度,也能给学生进行科学实践提供好的抓手。在"如何设计校园一角"这一项目中，学生需要对学校的景观有细致的观察，通过观察发现问题，从而为最后项目成果的形成奠定基础。项目中，学生在使用科学观察工具后，观察得更细致了，并且能够把握观察重点，更重要的是，学生通过观察理解了相关科学概念，这体现了科学主题项目的重要特征：在科学实践中理解科学概念。

使用工具值得肯定的地方

本案例中，教师在使用工具时并不是完全照搬，而是将工具当作支持学生和达到项目目的的一种思考框架，并根据项目的特点对工具进行了调整。实施过程中，教师基于学生粗浅的现象观察，借助科学观察这一工具重新设计观察任务单，在使用的时候灵活变通，让学生小组可以根据自己的实际观察对象选择合适的观察方法。另外，在过程中学生也将科学观察工具与科学实验、阅读相结合，进一步深化了观察。

工具的深化迭代

本案例中，每一个小组选择了合适的方法进行观察，而完整的科学观察应该是多个方面结合起来的，从观察中提出问题，通过观察回答问题，有一个不断深化的过程，这是后续使用该工具时需要加强的方面。

另外，观察前明确观察的目标，先根据目标进行初步的观察，知道校园景观有什么，目前的景观存在什么问题，有哪些可以改造的地方。学生需要将科学观察工具和这个项目结合起来，建立观察和驱动性问题的关联，通过多次的观察来迭代项目成果。

3.4
如何让学生像设计师一样实践？

我设计出来的产品能够满足用户的需求吗？我怎样能够想出更多的点子？原型设计出来了怎样进行测试？……设计师在实践中经常会遇到各种问题，他们会经历共情、定义需求、产生想法、制作原型、测试等过程。

在设计类项目化学习中，如何让学生运用设计思维，从使用产品或方案的用户角度出发，进行系统而全面的思考是很重要的。本节的几个工具主要是用于引导学生体验设计思维、与用户共情、理解用户、定义问题、设计出满足用户需求的有创意的产品/方案。

工具 27 ▶ 设计决策五边形

工具是什么？

设计决策五边形（Barlex，2007）是设计师进行决策时用到的一种方法，涉及五个维度：概念的、技术的、审美的、结构的、市场的。在设计领域，设计师仅仅考虑美学因素是远远不够的，良好的设计需要考虑用户、概念、结构、运作之间的关系，一个维度的决策改变将影响其他维度的效果。设计师在决策时需要从系统的角度思考和取舍。设计决策五边形直观地描述了设计师的思维方式。在设计类项目中，设计决策五边形可以为学生提供思考方向。

工具什么样？

工具27：设计决策五边形

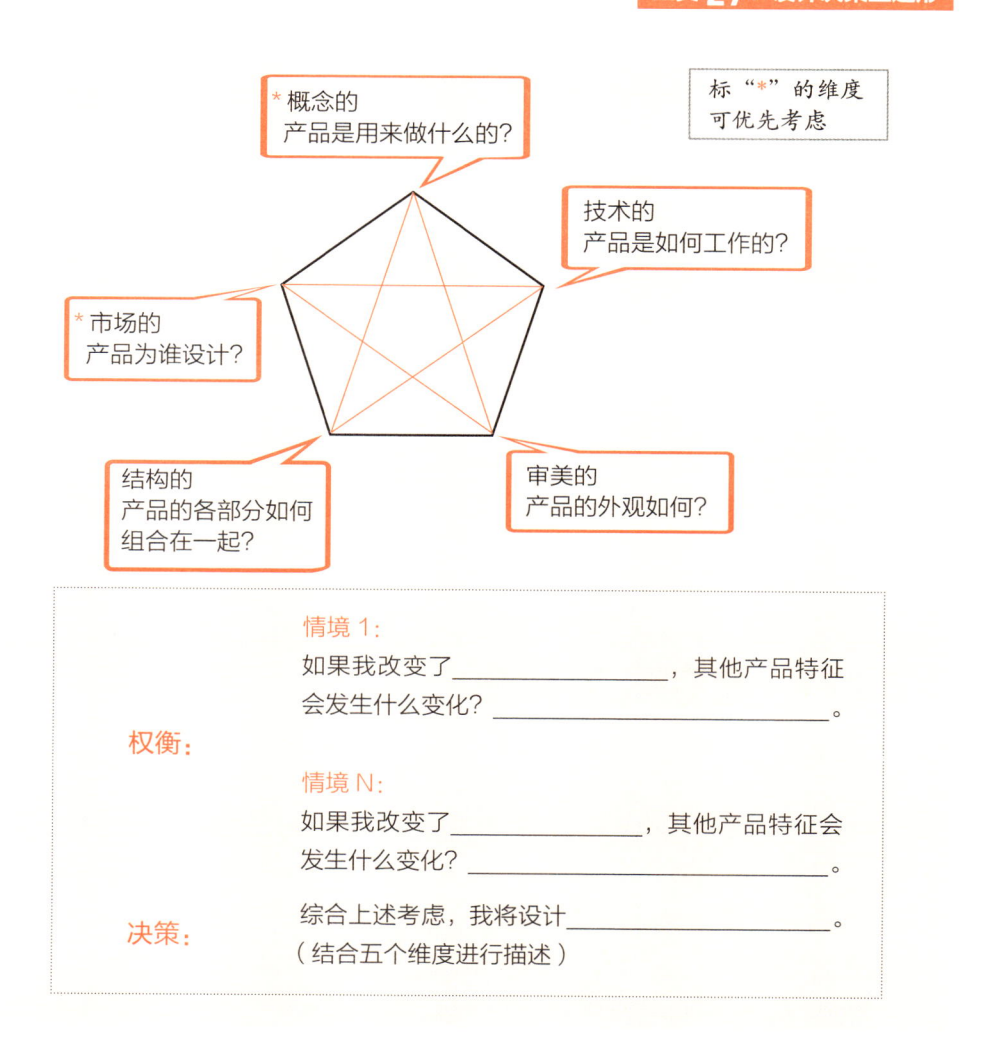

标"*"的维度可优先考虑

五边形五个顶点：
- *概念的：产品是用来做什么的？
- 技术的：产品是如何工作的？
- 审美的：产品的外观如何？
- 结构的：产品的各部分如何组合在一起？
- *市场的：产品为谁设计？

权衡：

情境 1：
如果我改变了_____，其他产品特征会发生什么变化？_____。

情境 N：
如果我改变了_____，其他产品特征会发生什么变化？_____。

决策：
综合上述考虑，我将设计_____。
（结合五个维度进行描述）

该工具有三个关键部分。

五维度：（1）概念的，产品是用来做什么的？（2）技术的，产品是如何工作的？（3）审美的，产品的外观如何？（4）结构的，产品的各部分如何组合在一起？（5）市场的，产品为谁设计？

权衡：基于不同的情境体会五个维度之间的关联，以及情境中一个维度的变化将如何影响其他维度。

决策：综合考虑，依据五个维度做出决策。

工具如何用？

1. 教师介绍工具

在提出设计任务之后，教师向学生出示该工具，为学生讲解工具的组成部分，也可以带领学生讨论工具的每个部分。比如，关于"概念的"，学生需要思考这个产品的价值是什么、用于什么场景、要为用户解决什么问题、和现有的产品有什么区别等。

2. 学生根据五边形的要素进行初步设计

在设计的过程中，学生可先从"概念的"或"市场的"维度进行考虑，基于这两个维度逐步设计其他三个维度。

3. 学生在不同情境中进行权衡

教师需要引导学生体会五个维度之间的相互联系，在不同的情境下，五个维度的特征、属性如何变化。比如，在文创类的产品设计中，当"市场的"属性是"老年人群体"或"年轻女性群体"时，考虑其他维度将发生什么变化。

4. 学生进行决策

基于不同情境中的对比，学生结合任务目标，对五边形的五个维度进行决策。

工具用在哪里？

该工具可以用在学生刚接触产品设计时，为学生提供思考的角度。除此之外，当学生的创意设想超出其制作能力时，该工具可以有效支持学生体验创意设计理念，把自己的创意设想结合这五个维度，以文本或图画的形式进行呈现。

在使用过程中要让学生重点理解和体会各个维度之间的联系，比如，设计方式的改变会影响设计的外观和构造，还可能对其面向的用户产生较大的影响。

工具 28 ▶ 用户移情图

工具是什么?

用户移情图是一种深入了解用户需求的可视化工具,其主体是用户,可以是模拟用户,也可以是真实用户。在用户移情图中用户位于图中央,用户的所见、所说、所做、所听、所想、所感六个部分是移情的主要内容。学生将通过观察、采访、体验等方式所获得的用户行为、态度信息进行分类,进而抓住用户的痛点,从而更好地从用户角度出发定义问题。用户移情图是设计思维的一部分,能够让学生作为设计师设身处地站在用户视角,和用户建立同理心。

工具什么样?

工具 28:用户移情图(Dave,2017)

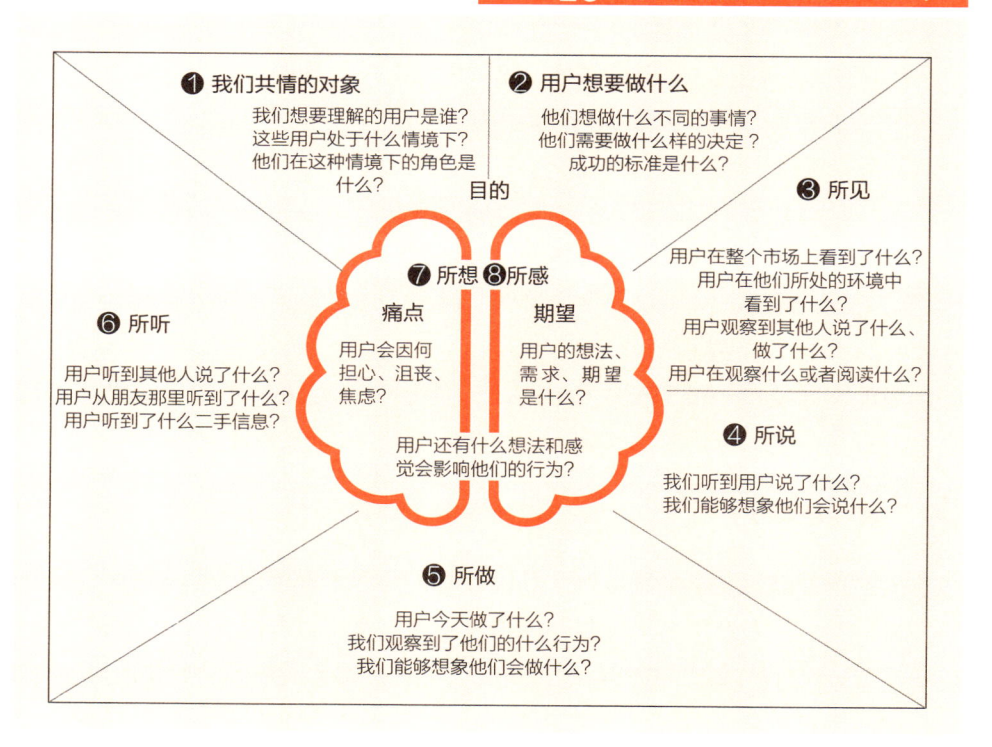

❶ **我们共情的对象**
我们想要理解的用户是谁?
这些用户处于什么情境下?
他们在这种情境下的角色是什么?

目的

❷ **用户想要做什么**
他们想做什么不同的事情?
他们需要做什么样的决定?
成功的标准是什么?

❸ **所见**
用户在整个市场上看到了什么?
用户在他们所处的环境中看到了什么?
用户观察到其他人说了什么、做了什么?
用户在观察什么或者阅读什么?

❻ **所听**
用户听到其他人说了什么?
用户从朋友那里听到了什么?
用户听到了什么二手信息?

❼ **所想** ❽ **所感**
痛点 **期望**
用户会因何担心、沮丧、焦虑? 用户的想法、需求、期望是什么?
用户还有什么想法和感觉会影响他们的行为?

❹ **所说**
我们听到用户说了什么?
我们能够想象他们会说什么?

❺ **所做**
用户今天做了什么?
我们观察到了他们的什么行为?
我们能够想象他们会做什么?

该工具主要分为三个部分。

- 目的：①②面向的用户以及用户的目的。
- 所见＆所说＆所做＆所听：③④⑤⑥关于用户所见、所说、所做、所听四个角度的信息。
- 所想＆所感：⑦⑧从外到内挖掘用户的信息，从而进行痛点、期望推断。

工具如何用？

以下结合具体的项目"学校厕所改造"来阐述工具的使用步骤。

1. 教师前期准备及工具介绍

在项目中，该工具最好以小组形式使用。明确了项目任务后，教师给每个小组分发大的海报纸和马克笔供学生绘制使用。教师给学生介绍用户移情图及其使用的意义，必要时可以带领学生进行讨论，理解该工具。

2. 学生明确共情对象和目标

首先从目标开始，确定需要共情的对象是谁（围绕"用户移情图"中"我们共情的对象"中的问题进行思考）。学生在海报纸上画一个圆圈来代表共情对象，并在圆圈上标出对象的身份信息，比如"一年级学生""怀孕教师""带婴幼儿来接孩子的家长"等。确定了共情对象之后（围绕"用户移情图"中"用户想要做什么"中的问题进行思考），学生需要向共情对象提一个问题来了解用户想要做什么，比如，为什么想要进行学校厕所改造？

3. 搭建移情图框架

学生以圆圈（可视为"用户移情图"中的"大脑"区域）为中心，将圆圈周围的区域按照感官体验进行划分，并在相应的部分做上标记，划分时注意一定的顺序（见"用户移情图"中的序号）：所见、所说、所做、所听。所想、所感位于圆圈的中心（即"用户移情图"中的"大脑"区域），强调可观察现象（"大脑"外部）与不可直接观察的想法（"大脑"内部）之间的区别，体现移情图由表及里的信息搜集思路。

4. 搜集数据，填写移情图

学生模拟共情的对象，作为用户去学校厕所进行体验、观察，另外为确保信息的完整性可以对相关用户——一年级学生、怀孕教师等进行采访、观察，用真实的感官体验来填充用户移情图。比如在"所说"部分，"怀孕教师"说到"在厕所中起身比较困难"等。再如在"所感"部分，学生作为用户体会到"冬天洗手没有热水，会冻手"等。为方便调整归类，学生可以将搜集的各种信息单独写在便签纸上，然后贴在相应的区域。

5. 数据归类并进行小组讨论

学生搜集完信息后进行分类，将属于相同主题的内容放在一起，然后对其命名，例如，"厕所的水温冬天对人不友好""疫情期间厕所缺少消毒液"等可归为一类。小组成员对各个区域的内容进行检查，看是否考虑全面、没有遗漏。

6. 推断需求

基于以上所有内容，学生通过对比用户"所想、所感"和"所见、所说、所做、所听"之间的差距，推断出更多不能直接通过观察获得的信息，以此分析用户对"学校厕所改造"的痛点以及最迫切的需求。

工具用在哪里？

该工具适用于设计类项目。如何准确地获取用户的实际需求，为产品设计者做出决策提供信息，在设计思维的第一至第二阶段——共情、定义需求中，该工具经常被设计师使用。这个工具有助于学生作为"设计师"全面、多角度思考。当成果（产品）有一定雏形后，学生也可以使用该工具来进行用户测试。

工具 29 ▶ 设计思维

工具是什么？

设计思维是一种以人为本的理解和解决复杂问题的方法。它不是一个线性的过程，而是根据洞察和反馈迭代地循环各个阶段（来自 dschool 网站[①]）。设计师通过同理心识别用户的潜在需求并界定问题，从而激发创意、提出有意义的想法，产生原型，并从测试中寻求反馈，再从反馈中发现问题，回到前面相

---

① dschool 网站地址：http://www.dschool.uct.ac.za/what-design-thinking。

应的步骤进行调整，直到解决问题。设计思维对于解决定义不明确的劣构问题最有效。

如果说设计决策五边形、用户移情图能够在项目的部分过程让学生体会设计师的实践和思维方式，那么设计思维的使用则可贯穿项目始终。

工具什么样？

工具29：设计思维

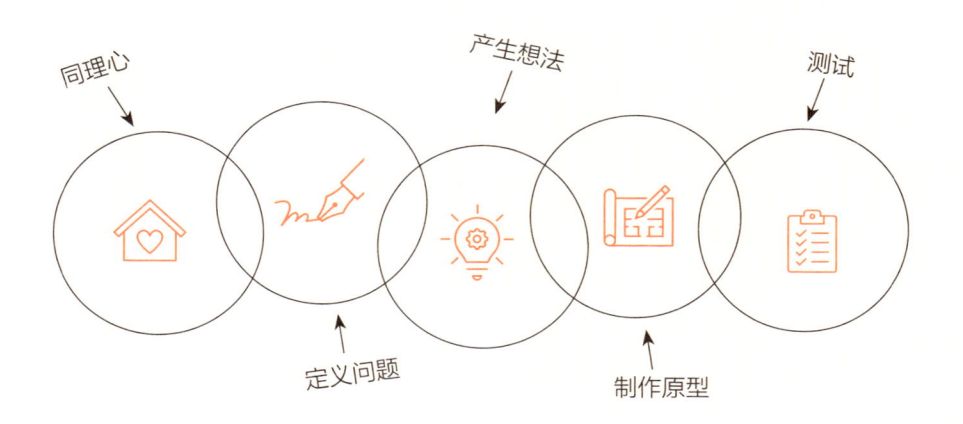

同理心　产生想法　测试

定义问题　制作原型

设计思维一般需要经历以下五个步骤（dschool，2010）。

- 同理心：学生要站在用户的角度考虑问题，通过观察、互动、交谈等方式，了解用户的真实想法，感受用户所感受的，体验用户所体验的。
- 定义问题：在共情的基础上，将用户的需求转化为令人信服的见解和需要解决的问题。
- 产生想法：进行头脑风暴，尽可能多地去思考解决方案，来解决"定义需求"的步骤中所找出的问题。
- 制作原型：将想法和探索从头脑中转移到现实世界中，比如转化为物理模型，也可以只制作纸质原型。
- 测试：利用前一个阶段制作出的原型与用户进行沟通，测试原型是否适用，并得到用户反馈，根据用户的反映，再重新定义需求或是改进解决办法。

设计思维的五个步骤并不总是连续的，它们经常相互反馈并形成迭代循环，甚至可以并行发生。

⚙ 工具如何用？

设计思维本身就很好地体现了创造性解决问题的过程。设计思维也可以纳入科学、工程类项目中，其中，在"产生想法"和"制作原型"部分需要有相关学科的知识与能力建构。工具的使用步骤如下。

1. 工具介绍

教师将工具介绍给学生，并讲清楚工具的功能和意义。

2. 利用同理心，发现问题

在驱动性问题产生之前或之后，学生通过访谈、互动、交流、问卷调查等方式发现用户的真实需求，教师也可以设计支持学生产生真实共情的任务或游戏，比如蒙眼体验盲人，弯腰一分钟内将楼梯上的湿纸屑打扫干净等。

3. 定义需求，确定整个设计需要解决的问题

整合同理心阶段获得的信息，找到出现问题的原因，确定整个设计需要解决的问题，可结合问题权衡图帮助学生评估最迫切要解决的问题。

4. 产生想法，进行方案构思

对确定的问题进行方案构思，可结合如强制联想法、635头脑风暴法、CSI法则（见本书工具64、65、66）等鼓励学生进行发散性思考。

5. 制作产品原型

根据设计方案，设计制作产品原型。

6. 测试

将设计产品原型与用户进行沟通，请用户体验，根据用户反馈进行改进迭代，此部分可结合旋转木马、评委角色扮演法（见本书工具47、48）等工具进行使用。

⚙ 工具用在哪里？

该工具适用于设计类项目，它强调对问题有了深入理解后再着手解决问题。

设计思维的五个阶段并不是一成不变、次序固定的，有时候也会有跳跃、回返。如在反馈中，设计师发现对用户的痛点还没有完全把握，那么可以回到共情部分重新理解用户，或发现解决问题的方案还不是很有创意并且意义不

大，那么可以直接回到产生想法部分。

当然，设计思维也不仅是只有设计师需要了解的，学生了解设计思维的步骤有助于解决周围发生的许多复杂问题，如文学、艺术、音乐、科学、工程和商业等领域的问题，其问题解决过程与项目化学习中问题解决的思想是一致的。

实地项目运用

如何用"设计决策五边形"形成耳机创意设计方案？[①]

"畅享音乐之耳机设计与制作"是面向六、七年级的工程设计类项目，融合了物理和数学方面的相关内容。该项目的驱动性问题是：作为一名耳机设计师，如何根据用户需求，设计一款舒适、高品质的耳机？项目希望学生在真实的问题解决过程中进行创造和制作，通过组织、规划、制作、评估耳机产品原型等过程学习相关技术，发展设计思维，逐步体会科技的核心是发现，是人们对自然的改造和利用。

在提出驱动性问题后，在 KWL 表中，学生表现出对工程设计相关知识的缺乏，对于耳机设计过程中需要考虑的问题无从下手，于是教师引入了设计决策五边形工具，为学生的工程设计学习和实践提供思路。

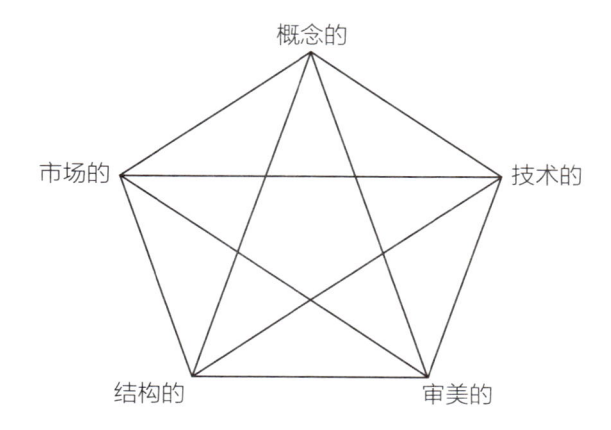

[①] 本案例来自华东师范大学第二附属中学附属初级中学欧阳映老师设计的工程设计类项目"畅享音乐之耳机设计与制作"，实施者是欧阳映。本案例执笔人：欧阳映。

首先教师向学生介绍了该模型，解释了五边形五个角对应的内容。

（1）概念的：设计的总体目标，想要制作的产品类别是什么？

（2）技术的：如何实现这个设计？

（3）审美的：设计产品的外观如何？

（4）结构的：怎样将所设计的各部分组合起来？

（5）市场的：该设计面向的用户是谁，用在哪些场景，如何进行销售？

接着，为了让学生理解该模型，教师设计了相应的场景促进学生的理解。

场景1：设计一个产品让学生在上学途中更安全。

场景2：设计一款耳机让上班族在公共交通上能够静心聆听音乐。

基于这两种场景，学生进行小组讨论，依据设计决策五边形中的五个维度提出自己的创意。比如，针对场景1，学生提出可以设计一种可穿戴的产品（设计什么类型的产品），让同学们上学途中（为谁设计）更安全，并决定采用尼龙面料来进行设计（涉及什么技术）……。针对场景2，学生提出设计一款可降噪耳机（设计的产品是什么），让上班族在公共交通上（为谁设计）静心聆听音乐而不被打扰，可以采用智能降噪芯片（采用什么样的技术）用于耳机的设计……。另外，教师在学生提出设想后，引导学生基于原先的设计考虑，如果其中的一个特征发生变化，其他特征和属性会如何变化？通过这样的实践，学生对该模型五个维度之间的相互联系有了进一步的理解。当学生在考虑自己团队的耳机设计时，能够清晰地考虑设计的各个维度。

如在"市场的"维度，教师引导学生思考"为谁设计"，学生讨论决定采用问卷调研的方式，通过数据找到身边降噪耳机的使用群体，并分析总结用户群的特点，确定设计对象。确定了设计对象及需求后，学生分析市面上的耳机产品，思考如下问题：（1）市面上有哪些品类的耳机？产品的形状、样式、尺寸和功能等有何差异？（2）耳机产品内部有什么结构？耳机的各部分结构具有哪些功能？（3）已有耳机产品的降噪功能是如何通过技术实现的？基于对已有产品的分析，来考虑耳机设计的另外三个维度"技术的""审美的""结构的"，通过这五个维度的思考，形成创意设计方案。

案例评析

为什么使用这个工具

在产品设计类项目中，如果学生对产品的设计不知道如何考虑，设计决策五边形可以打开学生的思路。在"畅享音乐之耳机设计与制作"项目中使用该工具，一方面，可以让学生基于这五个维度提出自己关于降噪耳机的创意；另一方面，也能让学生体会设计师在真实的工作场景中所面临的权衡与决策。

工具的深化迭代

在这个项目中，教师基于学生的已有认知，引入了设计决策五边形，并将五个维度的内容向学生直接进行了解释。事实上，对这五个维度的理解是贯穿项目始终的，从确定需求、确定设计标准、设计创意方案，到原型制作优化，学生都需要不断提出问题，根据项目的推进来深入思考，形成最终的耳机设计方案。因此，教师可以先展示这五个维度，然后带领学生讨论：如何理解这五个维度？这五个维度分别需要考虑哪些问题？通过这样的方式，可以让学生对整个项目中的实践有整体的思考，也能帮助学生来考虑每个子问题中需要解决的问题，将这个工具作为推动学生自主进行子问题分解的抓手。

另外，教师通过两个不同的场景，让学生初步体验了五个维度之间相互影响的关系。作为工具的体验和引入，这样的程度是可以的。但在实际的工作场景中，从用户需求确认到提出想法，再到原型设计，过程是复杂的，学生需要作为设计师结合具体的驱动性问题，以及整个项目的情境来进行权衡，体会各个维度之间的关联，以及在不断的测试、反馈中做出最终的决策，这一点是这个工具在该项目中可强化的部分。

4 合作探究工具

"为什么我的学生在团队合作中不能进行有效讨论?"

"怎样才能让所有学生都参与合作,而不仅仅是那几个学习成绩好的呢?"

"我怎样才能了解所有学生的想法?"

项目化学习中的合作探究不仅注重最终成果,同样也注重学生在合作中的社会性实践,比如人人参与、有团队责任感等。但是学生难以完成有效的合作探究是很多教师都会遇到的困难,当我们在疑惑学生为什么不能进行有效的合作探究时,也不妨问问自己:是否教给过学生如何合作?是否给学生提供了好的合作支架与工具?

本部分共介绍5类工具,旨在引导学生组建团队,帮助学生进行团队项目管理,促进团队有效探讨,促进全班交流互动,让全班学生的意见快速可视化。

4.1 如何引导学生组建团队？

组建团队是合作探究的第一步，但学生往往不知道如何组建团队，很多时候是教师在主导学生的团队分工，或者索性直接让学生自由组合，如此学生围绕分工会出现很多现实问题，如学生不知道应该如何分工、学生不了解自己的特长、学生不知道什么是好的团队等。这个时候就要用到可以让学生了解团队、组建团队的工具。这些工具的使用不仅可以让学生快速分工，还能让学生理解什么是好的团队，以及团队合作在解决挑战性问题中的重要性。

工具 30 ▶ "好团队"画像

工具是什么？

"好团队"画像是用在学生正式进行合作前，帮助学生直观理解团队是什么的工具。它让学生从不同的角度来思考好的团队应该是怎样的、好的团队是如何进行交流的、好的团队是如何分工的，等等，将学生对好团队的理解可视化。通过这个工具，学生对好团队的样子进行探讨，了解组建团队的意义与价值，并据此形成好团队画像。

🛠 工具什么样?

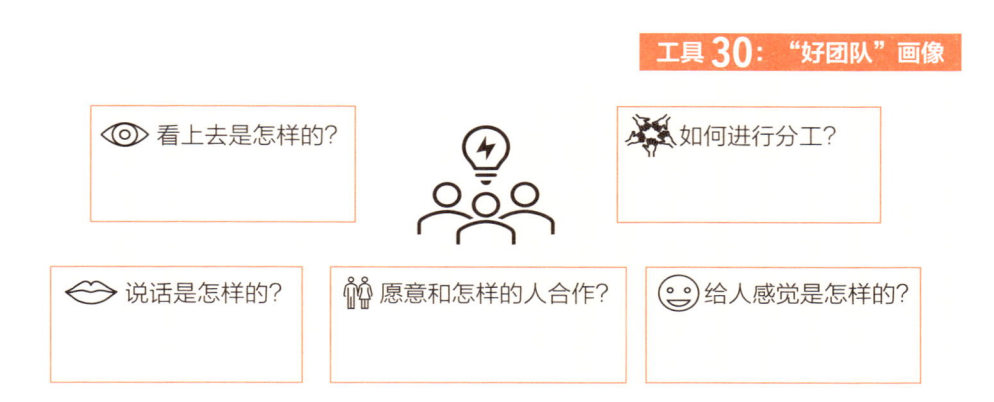

工具 30："好团队"画像

- 看上去是怎样的?
- 如何进行分工?
- 说话是怎样的?
- 愿意和怎样的人合作?
- 给人感觉是怎样的?

"好团队"画像既可以用课堂问答、表格等方式呈现，也可以用上面的工具图呈现。在上图示例中，学生需要从教师提供的五个方面"看上去、如何说话、如何分工、给他人的感受、愿意和怎样的人合作"来呈现好团队的表现。师生也可以对该工具进行个性化设计，不局限于这五个方面。

🛠 工具如何用?

1. 学生讨论什么是"好团队"

在项目合作探究之前，教师提供上述工具图，让学生从不同的角度来讨论什么是好团队。

2. 制作"好团队"画像

将小组对"好团队"的特点达成共识的内容填写在工具图中。

3. 小组分享

组织全班学生分享自己小组的"好团队"画像，后面分享的小组尽可能说一些与其他小组不同的内容。

4. 修订"好团队"画像，并遵守

根据全班学生的分享，对本组内容进行修订与补充，确保全组成员达成共识，形成本小组的"好团队"画像，并在之后的合作探究中遵守。

工具用在哪里？

"好团队"画像工具可以用在任何项目的多个阶段中，在学生组建团队时，在学生团队出现问题时，在学生进行第一次合作探究前，都可以使用。

教师还可以借助它让学生思考团队内如何分工，分工需要考虑哪些因素，以及思考自己可以在好团队中做什么，作为团队的一分子，可以贡献什么。

"好团队"画像工具不是一成不变的，可以增加、替换或删减内容，如增加好团队的制度准则、好团队是如何记录的等角度。

"好团队"画像的使用场景不是一成不变的，教师可以在项目中多次使用，从而看学生是否对好团队建立了更深层次的理解；也可以将其当作团队合作的评价标准，在学生结束项目后，让学生根据"好团队"画像的各个维度，对自己在合作中的表现进行评价。

工具 31 ▶ 全脑优势模型

工具是什么？

全脑优势模型是一种让学生对自己的优、劣势进行分析的工具。项目化学习强调差异化、互补性的团队合作，全脑优势模型能让学生根据自己的优势进行小组分工，也可以让学生了解自己的劣势并进行补充与增强。

全脑优势模型将学生分为四个类型：逻辑型（该类型的学生注重思维规律，有条理）、空想型（该类型的学生创造性比较强，常常会有天马行空的想法）、组织型（该类型的学生具有一定的系统性，擅长人员的分工以及对任务的管理与实施）、交流型（该类型的学生比较擅长交流与沟通，在人际交往方面有一定的优势）。全脑优势模型将分工具体化，让学生更加了解自己，思考自己能为团队做什么，从而进行有效的团队合作。

4 合作探究工具

🛠 工具什么样？

工具 31：全脑优势模型

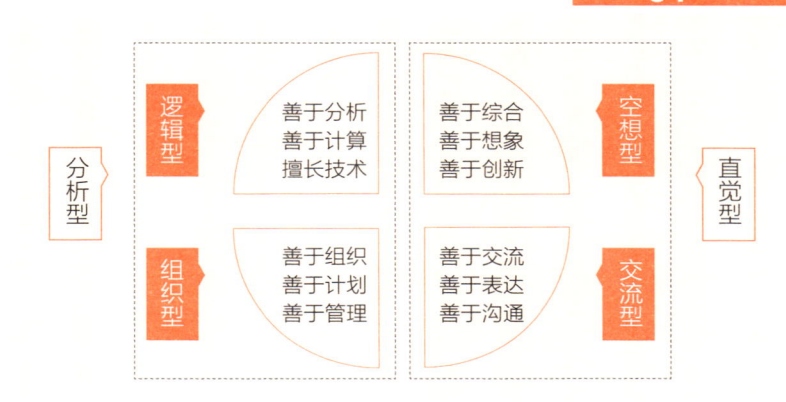

分析型	逻辑型：善于分析、善于计算、擅长技术	空想型：善于综合、善于想象、善于创新	直觉型
	组织型：善于组织、善于计划、善于管理	交流型：善于交流、善于表达、善于沟通	

全脑优势模型中的每个类型都有三条指标，学生可以对照指标进行判断。

在判断时，为了让学生能够更好地理解自己在项目中可以做什么，可以结合项目情境，将指标具体化。如在科学主题项目中，逻辑型的指标可以转化为：我认为我具有一定的科学分析能力，我认为我的计算能力比较强，我认为我能够顺利开展实验。这样可以让学生更加明确自己在这个项目中的优势是什么，也更利于项目分组。

这个工具还可以简化成左右两部分。左边更偏向于分析型，适合在项目中制订计划、画思维导图梳理逻辑、对项目进行整体分析。右边则更偏向于直觉型，适合在项目中提出想法、总结观点、对外联络与沟通。

🛠 工具如何用？

1. 教师介绍规则

教师给学生一张空白的"全脑优势模型"表，并带领学生了解这张表是什么，以及如何进行打分。

2. 学生进行自评打分

每个学生根据自己的实际情况在对应的指标区域打分，并分别计算每一类型的总分，从而判断自己的优势与劣势是什么。

3. 小组交流，明确分工

学生在小组内依据全脑优势模型分析结果介绍自己的优势，并初步确定小组的分工。全脑优势模型通常适用于项目初期进行分工，学生可以先根据各自的优势，明确各自负责的内容，在具体实施的时候，再根据项目实际情况进行调整。

工具用在哪里？

这个工具可以在分组前进行，根据学生不同的优势促进团队合作，也可以让学生更了解自己，根据自己的优势选择适合的任务。

项目化学习强调学生之间互相学习，借助这个工具，可以充分挖掘学生的特长，让每个学生都能为团队做贡献，让学生更加了解团队合作的重要性。为了能够让学生更多样化地发展，教师需要留意在不同的项目中让学生承担不同的分工，比如在第一个项目中负责制作演示文稿的学生在第二个项目中必须选择其他类型的任务，这样可以促进学生的全面发展，也可以让学生在团队合作中主动地观察同伴是如何做的或者寻求同伴的帮助。

工具 32 ▶ 团队协议

工具是什么？

团队协议是学生在项目中签订的合作协议，能够明确行动方向，形成团队的共同愿景。如果说"好团队"画像是让学生初步了解什么是团队，那么团队协议就是将这些表现通过协议的方式更正式地呈现出来。团队协议是"好团队"画像的升级版，它用签订契约的正式流程，让学生充满仪式感地承担项目责任。

团队协议中包含了：团队名称、团队成员、团队达成的共识、团队的签名与日期。在具体使用中，学生首先需要在协议中为自己的团队起一个名字，然后一起制订协议中的具体内容，并达成共识。签订团队协议是项目组所有成员参与和达成共识的过程，也是一个重要的仪式，让所有学生理解每一个人都投入到项目中并承担项目责任是非常重要的，每个人都应该在团队中发挥自己独特的才能。

🛠 工具什么样？

工具 32：团队协议

> 团队名称：
> 团队成员：
>
> 在本次项目中，通过协商，本项目团队达成如下共识：
>
> 1. 团队分工：
> 2. 团队职责：
> 3. 团队奖惩：
> 4. 团队约定：
>
> ……
>
> 团队签名：
> 日期：

在学生制订团队协议时，教师可以提供一些问题供学生参考，比如：

- 项目需要哪些角色和任务？
- 我们将如何选择领导者？
- 每个人的角色和任务是什么？
- 若有些人不积极参加合作，会怎么样？
- 如果有人没有履行职责，将会受到怎样的惩罚？
- 如何让大家共享材料？如何汇报团队成果？
- 如果有人缺席或不准时提交任务成果，会怎么样？
- 如何处理团队内部出现的各类问题？
- 当团队成员遇到困难时，我们应该如何给予帮助？
- 当团队成员发生冲突时，我们应该如何解决？

🛠 工具如何用？

1. 教师发布任务

教师发布每组学生都需要制订团队协议的任务，并给每组学生一张团队协议表。教师也可以给学生提供团队协议模板，允许学生修改条款。

2. 小组讨论，达成共识

教师引导学生进行小组讨论，对协议中的内容达成共识后填写；如果在讨论过程中有冲突或不确定的地方，可以针对这个问题讨论出一个解决方案，比如寻求教师的帮助，制订少数服从多数的规则等。

3. 组员签名，团队成立

学生在共同完成的协议上签上自己的名字，正式组建团队。

4. 遵守规则，共同探究

在之后的团队合作中，每组学生都需要严格遵守团队协议中的内容。同时也要明确，如果有团队成员不遵守协议，会有怎样的后果以及"惩罚"。当然，这里的"惩罚"可以设计得有趣一点，比如3分钟不能发表意见，取消一次团队决策权等。

🛠 工具用在哪里？

相比"好团队"画像的简便有趣，团队协议会显得更加正式，因此这一工具更适合高年段的学生。

这个工具可以在学生组建好团队之后使用，让学生自己制订规则。学生对于自己制订的规则与达成的共识，往往更能遵守，如此也能充分调动学生的自主性、参与感。

教师在使用该工具时，可以根据学生的年龄特点、项目的难易程度来进行协议的设计，不局限于上述示例中的形式；教师也可以让学生自己制订、自己设计团队协议。不管何种形式，教师都要强调，团队协议一旦签署，即视为团队成员均已同意本协议的各项条款，并受其约束，要建立学生的团队意识与责任感。

> **实地项目运用**
>
> ## 如何运用"全脑优势模型"支持学生分组？[1]

建襄小学的跨学科项目"襄园里的昆虫朋友"需要解决的驱动性问题是：如何制作一幅襄园昆虫地图并向大家介绍我们的襄园昆虫朋友？学生在这个项目中要采取小组合作的方式在校园调研，探究昆虫的身体结构和神奇功能，完成昆虫调研报告，设计襄园昆虫分布图并制作校园昆虫宝典。

对学生来说，制作一幅襄园昆虫地图具有一定的挑战性，因为地图中不仅要包含科学中的昆虫知识，还需要运用美术知识将地图画出来，在标记昆虫在校园中的位置时，还需要运用数学中的方位知识，因此学生需要借助同伴的力量一起完成。在分好小组后，我们提供给学生一张全脑优势分析表，让学生根据上面的问题进行自评，然后基于对自评的分析，完成对个人优势、团队贡献及团队职务的填写。

请根据自己的真实情况，对每一个问题进行自评，并涂上相对应的五角星

科学探究家
- 我认为我做事情是有条理的：★★★★★
- 我认为我具有一定的科学分析能力：★★★★★
- 我的计算能力和方位感比较好：★★★★★

团队小组长
- 我擅长制订小组计划：★★★★★
- 我认为我可以组织好大家进行合作探究：★★★★★
- 我可以管理好我的小组，按照计划进行探究：★★★★★

创意制作师
- 我经常有一些与众不同的想法：★★★★★
- 我擅长发现昆虫的独特之处：★★★★★
- 我的画经常具有创意性：★★★★★

记录沟通员
- 我擅长与人沟通：★★★★★
- 我能够和不同的人友好相处：★★★★★
- 我能抓住每个人说话的重点：★★★★★

通过上述问题，我认为我比较擅长的事情是：
_____
_____

我认为我能在团队中做出的贡献是：
_____
_____

我愿意在团队中担任的职务是：（选择两个）
_____

全脑优势分析表

---

[1] 本案例来自本书作者团队提供的项目工具，是对上海市徐汇区建襄小学曾为平、季依洲老师设计的跨学科项目"襄园里的昆虫朋友"进行的改造。本案例执笔人：本书作者团队。

结合全脑优势模型与项目本身的特点，我们在小组中设置了四个角色，分别是科学探究家、团队小组长、创意制作师和记录沟通员。学生通过回答全脑优势分析表中的问题，并在相应的问题后面填涂星星来判断自己擅长什么，分析自己能为团队做出的贡献，以及自己愿意承担的职务。

有了这样一张表后，学生就可以在填写的过程中不断追问自己，这个部分自己可以做到吗？是自己擅长的吗？通过不断地追问与剖析，学生可以更好地了解自己，找到自己的优势，更好地在项目中完成任务。

案例评析

使用工具的注意点

在上述项目中，运用全脑优势模型可以很好地帮助学生了解自己的优势，并让学生在项目中发挥自己的优势来促进项目探究。需要注意的是，这里的分工并不是说让学生只负责自己角色的工作，而是让学生充当这一部分工作的负责人，带领团队一起深入探究，其他的工作也需要和团队伙伴一起完成。比如"科学探究家"是在进行与昆虫相关的科学探究部分时充当负责人，在后期进行创意制作时也需要配合完成。每个成员都需要参与全部的探究进程，全脑优势模型只是帮助学生找到自己擅长的部分。

教师在使用这一工具的时候，也可以和上述案例一样，将工具中的指标改成描述的语句，这会更利于学生对自己进行分析。

工具的深化迭代

在上述案例中，全脑优势分析表中出现了一些抽象名词，比如"科学分析能力"，对于三年级的学生来说，可能会难以理解这些名词。这时候，教师就需要结合这张表对学生进行更加明确的解释，确保所有学生都理解表中关键内容的含义。比如在上述案例中的"科学分析能力"，教师可以通过举例的方式进行解释，它具体是指能够发现不同的昆虫，正确说出不同昆虫的部位，能够对这些昆虫进行科学的分类等能力。

最后在项目反思阶段，教师还可以继续拿出这张表，让学生在经过一个完整的项目后，再次反思自己擅长的部分是什么，看看和最开始的自评是否一致，同时关注自己得分最少的是哪一类，并且写出改进的方法。

线上同类项目的工具处理

线上教学时，教师可以结合问卷软件，设计线上调查表让学生对个人优势进行分析，然后自荐想要担任的角色类型，并说明理由。在项目后期，同样可以运用问卷软件进行信息收集。线上的工具可以更快速、更高效地呈现学生两次的数据对比，从而让学生更好地进行反思。

4.2 如何支持学生进行团队项目管理？

在真实世界中，良好的项目管理能力表现为能够制订团队计划、及时沟通团队合作中的问题并解决。对基础教育阶段的学生而言，项目管理能力非常重要，因为它可以让团队合作有效进行，从而培养学生团队合作与交流表达的能力。在现实的项目化学习中，我们往往发现学生不会进行有效的项目管理，比如没有制订计划，经常会漏做、迟做任务，相互推卸责任，没有及时进行沟通与反思等。项目管理能力需要在项目中锻炼，而教师提供可以让学生自己进行团队项目管理的工具是非常必要的。

工具 33 ▶ 项目团队日志

🛠 工具是什么?

项目团队日志是一种团队进行自我管理的工具,有助于教师和团队成员迅速了解项目进展。从技术上说,线上可以使用现成的日程管理工具,线下也可以在教室的项目墙或者在小组内形成团队日志,列出每一时间段团队和个体的项目进展。学生可以通过每日的反思和交流,推进项目进程,通过公开项目进程,获得来自其他团队和教师的监督和建议,以提升团队效率,形成更好的实施成效。

学生可以通过项目团队日志,在项目初期进行计划设计,也可以及时记录每日/每阶段的项目完成情况。在项目下一个阶段开始前,学生也可以翻看项目团队日志,快速回顾项目进展。

🛠 工具什么样?

工具 33:项目团队日志

日期	项目进展
___月___日	_____
___月___日	_____
___月___日	_____
___月___日	_____
___月___日	_____
___月___日	_____
___月___日	_____
___月___日	_____

项目团队日志一般包含日期和项目进展，也可以让学生自己个性化地设计日志。比如可以增加团队合作的计划，增加每一部分的负责人，还可以增加每一阶段存在的问题、如何解决的，等等。

⚙ 工具如何用？

1. 小组制订初步的项目计划

项目团队日志不是每日都需要记录，可以仅在项目的重要节点或重要阶段进行记录。在使用这一工具前，小组需要先明确整个项目中需解决的问题与进度安排。

2. 填写日志

根据项目的计划，每一部分的负责人按照项目团队日志中的内容推进项目，并且进行记录。

3. 反思与交流

每一阶段的任务完成后，每一部分的负责人及时组织团队成员进行反思与交流。

⚙ 工具用在哪里？

项目团队日志工具可以用在学生团队组建完成之后，帮助学生明确接下来一段时间内的工作与项目进程，日志可以贯穿项目合作探究的始终，学生可以结合日志来推进项目的进程。

项目团队日志使用的前提是学生明确整个项目要解决的问题是什么，子任务和子问题是什么。

项目团队日志这一工具可以灵活使用，并不局限于上表。可以根据学生年段的不同调整日志的复杂度，也可以根据项目的目标优化此工具，如增加"反思"栏，用于记录小组每个时间节点的反思。

工具 34 ▶ 项目议会

工具是什么？

项目议会是为了提升学生的讨论质量，每天或者定期组织小组进行议会讨论的工具。之所以称为项目议会，是因为它不同于一般的讨论。项目议会需要学生遵守一定的议会规则，比如人人平等、发言完整等。除了这些规则，还需要计划召开议会的时间，可以固定议会召开周期，或者是在遇到重大问题时，超过半数的组员同意即可召开议会。

项目议会用一种比较正式的方式，交流学生在项目进程中的问题、进展和后续方向。这种以学生为主的正式讨论，让学生有参与项目的仪式感，有助于锻炼学生的口头表达能力，同时也是推进项目进程的一种重要的方法。

工具什么样？

工具 34：项目议会

```
日期：
团队记录员：

议会原则：
人人平等原则：
发言完整原则：
……

议题 1：                              提出人：
发言人 1：
发言人 2：
发言人 3：
发言人 4：
表决结果：
后续行动：

议题 2：                              提出人：
发言人 1：
发言人 2：
发言人 3：
发言人 4：
表决结果：
后续行动：
```

项目议会有一些固定的原则，这些原则可以由教师提供，也可以让学生自己制订。项目议会有以下通用原则。

- 人人平等原则：每位成员都可以发表自己的观点；
- 发言完整原则：在成员发表观点时，其他成员不可以插话或者打断，让发言人完整地表达自己的想法；
- 文明表达原则：在整个议会期间，所有成员都必须文明发言，不嘲笑，不进行人身攻击；
- 限时限次原则：限定每人发言的次数与时间，让议会变得更高效；
- 一时一件原则：每次讨论都只针对一个问题，这个问题解决后才讨论下一个问题；
- 充分交流原则：最终的决策基于团队成员的充分交流；
- 多数裁决原则：最终的决策形成将依据少数服从多数的原则。

每次议会可以选择一些原则作为重点。在明确了议会原则后，学生需要针对议会中提出的问题进行交流与讨论，最终形成解决问题的方案。

⚙️ 工具如何用？

1. 制订议会制度
项目小组制订召开议会的制度，明确什么时候、什么情况下需要召开议会，确定本小组在项目议会中需要遵守的原则。

2. 明确议会主题
在每次召开议会前，项目小组填写本次议会需要解决的问题。

3. 召开议会并记录
项目组成员根据议会主题进行交流，提出自己的建议并轮流记录。

4. 形成结论
分析所有的解决办法，形成最终的办法或结论。

⚙️ 工具用在哪里？

项目议会可以由学生定期组织召开，也可以在项目遇到难以解决的问题时召开。

学生在使用这一工具时，除了解决项目中遇到的问题，还可以进行阶段性经验总结，以便于更好地推进项目。项目议会可以与项目团队日志（见本书工具33）结合使用。教师在介绍该工具时，可以告诉学生两个工具的不同之处：项目团队日志记录本组的进展情况，而项目议会注重项目组对关键问题的交流与团队决策。

实地项目运用

如何运用"项目团队日志"安排项目计划？[①]

华东理工大学附属小学根据学校"立己达人，格物穷理"的教学方针，在2021年开展了"街政助理"项目化学习活动（又称"小花栗观察员"活动）。整个活动共组建了10支"小花栗观察小组"，每个观察小组由5名学生组成。大家就共同感兴趣的某一社区问题进行探索和思考，走入社区，通过文献搜索、问卷调研、现场访谈等形式来尝试解决小组提出的问题或对小组提出的问题进行解惑和答疑。

在本项目中，教师需要引导学生在团队中学会思考、学会学习、学会探究、学会合作、学会提出问题和解决问题。所以，教师给予团队一定的学习支架至关重要。当学生拥有一定的学习工具后，就可以有条理地安排他们的计划，而"项目团队日志"就是其中富有成效的一个工具。

如学校"小花栗观察小组"第③组的研究项目是"小区电瓶车安全充电现状调研，助力美好社区建设——如何让小区电瓶车充电更安全？"。在研究问题的驱动下，他们拆解任务，获得多个他们需要了解的内容，针对内容提出子问题并确定以访谈的形式收集资料。在人员采访的环节，他们有目的地筛选访谈对象，并明确了人员分工，在一周的时间内完成了访谈计划，不仅保证了全体组员的参与度，也帮助组员及时了解完整的访谈结果。

[①] 本案例来自华东理工大学附属小学刘怡玲老师设计的活动项目"小花栗观察员"，实施者是顾文、刘怡玲。本案例执笔人：刘怡玲。

本小组运用了"项目团队日志"这一工具。这个工具帮助他们记录自己的活动成果，并且每个人都有自己专属的日志内容，极大地提高了组员们参与活动的热情。及时记录有助于他们确保数据的有效性和真实性。

下图是该观察小组在一次分散式社区实践活动中的项目团队日志内容。在2021年6月20日—23日，组内同学约定好分散完成不同的采访任务，对各自的访谈对象（普通居民、车棚管理员、电瓶车销售员、消防员等）进行针对性采访，他们通过拍照、录音、记笔记等方式记录当时的情况，回家后整理到项目团队日志中，极大地丰富了他们团队的调研数据。

主题	小区普通居民个别访谈、飞线充电照片拍摄		
时间	2021年6月20日	地点	梅陇六村
参与人员	李之涵、田昊宸		
主要内容	自主撰写访谈提纲，通过组员讨论和完善后，由家长带领进行访谈。采访了使用电瓶车的普通居民，了解到关于集中充电桩位置和数量的一些建议，同时也采访了没有电瓶车的居民，了解了他们对于集中充电和飞线充电的看法。在访谈的路上拍摄了2张飞线充电照片。		

精彩瞬间（图片或视频链接）

主题	经历过电瓶车充电引起火灾的居民、消防员访谈		
时间	2021年6月22日	地点	华理附属小学
参与人员	詹芝娴		
主要内容	自主撰写访谈提纲，并准备好笔记本和录音笔后，在指导老师的帮助下进行访谈。从经历过因电瓶车不规范充电引起火灾的居民口中，了解到电瓶车起火造成的后果和解决方法；从消防员口中，了解到电瓶车火灾在所有火灾中的占比以及电瓶车规范充电的重要性和要求。		

精彩瞬间（图片或视频链接）

"小花栗观察团"第③组项目团队日志（节选）

最后，该小组不仅利用搜寻到的资料分析了目前小区内电瓶车充电的现象，了解了火灾可能形成的原因，还针对不同小区进行了访问调查，制作了宣传手册，并在社区及楼道内进行了海报宣传，得到了社区和很多家长、小朋友的支持。

我们发现经过这一年的活动研究，善于运用"项目团队日志"的小组会比其他较少进行日志撰写的小组更加团结，在汇报时内容更加全面，并且组员更加自信和敢于表达，这一点让我们感到非常欣慰。

案例评析

为什么使用这个工具

上述案例是一个跨班级、跨年级的活动项目，每个小组的学生彼此都不在一个教室里，甚至不在同一层楼，他们每次都是在项目实施时才会聚集在一起进行项目的探究，项目探究的频率为每周1～2次。为了便于学生更好地进行合作探究，教师选择了"项目团队日志"这一工具，它有助于学生在项目初期制订探究计划，然后根据计划进行项目的推进。而且在填写项目团队日志的过程中，学生也可以记录这一周探究的内容，并在下次探究前通过上一次的日志迅速回忆起之前探究的内容。

工具的深化迭代

教师在让学生进行项目团队日志填写的时候，可以让学生轮流负责填写，这样一方面可以避免个别学生填写任务过重，另一方面也可以让学生都参与其中，让他们更具团队凝聚力。学生在记录的过程中，除了记录项目的推进情况，还可以总结项目推进过程中出现的问题，并进行集中的讨论与交流，让项目团队日志也融入阶段性反思的要素。

线上同类项目的工具处理

在线上进行项目合作探究时，教师可以让每组学生都建立一个可共同编辑的线上文档，并且建议学生在进行项目团队日志填写时填好日期以及记录人，这样可以利用线上技术，团队共同编辑项目团队日志。

4.3 如何促进团队有效探讨？

当学生组建好团队，制订好规则后，就开始了对项目的合作探究。但是学生在讨论时，有时会出现闲聊、不聚焦讨论的主题、讨论效率低的情况，有时只是互相说一下自己的内容就结束了。怎样改变这种没话说、没想法、没有讨论方法及思考方法的情况呢？面对学生在合作探讨中经常会出现的这些问题，教师可以提供促进项目团队进行有效交流和深入研讨的工具。

工具 35 ▶ 观点激荡

⚙ 工具是什么？

观点激荡是头脑风暴的进阶版，这种方法用"是的，而且……"（Yes, and…）的句式，承认他人的观点，并在他人的观点上加入自己的观点，以此达到项目团队之间在观点和创意上的相互激荡。其中的创造性不仅来自个体，也来自群体。

例如，当学生讨论"我们可能会建造一个操场"这个话题时，可以使用这个工具。每个学生在回答时需要在前一个分享者观点的后面加入一个新的元素："是的，而且我们会画出操场的蓝图。""是的，而且我们还有一位本地工程师可以帮我们看看图纸。""是的，而且我们将参观和拍摄附近学校的操场。""是的，而且我们会学习有关操场上各种设备的几何和物理知识。"……直到所有学生都发表完自己的观点。

工具什么样？

工具 35：观点激荡

观点激荡首先需要一个学生抛出第一个想法，这个想法即使有些不完美也没关系，后面每一个学生都需要在肯定前一个同学的想法的基础上增加自己的想法，依此类推。

工具如何用？

1. 分组

既可以将全班学生分成不同的小组，也可以随机找一纵列或者一横排的人进行接龙。

2. 介绍标准

- 每个人都参与；
- 注重数量；
- 保留判断——事实上，我们接受所有的想法；
- 以彼此的想法为基础；
- 当你把想法写出来的时候，大声地说出来；
- 玩得开心！

3. 分发材料

给每个小组一张大纸或白板上的一块空间、足够数量的笔，让小组成员能同时书写。

4. 确定核心

确定一个项目核心：比如做一个人物展、设立一个电影节。

5. 工具运用

每个人用"是的，而且……"的句式，在承认他人观点时加入自己的创新元素。计时，说得越多越好。

6. 交流反馈

组织学生交流，整理记录下来的点子，形成最终方案。

工具用在哪里？

这个工具主要用在教师想让学生产生更多创意想法的时候。工具的使用场景可以灵活安排，但是要保证小组成员人人参与。教师在让小组进行发言时，可以让想法较少的学生先说，让想法较多的学生后说。

为了保证每个学生都有话可说，教师也可以在使用工具前，先给学生 2～3 分钟的时间独立思考，然后再进行小组讨论。

在使用观点激荡时，重点是产生多样的想法，因此教师需告知学生要尽可能多地提出一些不一样的想法。教师先不对学生的想法进行评判，即使有些点子比较荒诞，也不要紧，因为这可能会激发出更有创意更实际的新点子。在全部学生都交流完之后，教师可以再组织学生对这些观点进行分析与整理。

工具 36 ▶ 拼图法

工具是什么？

拼图法，又称锯分法（Jigsaw），最早是由艾略特·阿伦森（Elliot Aronson）（1997）创造的。拼图法主要通过设置专家组先共同研究某一部分内容，然后再回到自己的小组将在专家组习得的内容教授给本组其他学习者。

在小组讨论时，往往会出现一人主导的局面，那么，怎样让项目组所有学生都投入学习呢？此时教师可以使用拼图法。拼图法是将任务/概念分成不同的小任务/概念，由每个学生负责一部分，就像是一块拼图由各个部分组成。在学生对自己负责的部分进行一定的学习与研究后，教师可以组织学习相同部分的学生形成专家组，对这个部分展开更深入的交流，然后每个学生回到自己的小组。

比如在整理不同朝代的书画作品的特点这一学习主题中，可以让每个学生认领一个朝代的书画作品进行探究，此时学生将经历第一次分组，形成唐朝专家组、宋朝专家组、清朝专家组等。在每个专家组的成员围绕研究内容进行充分的研讨和学习后，他们再回到自己的小组，把自己探究的内容与小组其他成员进行分享。

工具什么样？

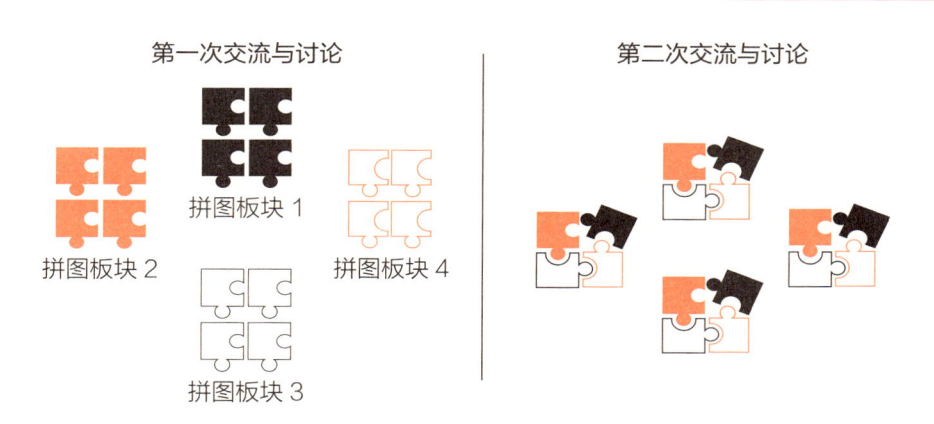

工具 36：拼图法

第一次交流与讨论　　　　第二次交流与讨论

拼图板块 1　拼图板块 2　拼图板块 3　拼图板块 4

拼图法的重点是先分再合，而且会有两次交流与讨论。

- 分：先将大任务进行划分，将学生分为若干组，然后让小组内的学生根据兴趣与能力选择相应的"拼图板块"；
- 第一次交流与讨论：学生先进行自主探究，在充分探究之后，组织相同拼图板块的同学汇集在一起，形成"专家组"，进行交流讨论；
- 合：学生回到原本的小组；
- 第二次交流与讨论：此时每个学生都是这块"拼图"的专家，学生需要将自己在"专家组"探究的内容分享给其他成员，从而在每个小组内形成一幅完整的拼图。

🛠 工具如何用？

1. 学生分组，划分拼图

教师将全班分成若干个多人小组，如每组 4 人，将要讨论的任务或者概念对应分成 4 块小的"拼图板块"——子任务或子概念。

2. 领取拼图，自主探究

每个学生领取自己负责的"拼图板块"，并进行思考与自主探究。

3. 同一拼图，交流分享

拿到同一拼图板块的学生组建成"专家组"，进行交流分享。

4. 合作交流，组建拼图

每组"专家"回到本小组进行交流，每个人轮流讲解自己负责的"拼图板块"，确保其他成员都听得明白。在每个学生都讲完自己负责的"拼图板块"后，小组成员整体进行交流与讨论，并形成对大任务的解决方案，完成"拼图"。

🛠 工具用在哪里？

教师在使用这一工具时会受到一点限制，即任务或者概念必须是可以分解成"拼图板块"的。但分解的程度可以不完全均等，即"拼图板块"的大小可以是不同的。如果"拼图板块"的大小不同，那么教师在将"拼图板块"分给学生时，需要根据学生的能力进行发放，比如学习能力稍强的学生可以给他一块大一点的"拼图板块"。小组人数也可以根据"拼图板块"的块数进行调整。

这一工具可以帮助在小组讨论中较为沉默或学习较弱的学生发表自己的想法，因为每人负责的"拼图板块"不同，每个学生都是"专家"，分享的内容对组内其他人来说都是新的，每个学生也都需要其他同学的"拼图板块"内容，这样可以进行有效的小组讨论。但是在学生分享前，要保证足够的时间让学生完成自己的"拼图板块"，这样他们才能在小组讨论时交流有效的信息。

工具 37 ▶ 六顶思考帽

⚙️ 工具是什么？

六顶思考帽是鼓励学生从六个不同的角度来思考同一问题的思维工具（Bono，2006）。这个工具体现了平行思维的原则，避免了思维的片面性。六顶思考帽用六种颜色的帽子，可视化地代表六种思考方向，思考者戴上什么颜色的帽子，就必须用该颜色帽子的思维角度，对问题进行思考。

⚙️ 工具什么样？

工具 37：六顶思考帽

白色 客观中立
白色是中立而客观的，戴上白色思考帽，学生需要关注客观的事实和数据

绿色 创造想象
绿色象征勃勃生机，绿色思考帽寓意创造力和想象力，它具有激发学生的创造性思考、求异思维等功能

黄色 肯定同意
黄色代表价值肯定，戴上黄色思考帽，学生需要从正面考虑问题，表达乐观的、满怀希望的、具有建设性的观点

黑色 否定质疑
戴上黑色思考帽，学生可以运用否定、怀疑、质疑的看法考虑问题，合乎逻辑地进行批判，找出逻辑上的错误

红色 直觉感受
红色是情感的色彩，戴上红色思考帽，学生可以表现自己的情绪，还可以表达直觉、感受、预感等方面的看法

蓝色 规划管理
蓝色思考帽负责控制和调节思维过程，它负责控制各种思考帽的使用顺序，规划和管理整个思考过程，并负责得出结论

如上图中可见，每种颜色的帽子都代表一种思考角度，而且思考角度的内容是与颜色的特点相符合的。

⚙️ 工具如何用？

1. 分组与准备工具

将学生按 6 人一组进行分组，给每组一张白纸或白板上的一块空间、足够数量的笔，让小组成员能同时书写。

2. 介绍规则

教师讲解每顶帽子的使用规则，学生如果有疑问，要及时与教师沟通，确保每个学生都了解每顶帽子的含义。

3. 分发帽子

每人抽取一顶帽子，确保每组的成员都戴着不同颜色的帽子。

4. 进行交流

围绕一个话题、方案等进行讨论，每个人严格按照帽子颜色的要求发表观点，并将自己的观点记录在白纸或白板上；每个人发言完毕后，小组成员进行交流反馈。

工具用在哪里？

这个工具可以用于学生对话题 / 主题进行观点的分享，也可以用于学生对初步的成果 / 方案进行要点的评价。教师在使用这一工具时，可以根据项目的需求，对工具进行调整，如并不是每次都需要使用完整的"六顶思考帽"，也可以根据项目的目标，只运用其中的 2～3 顶帽子。

除了用在小组内部，教师也可以将工具用在全班的交流中。例如，教师可以将全班分成 7 组，第一组代表介绍成果或者分享观点时，其他六个小组每组成员分别戴其中一种颜色的帽子进行评价，在第二组进行介绍的时候，其他六个小组顺时针交换帽子，确保每一轮的评价学生都可以戴上不同颜色的帽子进行评价。

如果想让学生更喜欢这个工具，教师也可以准备真实且与颜色相符的帽子，当然这项工作也可以交给学生，让学生准备不同颜色的帽子。除了使用真实的帽子，教师也可以制作帽子，比如利用打印纸，打印出不同颜色的帽子，或者用彩色纸折出帽子。当学生戴上这些帽子时，会以更具代入感的心态更好地使用该工具。

实地项目运用

如何运用"观点激荡"促进学生创造性探究？[1]

学校结合上海书画出版社美术教材三年级第二学期"城中漫步"单元和校本特色资料包《童心视界》"缤纷校园"单元设计了"'睛睛看校园'创意地图征集"的美术学科项目。该项目的驱动性问题是——请你为母校代言：通过发现母校的独特魅力，提出自己的设想，制作一张独特的手绘地图，作为给一年级新生的入学贺礼，助力他们早日适应新校园的方方面面。学生需要用地图来表达对事物空间特征的理解，用地图表现对某些生活现象的观察和思考，最终合作完成一幅具有创新性的手绘地图作品。整个项目的流程如下：

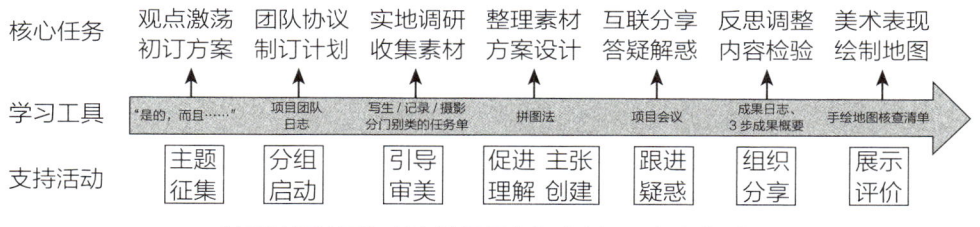

核心任务	观点激荡 初订方案	团队协议 制订计划	实地调研 收集素材	整理素材 方案设计	互联分享 答疑解惑	反思调整 内容检验	美术表现 绘制地图
学习工具	"是的，而且……"	项目团队日志	写生/记录/摄影 分门别类的任务单	拼图法	项目会议	成果日志、3步成果概要	手绘地图核查清单
支持活动	主题征集	分组启动	引导审美	促进理解 主张创建	跟进疑惑	组织分享	展示评价

"'睛睛看校园'创意地图征集"案例项目长周期过程

那么，如何避免学生的参与度不均衡、学生合作学习不够主动、学生学习缺少创造性等问题呢？教师与学生一起展开"观点激荡"，将主题征集作为探讨的中心，让学生通过联想和讨论等方式，不断发散思维，得到自己的观点，形成独特视角，进而培养学生的创新能力。

观点激荡具体实施步骤可分为三个阶段：准备阶段（第1～4步）、观点采集阶段（第5～7步）与梳理交流阶段（第8步）。

第1步：将班级按5人一组分组，共分6组。

第2步：检查，确保每个人知晓和明确"观点激荡"的标准。

---

[1] 本案例来自本书作者团队提供的项目工具，上海市黄浦区第一中心小学于嘉璐老师应用设计的美术学科项目"'睛睛看校园'创意地图征集"，实施者是于嘉璐。本案例执笔人：于嘉璐。

第 3 步：为每个小组提供一张大白纸或白板上的一块空间，可以将"是的，而且……"任务单放大在白纸上。利用图表引导学生把信息分类呈现，帮助他们筛选出有发展价值的提议，组成方案初期的主题设定与问题发现。

手绘地图主题征集： 我们可能会			
■	■	■	■
□ 是的，而且 _____。	□ 是的，而且 _____。	□ 是的，而且 _____。	□ 是的，而且 _____。
□ 是的，而且 _____。	□ 是的，而且 _____。	□ 是的，而且 _____。	□ 是的，而且 _____。
□ 是的，而且 _____。	□ 是的，而且 _____。	□ 是的，而且 _____。	□ 是的，而且 _____。
□ 是的，而且 _____。	□ 是的，而且 _____。	□ 是的，而且 _____。	□ 是的，而且 _____。
□ 是的，而且 _____。	□ 是的，而且 _____。	□ 是的，而且 _____。	□ 是的，而且 _____。
□ 是的，而且 _____。	□ 是的，而且 _____。	□ 是的，而且 _____。	□ 是的，而且 _____。
□ 是的，而且 _____。	□ 是的，而且 _____。	□ 是的，而且 _____。	□ 是的，而且 _____。

* 梳理观点时，在你觉得有发展价值的提议前的"□"涂色。

"是的，而且……"观点激荡任务单

第 4 步：为每个小组提供足够数量的笔，让小组成员能同时书写。

第 5 步：确定项目核心——发现母校的独特魅力，提出自己对校园的手绘地图主题的设想。为了保证每个学生都有话可说，教师也可以在工具使用前，先给学生 2～3 分钟的时间独立思考，然后再进行小组讨论。

第 6 步：每个人用"是的，而且……"承认别人的观点并加入自己的创新元素。

第 7 步：计时，每个小组在 5 分钟内写完一整页。短短 5 分钟，要让学生保持兴奋的思维状态，进行激烈的思维碰撞，这样才能形成自己的创意，培养学生的创新意识。

第 8 步：留存证据，交流反馈。学生小组围绕话题提出问题，如：校园最美的地方在哪里？什么是写生？写生可以用颜料吗？怎么画立体的教学楼？可以画小昆虫吗？可以拓印树叶吗？但并不是所有学生的问题在一开始都具有发展价值或能推动本次项目化学习的进程。因此，教师这时就需要进行专业的启发，协助他们记下主题讨论的问题清单，带动学生一起删减、合并、重组适宜的信息，并以此为基础梳理不同类型的主题方案。

筛选归纳之后，会呈现出 6 类手绘地图的方案主题，如"校园生物地图""隐藏的学习空间知多少""一年级楼层图""艺'书'校园""吃喝玩乐在校园"等。学生根据自己喜好的主题，分为 6 组，继续第二轮的"观点激荡"，为制订项目计划做准备。

这个项目中我们运用了两轮"观点激荡"工具，通过"肯定对方并添加创造性观点"的形式展现出来。刚开始的工具使用中，教师尤其要注意平时不太积极的学生，适时地鼓励他们参与问题的探究，使小组成员共同发展。

案例评析

为什么使用这个工具

这个项目的目标之一是培养学生的创造性，使学生通过探究创造性地制作一幅校园手绘地图。在项目中，教师希望学生能够打开自己的思维，不局限在校园整体的地图绘制中，例如，也可以选择局部的校园景色进行地图的绘制，于是，教师选择了"观点激荡"这一学习工具，希望可以通过这个工具打开学生的思维，丰富他们对成果主题的选择。

使用工具值得肯定的地方

教师在使用这一工具的时候，并不是只使用了一次，而是使用了两轮。第一轮教师让学生通过观点激荡确定了地图的主题，第二轮再让学生基于第一轮确定的主题进行内容的深化。

教师在使用工具的时候，并不是让学生完成观点激荡之后就结束了，教师还结合任务单，让学生在梳理观点的时候可以在有发展价值的提议前涂上自己喜欢的颜色，这样可以帮助学生聚焦主题并且选择适当的观点。

工具的深化迭代

除了在项目前期确定主题与计划时可以使用这一工具，在讨论"如何让我们的地图具有创造性"的时候，教师还可以让学生继续进行"观点激荡"。在这一轮工具使用前，教师可以让学生先去网上搜集一些创意地图的成果，然后基于搜集到的创意成果来思考是否可以用在自己的成果中，而且还可以以此来激发学生产生更有创意的想法，从而在促进学生有效讨论的同时培育学生的创造性思维。

4.4 如何促进全班交流互动？

项目化学习中经常会组织全班同学进行交流。但是由于班级学生人数较多，在全班交流时，要么会出现课堂无法掌控、学生反馈无法得到梳理的情况，要么就是个别有想法的学生不断发表观点，而大部分学生保持沉默的情形，这些都不是有效的全班交流互动。此时，我们需要能够促进全班交流互动的工具。

工具 38 ▶ 世界咖啡

⚙ 工具是什么？

世界咖啡是一种可以让全班学生进行集体交流的工具。它主要营造一个轻松、开放的环境，让学生可以针对特定的问题展开对话，如同朋友喝咖啡一样。教师可以在教室内设置能让学生流动的桌子作为咖啡桌，学生围坐在桌边，认真聆听对方说话并深入思考，此举能拓展每个学生的思路。在交流一段时间后，学生起身移往另一张咖啡桌，与新的同伴交换观点。当不同的观点发生碰撞时，可能会迸发出灵感，激发出创新的思路。

🛠 工具什么样？

工具 38：世界咖啡

如上图所示，全班学生分成三大组，每一组代表一种观点/场景/话题。每一组都会有一个组长，该组长固定坐在小组的一张桌子前，比如每张桌子上的橙色咖啡杯就代表该组的组长，其余的无颜色的咖啡杯就代表可以进行自由交流的成员。

学生先选择自己感兴趣的咖啡桌就座，与同桌的组长及其他学生进行交流，分享自己对该观点/场景/话题的观点与想法，在5分钟（时间可以调整）后，学生起立，去另一张咖啡桌进行交流与分享，依次进行下去，确保学生可以在不同的咖啡桌上进行交流。

🛠 工具如何用？

1. 学生分组，确定组长

将学生分为若干组，每组 5~6 个人，将每组学生的桌子摆在一起，学生围绕在桌子周围；确定一位组长，组长"固定"在该组，并给每组准备若干白纸与笔。

2. 发布话题，开始咖啡交谈

教师发布需要交流的问题，比如"什么是英雄？"这一问题，并且摆放三张咖啡桌，第一桌的观点是：必须要做出重大贡献的人且不可以是平凡人；第二桌的观点是：平凡人可以成为英雄；第三桌的观点是：即使有争议的人物也可能成为英雄。每一张咖啡桌上可以选择 1~2 个学生作为组长。

学生选择一张咖啡桌就座，并与同桌的同伴进行交流，组长记录交流的内容与观点。一段时间后，除了每桌的组长外，其余学生换组进行交流。进行三次换组交流后，确保每名学生都参与了三个小组的交流，然后学生再回到自己小组，与组长进行意见汇总。

工具用在哪里？

教师在使用这一工具时，首先需要营造轻松、自由、可以畅所欲言的环境，让学生的交谈真的像是在喝咖啡那样放松，而且在交流过程中，教师允许学生可以发表与话题有关的任何观点，在每次换组后，鼓励学生尽可能地提出新的想法。

教师还可以将学生按照对同一主题的不同观点进行分类，每一张桌子代表一类观点，学生需要去不同的桌子与代表该观点的组长进行交流，以产生更多新的想法。

工具 39 ▶ Think-Pair-Share

工具是什么？

Think-Pair-Share 是促进全班交流互动的重要工具之一。Think 表示学生独立思考，Pair 表示学生与同伴一起交流，Share 表示学生在全班进行分享。这个工具很好地体现了从个体独立思考到团队交流再到全班讨论的流程，将有质量的个体思考和合作思考结合起来。

工具什么样？

工具 39: Think-Pair-Share

如上页图所示，第一步是学生独立思考，第二步是学生与同伴进行观点的交流，第三步是学生向全班同学分享观点，并最终与全班同学达成共识。

工具如何用？

1. 提出问题

教师提出待讨论分享的问题，比如"现有的学校市集按照目前的运营方式是否能够获益？"。

2. Think——独立思考

每个人安静地独立思考问题，提出观点，并列出支持这个观点的理由。

3. Pair——配对讨论

找到同伴，通常是同桌两人进行配对，或者是前后桌两人，轮流分享自己的观点并展开讨论，记录彼此之间相同的观点是什么，不同的观点是什么，形成共识与区别。

4. Share——分享

与全班所有人分享两两讨论后的共识与区别，在全班进行交流讨论，最终达成共识。

工具用在哪里？

在项目进展中，有时候会遇到一些较有难度的问题，或是对某个问题无法达成共识的情形，这个时候，教师可以使用这一工具来组织全班进行有效的探讨，先让学生对问题进行充分的个人思考，之后在同伴交流过程中可以匹配知识与能力建构中的思维导图工具，来帮助学生梳理不同观点的异同。

这个工具还可以用于帮助学生深化对某一核心概念的理解，比如对"立方体"这个概念的学习，教师可以借助这个工具，先给 2 分钟时间让学生独立思考，再进行 3 分钟的同伴交流，然后进行全班分享。

工具 40 ▶ 鱼缸式讨论法

⚙️ 工具是什么？

当一些学生有观点，可以参与交流和讨论，而另一些学生暂时还没有想法，即学生之间差异比较大时，应该怎么办？我们的课堂往往是大班额，讨论的时候教师只能关注部分学生，应该让另外的学生做什么才能保证全班学生的讨论效果？如果你也有这个苦恼，那么，鱼缸式讨论法可能可以帮你打开思路。鱼缸式讨论法是一种独特的讨论工具，它将讨论与观察结合在一起，将参与讨论的学生比作鱼缸里的"鱼"，并在鱼缸外增加了观察讨论的"观察者"，因此被称为鱼缸式讨论法。

⚙️ 工具什么样？

工具 40：鱼缸式讨论法

鱼缸式讨论法是将学生分成两部分，一部分是上图中间的学生，充当鱼缸中的"鱼"，他们围绕问题展开讨论；另一部分是上图外围的学生，充当鱼缸外的"观察者"，他们对讨论者进行观察、记录与反思。

🛠 工具如何用？

1. 教师分组

教师将学生分成两组，一组学生当鱼缸中的"鱼"，一组学生当鱼缸外的"观察者"，人数自定，不需要两组人数相同。

2. 进行鱼缸讨论

第一组学生先围在一起讨论，充当"鱼"的角色。第二组学生围在第一组学生外，充当"观察者"的角色，每人手拿纸笔，记录"鱼"讨论的观点。一段时间后，学生二次选择是当"鱼"还是"观察者"（两组人数不需要相同，所以学生既可以选择继续当上一轮相同的角色，也可以选择更换角色），然后继续进行鱼缸讨论。

3. 分享交流

结束后，小组整理观点，进行全班分享。

🛠 工具用在哪里？

这一工具通过增加"观察者"，来给"鱼"在讨论时施加一定的"压力"，让他们必须主动思考、参与讨论。同时因为把记录的任务"分"给了外围的"观察者"，参与讨论的学生可以专心进行讨论，使得交流更加深入。

这个工具不仅可以在全班范围使用，还可以在小组范围使用，比如把全班分成偶数组，每两组组成一对来使用该工具。"观察者"在观察的时候，除了记录观点，也可以观察"鱼"讨论的规则、方法及分工等。

这个工具还给了学生选择权，让学生可以选择当"鱼"或是"观察者"，或是连续当同一种角色。这个工具也可以提供给暂时不想参与讨论的学生更多观摩同伴学习与讨论的机会，不需要进行严格的角色交换。

工具 41 ▶ 四角课堂

🛠 工具是什么？

四角课堂是将教室划分为四个区域，每个区域都会有一名学生扮演的"导师"，其余学生根据自己的学情，主动去往不同的区域，找"导师"进行交流与讨论。除了学生与"导师"，这个工具中还有"项目侦察员"的角色，其主要职责是将游离在学习之外的学生"抓"回到学习中，让他们参与其中。

要想成为"导师"，学生需要在前期对这个问题有更深入的探究与理解，并能将自己的所知有理有据地表达出来，不仅自己知道，还要让大家都听明白。这种方法能激发学生的学习兴趣，有助于教师落实核心知识的教学，促进学生的倾听能力、表达能力及批判性思维的发展。这个项目对扮演"导师"的学生要求比较高，更适用于高年段。

工具什么样？

工具41：四角课堂

导师1　　　　　　　　　导师2

项目侦察员2　　项目侦察员1

导师3　　　　　　　　　导师4

四角课堂的四个角落都会有一位或者几位"导师"，负责讲解该角落存在的问题，还会有几位学生担任"项目侦察员"，负责帮助那些不在状态、不认真听讲的学生快速参与其中。

🛠 工具如何用？

1. 准备阶段

教师将教室分为四个区域，每个区域有一类与项目相关的问题，在学生自主探究的过程中，选出对这些问题有较好想法的学生成为"导师"，让这些"导师"站在相应的区域答疑解惑。每个区域的"导师"可以不止一位。

2. 实施阶段

"导师"在各个区域准备就绪后，全班学生开始走动起来，去到自己还不清楚的问题区域寻求"导师"的帮助。学生可以向"导师"提出自己的困惑，也可以与"导师"进行讨论与交流。

在四角课堂实施的过程中，教师还可以邀请学生担任"项目侦察员"。"项目侦察员"需要准备一些相关的问题，如果遇到不认真听"导师"解惑的学生，或者游荡在外的学生，"项目侦察员"可以向这些学生提问，若学生回答不出来，需要将他们送回相对应的区域中。

3. 收尾阶段

完成四角课堂后，"导师"对每一类问题进行总结，梳理出同学们的一些共性问题，并对这些问题进行回答。除此之外，"导师"还可以选出与自己互动最频繁的同学，作为本小组本节课的"互动之星"。

🛠 工具用在哪里？

教师在使用这一工具时，需要先了解"导师"的观点，以及他们是否能够将问题讲解清楚。教师可以先充当学生，让这些"导师"讲给自己听。

在日常教学中，四角课堂可以用于对知识点的核查，但在项目化学习中，它的使用范围可以更广泛。四角课堂的使用要避免让学生觉得只有成绩好的人才能做"导师"和"项目侦察员"，为此可以在工具使用中设置不同类型的问题。

实地项目运用

如何运用"四角课堂"让全班动起来？ ①

在六年级数学学科项目"校园地面游戏设计"中，我设计了一个学生自主活动空间之地面游戏设计招标的真实情境，从小设计图到大场地的实地绘制，项目很好地融入了几何图形的绘制、面积计算、比与比例等相关的数学学科知识。每个设计方案都要接受教师和同学的试玩体验，并最终确定。

在本项目的知识建构环节，学生通过知识的迁移和类比，学习比和比例的概念与基本性质，构建思维导图。为了体现学生的主体作用，给学生充足的思考探索空间，一开始我完全放手让学生自主学习，但很快遇到了问题。例如，各小组在推进过程中，总有部分学生无法深入理解比和比例与分数两部分内容在概念和性质上的"异"与"同"。同时，由于是采用学生自学与小组讨论的形式，每个学生对概念的理解程度也都不一致，对很多知识点的理解存疑。

同时，在项目实施过程中，我在课堂的组织结构上还发现了以下问题：

- 与传统课堂相比，学生自主探究的空间变大，但课堂变得无法掌控。
- 生生互助可以促进知识的生成与建构，但是教师无法了解每个学生的知识掌握情况。
- 每组总会有学生游离在学习之外。

通过引入四角课堂的学习方式，以上问题都得到了较好的解决。

教师在学生自学、小组讨论的过程中梳理出学生在学习过程中遇到的障碍。在"校园地面游戏设计"项目的推进中，学生面临的主要学习障碍有：

- 为什么要化最简整数比？如何化最简整数比？
- 分数、比和比值的区别是什么？
- 比的基本性质我都懂，可是三连比我就是化不对怎么办？

为此，教师邀请各小组中新知识掌握得比较透彻的三名学生作为"导师"，分别在教室的三个角落开设答疑课堂，而教师本人则负责解决学生在余下知识点上存在的问题。学生根据自己的知识掌握情况，分别前往不同的地点进行讨论问答，

---

① 本案例来自上海师范大学附属第二实验学校归静彦老师设计的数学学科项目"校园地面游戏设计"，实施者是归静彦。本案例执笔人：归静彦。

提出困惑，解决自己在学习过程中产生的问题。

但此时又暴露了一个新的问题，教师驻守在一个角落的时候，课堂秩序由谁来掌控？学生知识掌握情况又由谁来评价？一定会有学生在这个情况下游离于课堂之外，对此采用了设置"项目侦察员"的形式。教师邀请知识掌握得比较清晰的学生担任这一职位，负责侦察、测试、"护航"三大任务，即侦察每个学生在活动中的表现情况，测试游离者的知识掌握程度，一旦发现有些学生对一些概念未能理解或说不清楚，立即将其"护航"到教室内对应的四个角落中"回炉重造"。

由此，课堂秩序得到了保障，学生也能够在自主学习、自主探究的文化氛围中做好知识建构。

案例评析

使用工具值得肯定的地方

教师运用四角课堂可以让学生围绕知识学习快速动起来。在上述案例中，教师首先根据学生的真实情况，梳理出了三个共性问题，然后从学生中挑选出对知识掌握比较透彻的学生充当其中三个角落的"导师"，而教师自己则在第四个角落为学生解决其他存疑的问题。这样的设计可以让全班学生都能在工具运用中解决问题。同时对于"导师"的条件，除了要清晰掌握知识点外，"导师"还需要具备清楚地讲解知识点的能力，如果只是自己清楚但是不会讲解的学生可能还不具备担任"导师"的条件。

此外，教师还为"项目侦察员"设计了一系列的测试题，这也确保了"项目侦察员"看到"游离"的学生时可以对他们进行测试，而且也可以通过测试题让"项目侦察员"了解到学生具体是哪个知识点还未掌握，应该被"护航"至哪个角落，通过评价来促进学生的学习。

线上同类项目的工具处理

当教师想要在线上使用四角课堂时，可以结合不同的会议室和线上共享文档一起使用。首先，教师可以用每个角落的关键问题作为线上会议室的名称，让学生清晰地知道这个会议室是解决什么问题的；其次，教师可以为每个会议室建立一个共享文档，让学生进行签到打卡，也便于每个会议室的"导师"记录答疑过程中发现的问题；最后，所有没有疑问的学生可以回到"教室"会议室，这里由"项目侦察员"管理，回到"教室"的学生需要通过"项目侦察员"的测试，如果没有通过，则需要继续回到相应的会议室学习。侦察员也可以借助共享文档把学生的情况记录下来，这样在最后阶段，全班可以运用共享文档来进行反思与交流。

4.5 如何让全班学生的意见快速可视化？

项目化学习中学生常常会有意见不一致的时候，如果想要迅速了解学生对这些问题的意见和观点，应该怎么办？借助以下这些工具，不仅可以清晰地将学生的思维可视化，还可以为做决策提供有效依据。

工具 42 ▶ 可视化课堂意见调查

工具是什么？

可视化课堂意见调查是在学生意见不一致时迅速帮助教师了解全班学生对问题/主题/观点等的意见的一种工具。这一工具将教室分成不同的区域，每块区域代表不同的意见，然后让学生选择站在自己意见所在区域。

在需要做出决策的项目中可以经常用到这一工具,例如,学生需要决策确定最想展出的展品、最想采纳的方案等。在这一工具的使用过程中,不仅要让学生表明自己的意见,还需要让学生阐述提出意见的理由。相比于传统的举手表决想法,它会让学生通过亲身参与,直观呈现自己的想法。

⚙ 工具什么样?

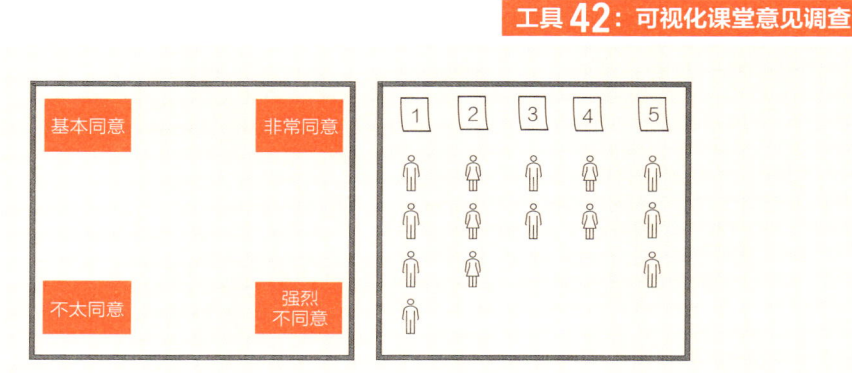

工具 42:可视化课堂意见调查

形式 1　　　　　　　形式 2

该工具有两种常见的形式。

形式 1:将教室分为若干部分,每一部分代表一种观点或意见。以四个部分为例,在教室的四个角落分别贴有不同意见的标签(如上左图),可以可视化地呈现学生的选择。

形式 2:让学生对观点或者主题的同意程度进行排队。比如"非常同意"是 5,"非常不同意"是 1,大家可以按照自己同意的程度,在相应的位置进行站队(如上右图)。

⚙ 工具如何用?

1. 分区域 / 等级

教师将对某一观点的意见分为不同程度。比如,在教室的四个角落处分别贴有"非常同意""基本同意""不太同意"和"强烈不同意"的标签。

2. 做选择

全班学生站起来，快速站在体现自己的意见程度的角落。

3. 讲理由

同一角落的学生先内部交流自己选择的理由，大家达成共识并选出最重要的三点理由；各角落学生依次在全班分享他们选择该意见程度的理由。

4. 做决策

根据每个角落的人数及理由进行最终决策。

工具用在哪里？

当教师想要活跃课堂气氛或让学生动起来，可以使用这一工具。教师在使用该工具时需要确保教室的空间足够大，能够保证学生可以活动起来。对于教室的区域划分与分布，可以灵活调整，不局限于4个，也不一定分布在角落。在分享站位理由的过程中，可以允许学生走动，如果被其他意见区域的学生说服了，那么学生可以由原来的意见区域走向新的意见区域。

工具 43 ▶ 拔河

工具是什么？

如果说可视化课堂意见调查可以进行多个主题的意见呈现与决策，那么拔河就只适用于两个主题/选项/观点等的决策。拔河是将两个不同的主题/选项/观点分别呈现在"绳子"的两头，中间用"绳子"连接，让学生说出选择其中一个主题/选项/观点的理由，最终根据理由的数量或说服力来决定选择哪一主题/选项/观点的工具。因为形式很像是在拔河，所以被称为"拔河"。当全班学生面对两难抉择，不知道如何决策时可以使用这一工具。该工具可以清晰地将学生对支持和反对两个主题的理由可视化，根据最终呈现的理由，学生再进行决策。

学生如果要说服同学选择自己支持的主题，那么就需要通过探究与查找资料找到支持自己主题的强有力的证据，而且越多越好；同时，学生还需要辩证地去寻找不选择另一主题的证据。即学生除了呈现支持的理由，还需要寻找能够反驳对方的证据。这个工具能够综合锻炼学生的信息搜集、决策、交流与表达、批判性思维等能力。

工具什么样？

工具43：拔河

| 决策主题1 | 强有力的支持/反对理由 | 较弱的支持/反对理由 | 次弱的支持/反对理由 | 次弱的支持/反对理由 | 较弱的支持/反对理由 | 强有力的支持/反对理由 | 决策主题2 |

中间的长线代表"绳子"，需要做决策的两个主题分别位于"绳子"的两端。学生选择自己更支持的主题，然后进行分组。比如选择决策主题1的学生需要在课后搜集支持它的理由与证据，以及反对决策主题2的理由与证据。

在使用该工具时，学生还需要将证据按一定的顺序放在相应的位置上，比如强有力的支持理由，应当最大，以此来表现"力气大"，较弱的支持理由，则应该较小。

最后学生根据绳子上的证据数量以及位置来进行决策。

工具如何用？

1. 准备"绳子"

教师把难以决策的两个主题/选项/观点等（任何需要权衡选择的两个内容均可）列在黑板的两端，中间用一条线连接，即拔河的"绳子"，并标注两个主题/选项/观点等的中心点。每个学生思考他们选择其中一个主题/选项/观点等的理由，以及反对另一主题/选项/观点等的理由，并将它们都写在便利贴上。教师将全班学生根据选择分为两大组，学生在小组内分享自己支持和反对的理由，达成小组内的共识。

2. 拔河"队员"，进行"拔河"

每组按顺序，先在支持主题/选项/观点等一侧的"绳子"上方张贴自己支持的理由，然后在反对主题／选项／观点等一侧的"绳子"下方张贴自己反对的理由。每次贴完一张反对的便利贴，支持该主题／选项／观点等小组的成员可以进行反驳或解释，如果回答获得同学们的一致认可，则可以把这条反对理由取下来。

3. 查看"拔河"结果

最后根据绳子两侧便利贴的数量，以及它们的位置，进行分析与决策。

工具用在哪里？

教师在使用这一工具时，需要注意以下几点：（1）在学生独立思考时，应该确保学生有足够的时间，并让学生把自己的思考结果写在便利贴上，也可以让学生利用课后的时间进行充分的资料搜集；（2）在小组讨论时，教师应引导学生分析整理组内的观点，如果有相同的理由，可以合并或删去重复的内容，尽可能多地呈现不同角度的理由；（3）在张贴便利贴时，教师应明确张贴便利贴的规则：说服力较强的证据贴在靠近主题／选项／观点等的地方，说服力较弱的证据贴在靠近绳子中心点的位置。如果学生贴错位置，或者不知道应贴在哪里，教师要及时给予帮助。

拔河这一工具也可以简化使用，比如在课堂上，如果学生对两个主题／选项／观点等无法做出决策时，教师可以准备一根布条充当绳子，快速组织大家进行"拔河"，轮流让双方的学生进行观点分享，直到一组没有新的想法为止。

实地项目运用

如何运用"可视化课堂意见调查"组织全班做决策？[①]

本案例中的项目面向的是刚升入初中的初一学生。为了激励学生主动学习，也为了让学生家长对学生的学习有信心，本项目结合条形统计图的特点，将驱动

[①] 本案例来自本书作者团队提供的项目工具，郑州市秦岭中学赵小艳、朱大松、张趁、华晓军、刘继福、刘莹、张文亮老师应用设计的数学学科项目"数据的魔力"，实施者是赵小艳、朱大松。本案例执笔人：赵小艳、刘莹。

性问题设置为：如何做一个统计图向家长汇报你的数学学习情况，让家长对你充满信心？为了完成这个驱动性问题，学生既要用到已有知识，也要解决如下几个问题。

子问题1：选用什么样的统计图来表达数据？由此学生需要探索以下问题：（1）有几种统计图？（2）这几种统计图各有什么优缺点？（3）如何选择一个合适的统计图？子问题2：利用所学数学知识说明相同数据的不同表达会有怎样不同的效果。由此也衍生出两个问题：（1）能够产生此效果的原因是什么？（2）要达到这种效果，应该如何制作统计图？

在这个项目中，面对统计图，不同的学生会有不同的情绪变化。数学成绩较好的学生面对这些统计图很容易获得信心，也很可能让家长充满信心。而中等生或成绩不太好的学生，他们做出的统计图看上去并不那么能够激励人心。因此，在真实问题的驱动下，学生自然有这样的意愿，思考怎样的统计图才能激励自己，同时提高父母对自己数学学习的信心。

为了解决这个问题，我们使用了可视化课堂意见调查。首先由学生和教师一起列出可能影响统计图呈现效果的所有因素，如统计图各要素的完整度、构图的美观度、解读的完整性和全面性以及对读者的说服力，写在黑板上并标出1、2、3……，然后在教室的四个角落贴上"非常同意""基本同意""不太同意"和"强烈不同意"，让全班同学一一对所列举的影响因素进行选择，并站在所选程度对应的角落。在进行每个因素的意见调查时，邀请四个角落的学生分别分享他们选择的理由，最后根据每个意见的所选人数以及理由进行决策。最终我们决定从统计图的完整度，统计图的设计能良好地呈现自己的数学优势，解读数据的完整性、全面性和对大家的说服力等维度来设计统计图。

中等生或成绩不太好的学生最让教师和家长担心，他们如何制作统计图才能传递出数学学习信心呢？下页图是一名成绩中等学生的成果作品，学生用铅笔、红笔做出来这样一幅创意十足的图，起名"红红火火"。基于上述讨论的要点可见：(1)统计图各要素完整，横轴表示每一次的考试时间，纵轴代表成绩；(2)统计图的设计很巧妙：横轴宽度适宜，条形之间有相同间隔，非常清晰；纵轴刻度选择从0开始，每格为10分，使得整个条形图更准确、更美观，如果将纵轴起点刻度设为50或60分，或者将纵轴每格设为20分，都达不到目前准确又美观的效果；把纵轴100分这一刻度去掉了，弱化了和满分的差距，好像快接

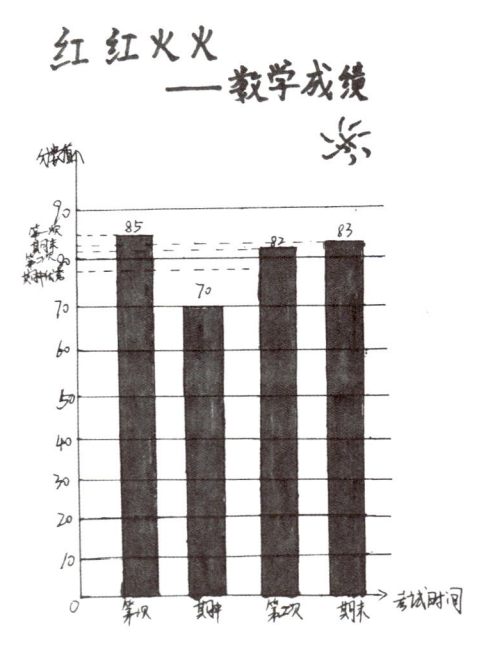

学生自己绘制的成绩统计图

近满分了，给学生无限动力。

使用这个工具选出的最佳效果图在全班得到了高度认可，其中标准的制订也集中了全体师生的智慧，使标准更科学、严谨、全面，同时也活跃了课堂学习氛围，提高了学生的课堂参与度，使项目在实施过程中遇到的问题得到了解决。但同时在项目实施过程中，会存在少部分学生因没有更好的理由来说服大家而在意见选择时随波逐流的问题，这是今后在使用本工具时需要改进的地方。

案例评析

使用工具的注意点

在上述案例中，教师运用"可视化课堂意见调查"组织全班学生对什么是最佳效果图进行决策。教师并不是简单地让学生选择意见程度，还组织选择不同角落的学生分享自己的理由，这样可以挖掘学生决策背后的思考。除此之外，教师还可以进行以下两点改变：第一，在每个学生分享完意见选择的理由之后，让学生再次进行选择，这样也可以看出学生是否会因为一些理由而改变自己的决策；第二，让改变自己想法的学生谈一谈改变的理由，这样的交流可以让学生充分思考决策背后的原因，也会让学生的思维可视化，同时也方便教师了解全班学生的决策选择与决策变动的原因。

同类项目的迁移

除了合作探究阶段，可视化课堂意见调查也适用于其他各个阶段。比如在入项阶段，让学生运用这一工具选择合适的驱动性问题；在知识与能力建构阶段，让学生运用这一工具统一意见；在形成与修订成果阶段，让学生运用这一工具对成果进行决策……。这一工具简单、方便、易上手，教师可以在项目中多次使用。但是，在使用过程中可以让学生不仅仅是简单地做选择，还需要呈现这样选择的理由。在最终的反思阶段，教师可以让学生思考每一次做选择的理由都是从哪些角度进行考虑的，随着项目的推进，做选择的理由是否发生了转变。

5

形成与修订成果工具

"如何将学生前期探究后产生的阶段成果都收集起来,为最终的成果做准备?"

"如何让学生快速回忆前期探究的内容来形成成果?"

"改来改去,学生迭代后的成果与最初的成果相比还是没有明显进步,怎么办?"

面对学生形成的成果,你是不是也有类似的困扰?成果修订的过程需要让学生经历总结和反思,不断产生新的创意,明确改进的方向,制订下一步的行动方案。好的成果不是一次就形成的,它需要让学生基于前期的探索,经历多次的完善与修订后逐渐形成。本部分介绍的工具旨在介绍如何快速形成成果概要,如何支持学生评价与修订成果。

5.1 如何快速形成成果概要？

项目化学习的特点之一是让学生形成指向驱动性问题的项目成果。在项目进入成果制作阶段时，教师可以使用成果日志等能够快速形成成果概要的工具来帮助学生汇聚观点，形成阶段性成果。

工具 44 ▶ 成果日志

工具是什么？

成果日志是让学生记录成果进展、形成阶段性成果的工具。它可以用在每天或每周的项目化学习课程结束后，让学生记录在该阶段形成了哪些成果或成果的哪些部分。通过成果日志，学生和教师可以清晰地看出每天或者每周完成的内容是什么，将成果日志看作每阶段的"成功标志"。在最终成果制作的阶段，学生也可以通过快速翻看成果日志来回忆每阶段探究的内容与结果，帮助制作最终成果。

工具什么样？

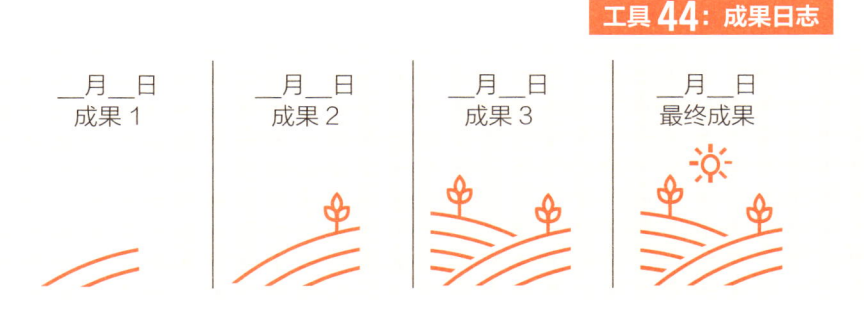

工具 44：成果日志

__月__日 成果1	__月__日 成果2	__月__日 成果3	__月__日 最终成果

成果日志不是一张单独的学习单，而是一组学习单。它可以用于收集前期探索阶段的阶段性成果，以及记录成果的形成过程。比如在完成图例中的画作时，学生可以把每日的进程记录在成果日志中，第一天画了什么、完成了哪些内容，第二天又画了什么、完成了哪些内容……，直到画作完成。可以用活页夹进行日志的收集。

工具如何用？

1. 明确项目成果

学生需要明确最终的成果是什么，每天 / 每周 / 每阶段要形成的成果是什么。

2. 记录成果日志

学生根据探索的结果，将形成的成果都及时记录在日志上；记录完毕后由组长或者个人保管。

3. 翻看日志进行最终成果制作

在最终成果制作阶段，先请全组学生回看成果日志，回忆前期探索的内容，然后制作最终成果。

工具用在哪里？

这个工具的主要目的是记录学生前期探究的进展以及形成的阶段性成果。当有人质疑"学生到底在项目中学到了什么"时，我们就可以用成果日志来展现学生迭代的思考。

对于文本类或图画类成果，比如海报、剧本、漫画等，可以将每天完成的内容放在活页夹中，并在封面记录日期及成果概要；对于设计制作类成果，因为成果都比较立体，所以学生无法在日志中保存，但是学生可以将前期的草图与中期的修改图都放在活页夹中。在最后的制作阶段，学生则可以将完成的成果用标签的形式贴在活页夹中，或者直接用文字记录，从而形成成果日志。

工具 45 ▶ 三步成果概要

⚙️ 工具是什么？

三步成果概要是让学生快速形成对成果的初步想法。第一步让学生回顾前期探究的内容，并写下对成果的初步构想；第二步是小组交流每个人的初步构想，并结合思维导图形成小组对成果的构想；第三步是小组根据最终形成的构想撰写提纲，完成成果的初步制作。这个工具让学生在形成与制作成果前，先思考，落笔形成方案，而不是急于动手。

比如学生在参观完博物馆后要形成小组展厅的设计，可以运用三步成果概要。第一步，先自行书写应该如何设计；第二步，小组内分享交流，并有效运用思维导图将小组成员的想法可视化，形成框架；第三步，在思维导图之间建立联系，撰写每组展厅的设计提纲，配上相应的草图。

通过三步成果概要工具的使用，学生可以有计划、多角度地对成果进行思考，从而产生更具创造力与更高质量的成果。

⚙️ 工具什么样？

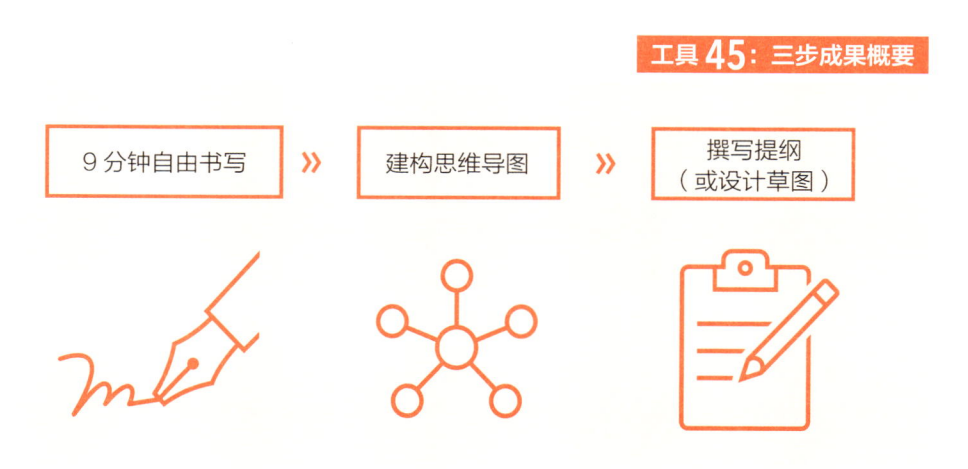

工具 45：三步成果概要

9 分钟自由书写 » 建构思维导图 » 撰写提纲（或设计草图）

如上图所示，三步成果概要分为三个步骤，先让学生进行独立思考，然后进行小组分享，理出结构，最后根据结构撰写提纲或设计草图。

工具如何用？

1. 9分钟自由书写

设置倒计时 9 分钟，让全组学生针对项目最终成果进行头脑风暴，自由书写任何想法直至时间到。这个过程请学生放松并想出尽可能多的主意，自由书写能有效地激发大脑思考。

2. 建构思维导图

项目小组选择合适的思维工具（可以结合本书知识与能力建构部分的思维工具）将各个想法可视化地连接起来。操作时，将项目最终的成果写在最中间，然后向外扩散并将所有想法串联起来，标出所有能想到的联系。

3. 撰写提纲或设计草图

项目小组将纸上的不同想法按照先后顺序或逻辑次序进行排列，完成成果概要内容。

工具用在哪里？

这一工具对学生的要求比较高，建议在高年级使用。教师在使用这一工具前，需要让学生明确该工具的具体使用规则，如果学生还不知道什么是思维导图，教师应该提前介绍思维导图工具，然后再使用该工具。

对于低年级的学生，教师可以简化使用。比如第二步可以不使用思维导图，而是让学生对第一步中产生的想法进行分析与归类，去掉重复的想法，将同类的想法归在一起。

除此之外，第一步中的 9 分钟也可以根据项目的难易程度进行调整，最后一步的撰写提纲，也可以根据具体的成果形式进行调整，比如改成设计草图。

这个工具还可以用在成果日志工具使用之后，在学生进行自由书写前，先快速浏览之前的成果日志，然后再进行三步成果概要工具的使用。

实地项目运用

如何用"三步成果概要"让学生快速厘清车棚方案设计？[1]

随着我校教师数量逐年增多，电动车存放点已经不能满足我校停车的需求，在校园里设计新的电动车棚成为亟待解决的问题。基于此，我校设计了数学学科项目"小小设计师——车棚在哪里"。本项目以"如何为教师的电动车在学校设计合适的家？"为驱动性问题，让学生通过测量、估测、调查等方法，形成具有说服力的观点，并完成本组具有可行性的车棚设计方案。经过项目前期调研，学生对于车棚的选址、大小、结构，电动车数量，搭建车棚的材料，校园人流量及停车路径等相关问题的数据都有了详细的调查与记录。在形成最终的方案前，教师运用三步成果概要工具帮助学生快速形成车棚设计方案的成果概要。

1. 9 分钟自由书写

学生在 9 分钟的时间里，针对"为了形成本组的车棚设计方案，我们需要考虑哪些问题？"这一话题进行自由书写。大部分学生能够提出有价值的想法：阐述车棚选址时要配上校园里的人流图以及文字说明；要突出方案的亮点；方案中应说明充电桩数量。在这个过程中教师不进行干预，只需要巡视学生的书写过程，了解学生的想法，关注学生在形成车棚设计方案过程中是否有遗漏的要素。

2. 共创思维导图

自由书写之后，教师组织每组学生进行头脑风暴，各个小组成员交流自己的观点并进行汇总。此时，教师进入各组进行点拨，给出建议，帮助小组完善想法。在此基础上，小组将这些观点以思维导图的形式呈现出来。经过分析和整理，学生的观点可归为以下几类：方案的呈现方式（演示文稿展示、文字报告、视频播放、学生讲解、绘图与文字说明等）；方案应包含的内容（选址、选材、充电桩数量、车棚布局等）；人员分配问题（视频制作、文案撰写、绘图等相关负责人）。这是一个帮助学生将分散的想法梳理成较为完整的立体思路的过程。

---

[1] 本案例来自本书作者团队提供的项目工具，郑州市中原区建设路小学吴楠、荆琦、朱英楠老师应用设计的数学学科项目"小小设计师——车棚在哪里"，实施者是吴楠、荆琦、朱英楠。本案例执笔人：吴楠。

3. 撰写提纲

撰写提纲是将思路具体化的过程。在学生撰写提纲的过程中，我们发现每个小组的侧重点和呈现方式都有所不同。有的小组侧重于用路线图的方式来呈现车棚的内部运转方式，有的小组将重点放在车棚的结构设计，有的小组侧重于车棚的安全性，有的小组侧重于车棚的外形美观，有的小组还考虑到了车棚建造的成本。下图这一小组撰写的提纲，包含了选址说明、数据的调查与分析、车棚平面图的设计等。

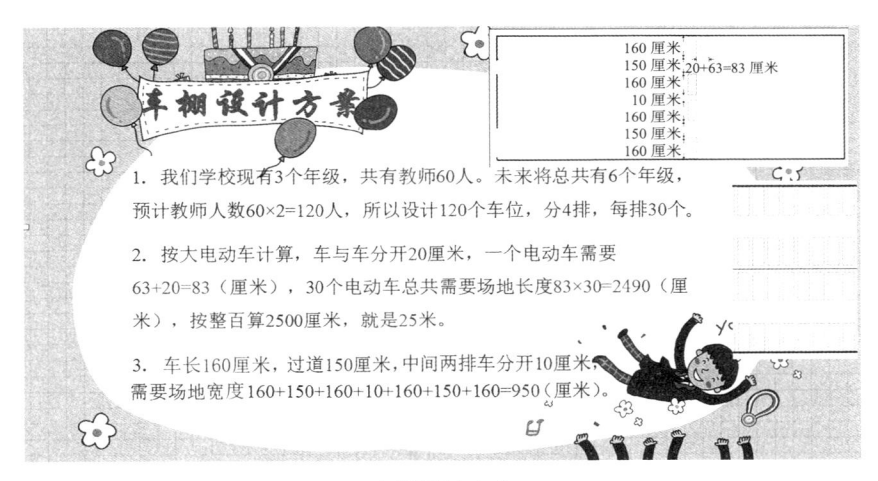

车棚设计方案

1. 我们学校现有3个年级，共有教师60人。未来将总共有6个年级，预计教师人数60×2=120人，所以设计120个车位，分4排，每排30个。

2. 按大电动车计算，车与车分开20厘米，一个电动车需要63+20=83（厘米），30个电动车总共需要场地长度83×30=2490（厘米），按整百算2500厘米，就是25米。

3. 车长160厘米，过道150厘米，中间两排车分开10厘米，需要场地宽度160+150+160+10+160+150+160=950（厘米）。

160 厘米
150 厘米 20+63=83 厘米
160 厘米
10 厘米
160 厘米
150 厘米
160 厘米

车棚设计方案

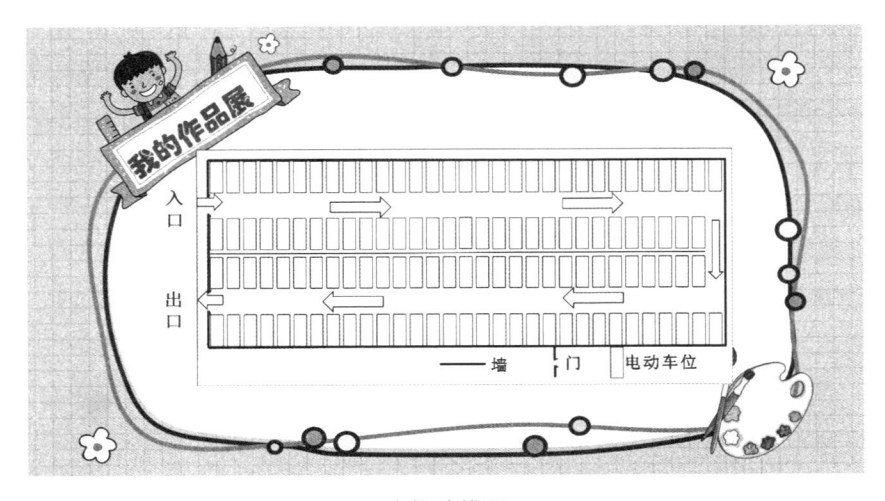

车棚路线图

通过应用该工具，学生快速找到项目的实施路径及建构成果基本模型，以撰写提纲的方式剖析项目开展思路，有效地推进了项目进程，形成了成果初步概览。

案例评析

为什么使用这个工具

上述案例中，学生在前期已经经历了一定的探究，如何让学生建立起探究与成果之间的联系呢？教师使用了三步成果概要这一学习工具来帮学生快速厘清车棚方案的设计思路。

很多时候学生在制作成果时会急于动手，而忽略了以往的探究基础。在这个案例中，当教师第一次让学生进行车棚方案设计时，有些小组就忽略了很多前期探究的内容，有些小组不知道应该如何将前期探究的内容整合在方案中。在这种情况下，教师就使用了这一学习工具帮助学生建立起前期探究与成果制作之间的联系，通过9分钟的自由书写和思维导图的建构帮助学生快速建立起设计车棚方案的提纲。

工具的深化迭代

在学生制订出最终车棚方案的框架后，如果教师发现学生的思路比较雷同，没有产生创造性的成果框架，教师可以尝试以下做法。提供一些新鲜、有创意、让人眼前一亮的样例，让学生观察它们并鼓励学生进行与众不同的思考；让学生针对每一部分提出更多的表现形式或者创意想法，然后组织学生对比这些不同的表现形式和创意想法的优缺点。这两种方法都可以拓宽学生的视角，让学生在制作成果时进行创造性思考。

在项目化学习中，有一类项目像上述项目一样，成果是固定的，就是让学生设计车棚制作的方案。面对这一类项目，运用该工具的重点是引导学生对成果框架中的细节进行优化和丰富。此外，还有一类项目，其成果是不确定的，学生在解决问题的过程中可以产生各种类型的成果，此时运用该工具的重点是关注学生产生成果的方向，鼓励学生产生富有创造性的成果。

5.2 如何支持学生评论修订成果？

项目化学习的最终成果不是一次性形成的。要想形成高质量的成果，需要学生自己和同伴不断对成果展开评论、修订与完善，而这种优化迭代成果的过程，也是学生不断反思、不断深化对核心知识理解的过程。在此阶段，教师可以提供支持学生提升创造性思维、批判性思维能力的工具，打开学生修订成果的思路。

工具 46 ▶ 奔驰法（SCAMPER）

工具是什么？

当学生不知道应该如何对自己和他人的成果进行评论与修订时，可以使用奔驰法。奔驰法是由美国心理学家罗伯特·艾伯尔（Robert F. Eberle）（1996）创作的工具表。

这个工具可以激发出学生更多新的构想。如在搭建桥的项目中，学生可以使用奔驰法来思考：已经搭建好的模型桥中的哪些部分可以替换成别的？还有哪些部分可以进行组合？哪些部分的颜色可以改变？……学生借助这个工具可以对模型桥进行修改与迭代，从而形成高质量的桥。

🛠 工具什么样？

工具 46：奔驰法（SCAMPER）

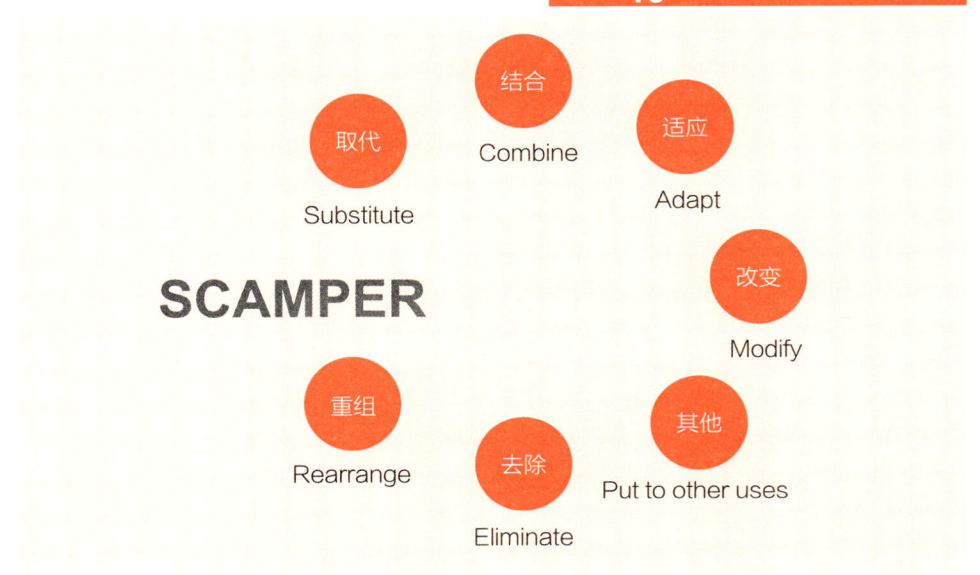

- 取代 Substitute
- 结合 Combine
- 适应 Adapt
- 改变 Modify
- 其他 Put to other uses
- 去除 Eliminate
- 重组 Rearrange

SCAMPER

奔驰法提供了 7 种不同的角度，每一种角度的首字母合起来构成 SCAMPER，因此称为奔驰法。学生可以根据这 7 种不同的角度来思考自己的成果是否可以进行修订与迭代。

1. 取代（Substitute, S）：成果中的什么内容可以被"取代"？
2. 结合（Combine, C）：成果还可以与何物"结合"而成为一体？
3. 适应（Adapt, A）：成果是否能"适应"，是否需要"调整"？
4. 改变（Modify, M）：成果是否可以改变原物的某些特质，如意义、颜色、声音、形式等？
5. 其他（Put to other uses, P）：成果是否可以有"其他"非传统的用途？
6. 去除（Eliminate, E）：成果中的内容是否可以"去除"？或者是否可以浓缩、精致？
7. 重组（Rearrange, R）：是否可以重组成果的各个要素？

工具如何用？

1. 介绍规则
教师介绍奔驰法的规则，确保学生了解每一个字母所代表的含义。

2. 运用奔驰法进行思考
学生根据奔驰法中的 7 个角度，对个人成果进行思考与迭代，也可以小组讨论对团队成果进行不同方向的迭代。

3. 讨论修改方向
小组集中讨论，形成可以有效改进成果的方向。

工具用在哪里？

教师在使用这一工具时，既可以让学生自己尝试用奔驰法迭代个人或团队成果，也可以结合旋转木马（见本书工具 47）这个工具一起使用，让学生运用奔驰法来为其他小组的成果提建议与想法。

教师在使用这一工具时，还可以进行改造，比如 M 可以改成 Magnify（放大、扩大），R 可以改成 Reverse（逆转、颠倒）。

对于低年级的学生来说，教师也可以选择其中的 2 ~ 3 个方向使用，等学生熟悉该工具后，或者随着学生年级的增长，教师提供思考角度的数量也可以增加。

工具 47 ▶ 旋转木马

工具是什么？

旋转木马适用于在有限的时间内，全班学生尽可能多地观看其他小组的成果，并留下自己的建议与想法。旋转木马是学生以小组为单位组成"小木马"，所有学生的成果都张贴在教室的空白处，可以是桌子上，也可以是墙壁上，"小木马"们先观察离自己小组最近的成果，并留下自己小组的意见，然后顺时针旋转，观察下一组的成果并留下意见。

工具什么样？

工具 47：旋转木马

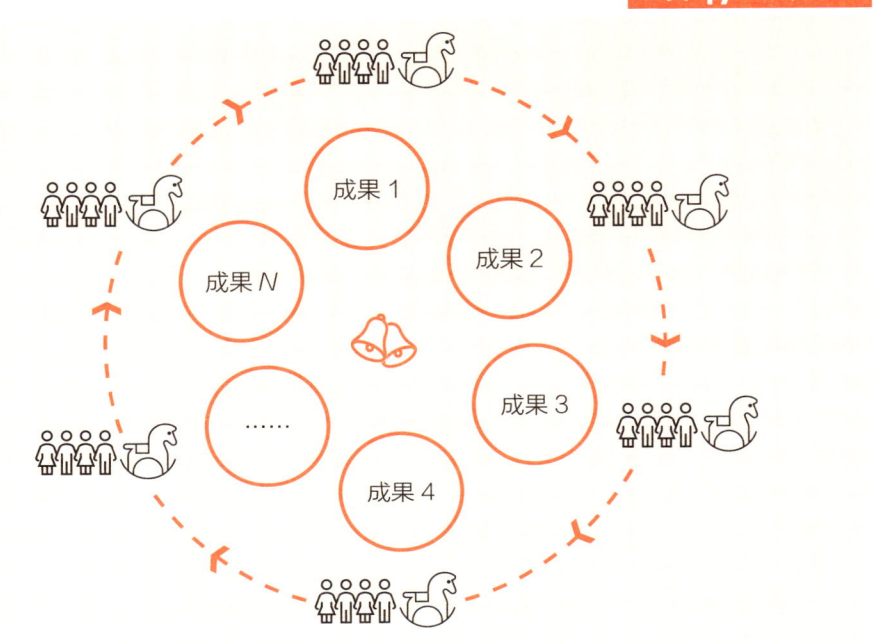

如图所示，旋转木马就是将学生的作品都呈现在教室中，然后让学生充当"小木马"进行旋转浏览，并在旋转过程中留下自己的想法。成果可以张贴在桌上、小白板上、墙壁上、窗户上等。

工具如何用？

1. **呈现成果**

将所有的成果呈现在教室内，每张成果旁边都有便签纸与马克笔。

2. **扮演"小木马"**

学生根据成果数量分成同样数量的小组，每一组就是一个"小木马"。

3. **旋转"小木马"**

刚开始每个"小木马"先观察离自己组最近的成果，将每个人的意见用马克笔写在便签纸上，贴在成果旁边；5分钟后，教师摇铃，"小木马"顺时针旋转观察下一个成果，并进行记录，以此类推，直至"小木马"们看完所有成果。

4. 查看意见

在所有"小木马"都看完全部的成果后，各小组回到自己的成果前，阅读其他同学写在便签纸上的意见或想法。

⚙ 工具用在哪里？

教师在使用旋转木马工具时，还可以匹配相应的评价标准让学生进行评价，以此促进学生修改与完善成果。

当可用时间较短时，教师可以在每个成果旁附一张评价表，学生依据评价标准在每一条旁贴星星，比如每一条评价标准满分是 5 颗星，学生在观看成果的时候，对照评价表中的每一条标准进行评价，并贴上相应的星星数。为了便于学生在"旋转木马"活动结束后，能够快速找到对自己成果进行评价的小组进行沟通与交流，教师还可以让学生在星星标签上签上自己小组的名字。

除了让学生提出建议，教师还可以引导学生发现其他小组成果中的优点。在经历一轮旋转木马后，再让学生根据其他小组对自己所提的建议和自己发现的其他小组成果的优点对自己的成果进行迭代，这样学生迭代后的成果会具有更高的质量。

教师在使用该工具时，除了可以将学生的成果摆放在桌上，还可以贴在墙壁、白板、走廊、窗户上，场地越大，越便于"小木马"的旋转。

工具 48 ▶ 评委角色扮演法

⚙ 工具是什么？

评委角色扮演法是将评价标准拟人化，划分后匹配相应的角色，让学生以不同的视角对成果进行提问与评价。很多时候，学生在评价他人成果时，往往只会关注成果的外表，评价的角度比较单一，发表的评论也较为浅显。有时候虽然教师提供了评价表，但是学生不会使用，或者只是比较粗浅地使用。在这种情况下，教师可以尝试将原来的评价标准转化成评委角色扮演法加以使用。

教师使用该工具，不仅可以让评价变得具有趣味性，还可以让所有学生都参与到评价中，关注重要的评价维度，也有助于学生形成高质量的成果。

🛠 工具什么样？

工具 48：评委角色扮演法

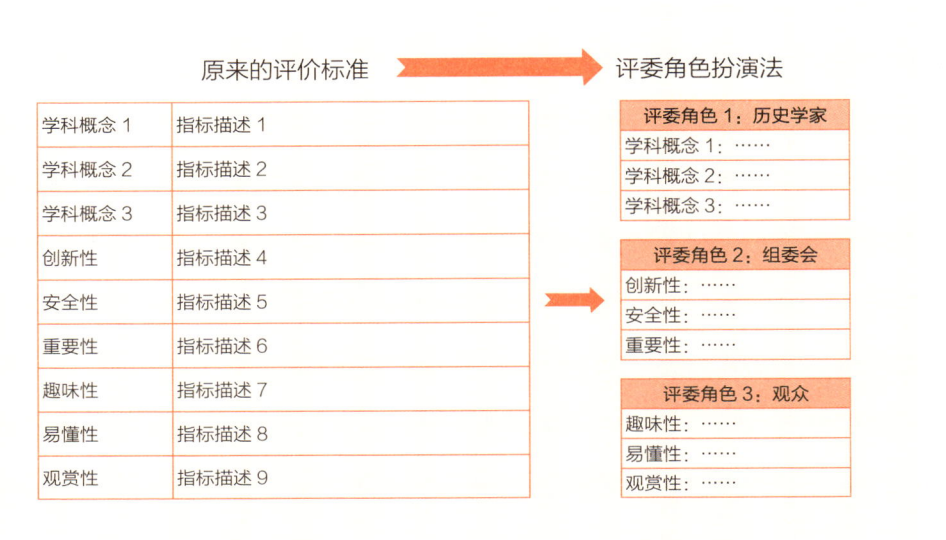

| 原来的评价标准 | | → | 评委角色扮演法 |

原来的评价标准	
学科概念 1	指标描述 1
学科概念 2	指标描述 2
学科概念 3	指标描述 3
创新性	指标描述 4
安全性	指标描述 5
重要性	指标描述 6
趣味性	指标描述 7
易懂性	指标描述 8
观赏性	指标描述 9

评委角色 1：历史学家
- 学科概念 1：……
- 学科概念 2：……
- 学科概念 3：……

评委角色 2：组委会
- 创新性：……
- 安全性：……
- 重要性：……

评委角色 3：观众
- 趣味性：……
- 易懂性：……
- 观赏性：……

上述表格以展品类项目为例，将原有的 9 类标准转化为 3 种角色，每类角色下面有 3 条标准。在展品类项目中，专家角色可以是历史学家、组委会、观众等不同的角色。

🛠 工具如何用？

1. 形成评价标准

将原来的评价标准进行分类，并确定不同角色对应的评价标准。

2. 扮演角色，熟悉评价标准

将学生分组，分别扮演不同的评委角色；带领学生阅读不同角色的评价标准，让学生熟悉自己扮演角色的主要评价维度与立场。

3. 代入角色进行评价

在其他小组展示完后，扮演评委的学生要从各自的角色出发，给出相应的评价，在评价的过程中评委可以与展示组的学生进行互动。

工具用在哪里？

教师可以在学生完善与修订成果时使用这个工具。该工具不仅可以让学生依据评价来不断完善自己的作品，还可以让评价真正发挥作用，让学生了解评价的价值，实现以评促学。教师在使用这个工具时有两个前提，一是要有具体的评价标准，二是评价标准可以划分在不同的角色下面（每一个角色下面的评价标准的数量可以不同）。如果满足了这两个条件，不妨试一试运用评委角色扮演法工具来让学生评价与修订成果。

教师在使用这一工具时需要注意的是，一定要让扮演角色的学生充分理解角色的立场和评价标准，这样才有助于学生真正地代入角色去评价。为了区分不同的角色，教师还可以设计角色卡片，或者带有角色特征的装饰物，这样也可以让学生更快地代入角色。

实地项目运用

如何用"评委角色扮演法"形成阶段方案？[1]

"会说话的毕业赠礼"项目是针对毕业年级学生的涉及美术、劳动技术和信息技术三门学科的跨学科项目，共 10 个课时。设计此项目是基于毕业季的一个真实情境——学校总会收到很多来自毕业年级学生赠送给学校的毕业礼物，以此表达自己对校园的不舍，礼物有书籍、玩偶、锦旗等。为了使我们的毕业赠礼更有意义，我设计了一个任务，让毕业年级的学生将自己的声音通过技术加工、编程等方式制作成一份有意义的毕业礼物，去改善校园文化环境。所以项目的驱动性问题是：如何把声音作为一份毕业赠礼留在母校并对校园有所帮助？它的本质问题是：如何运用设计思维来解决问题？

学生在项目中，除了要掌握一些核心概念——电路的连接与加工、编程方法

---

[1] 本案例来自上海市世外小学金天、曹晶老师设计的跨学科项目"会说话的毕业赠礼"，实施者是金天。本案例执笔人：金天。

和技巧、产品设计与包装外，更重要的是学会运用设计思维去解决问题。最后引导学生根据自己发现的问题，设计出相应的产品，且能真实地解决或改善校园中存在的问题。

如何使学生的项目成果富有创造性？教师该如何搭建指向创造性问题解决的支架？我们主要运用了评委角色扮演法来形成阶段方案。

在使用评委角色扮演法之前，我先向学生解读了评价标准，每一条标准也对应着评委角色扮演法中的每一个角色，并且介绍了"5W1H法"，引导学生从Who、When、What、Where、Why、How（谁？何时？什么？何处？为什么？如何？）这六个方面先独立思考并得出个人方案，再组织一个"方案评审会"的活动，运用评委角色扮演法作为学习支架去筛选组内的方案以得到最佳方案。

这个项目中的评委角色扮演法是在"方案评审会"这样一个情境中进行的，四组学生被分为两个大组，两个大组中其中一组为方案组，组中成员要轮流介绍自己的方案；另一组就是评审组，即当方案组成员介绍完方案后，根据自己扮演的角色以及评价标准举牌进行打分，一轮结束后，两组互换。"方案评审会"中的角色及标准如下图所示。

过程中，方案组有一名记录员，全程主持方案评审会并记录每位组员的得分。

拟音师：

评判标准	分值
☆ 留下的声音或语音不文明、充满负能量。	0
☆ 留下的声音或语音文明、充满正能量。	1
☆ 留下的声音或语音不仅文明、充满正能量，而且还有趣、具有特色。	2

执行官：

评判标准	分值
☆ 他的方案不能对改善校园起到作用。	0
☆ 他的方案能在校园中起到改善的作用。	1

环保师：

评判标准	分值
☆ 方案用到劳技课中的材料。	1
☆ 方案不仅用到劳技课中的材料，还用到了环保材料（帆布、环保吸管等）或废物利用。	2

工程师：

评判标准	分值
☆ 方案中的功能不能够用现有硬件设备制作出来。	0
☆ 方案中的功能可以用现有硬件设备制作出来。	1
☆ 方案中的功能可以用现有硬件设备制作出来，并有附加的功能。	2

设计师：

评判标准	分值
☆ 产品的外形设计简洁。	1
☆ 产品的外形设计能结合场景或声音的特色，样式新颖。	2

五个角色标准及分值

最后，根据五个角色的打分情况，筛选出分数最高、最合理的方案作为小组最终解决方案的主方案，再结合分析小组内其他组员方案中的得分点，小组讨论并形成最终解决方案。

某小组产品评审会中的方案评分记录表及讨论出的最终方案

在评委角色扮演法使用的过程中，学生的状态和积极性远远比只有小组讨论的时候强，学生真正融入到角色中，不仅会以某个角色的标准去给方案打分，更会从这个角色的角度出发去辩证地思考这个方案。所以在产品评审会上，不是只有方案组的阐述，还有评审组的疑问和建议。每个学生在评审会中既能够锻炼阐述、论证的能力，还培养了批判性思维。

案例评析

为什么使用这个工具

上述案例中的项目是一个跨学科项目，在项目实施过程中，学生需要运用专业的工程、设计等知识来进行成果的制作，因此，教师设计的方案评分记录表中，评价维度及指标都比较多，如果直接将其交给学生让学生进行评价，学生很难进行比较全面的评价。基于此，教师采用了评委角色扮演法这一学习工具，一来可以将1个包含十几条标准的评价表分割成5个每个只有2~3条标准的评价表，二来可以结合评价表赋予学生身份，让学生更加清楚地了解评价表中的内容是从哪些维度出发进行考虑的，这样也为学生之后自己设计成果评价表埋下了种子。

使用工具的注意点

需要注意的是，教师在使用这一工具前，一定要先带领学生充分理解评价标准，只有在理解了每一条评价标准后，学生才能给出客观的评分。教师在使用这一工具时，还可以让学生轮流担任不同的评委角色，这样可以让学生体验运用全部的评价标准来进行评分。教师还可以设计评委角色的名牌、头像等，放在相应的评委角色前，以此增强学生的代入感，帮助学生更好地使用这一工具。

同类项目的迁移

这一工具比较适合评价量规中评价条目比较多，且评价量规中有不同的维度（如设计思路、呈现方式等）的项目。比如在推广产品的项目中，教师可以将评价表分成"顾客""设计师""投资者"等角色来组织学生进行评价；在"申遗"项目中，教师可以将评价表分成"申遗官""民俗/文物/自然学者""历史学家"等角色来组织学生进行评价。

6 出项工具

"如何能够提高我的学生在出项中的自主性？"

"如何避免有些学生在出项中只是走走过场？"

在出项阶段产生这些困惑，可能是因为我们没有充分地策划出项。出项是学生将自己或团队在问题解决中最有价值的内容用某种让人印象深刻的方式展示给公众。出项的主体是学生，出项不仅仅是一个项目流程，更是一个学习的好机会。学生可以在出项中展示自己的成果，好的出项可以让汇报者和参观者都能获得成长。在这一阶段，重要的是通过适切的工具和支架让学生主动规划、参与学习，从而让学生真正成为出项的主体，促进学生在出项中的学习。

6.1 如何帮助学生进行出项规划？

要避免出项大多由教师或家长策划安排，我们需要提供给学生有效的出项工具，以学生为主体来完成出项规划。应由学生项目团队对出项进行全面的、整体性的思考和设计，体现学生在项目中的努力和成果。

工具 49 ▶ 出项计划图

✿ 工具是什么？

出项计划图是一种帮助学生进行出项规划的可视化工具，包含目的、形式、内容、受众、分工等维度，可以支持学生从多个层面进行出项设计。出项计划图旨在让学生明确出项目的，思考需要为出项做什么准备，将在出项中呈现什么内容，如何进行小组分工合作来实现这些内容等问题。

出项计划是小组所有成员的事，为了让每个学生都认真思考，计划中的内容应由小组成员先独立思考，再听取小组其他成员的思考，最终小组讨论形成整个小组的出项计划。

⚙ 工具什么样？

工具 49：出项计划图

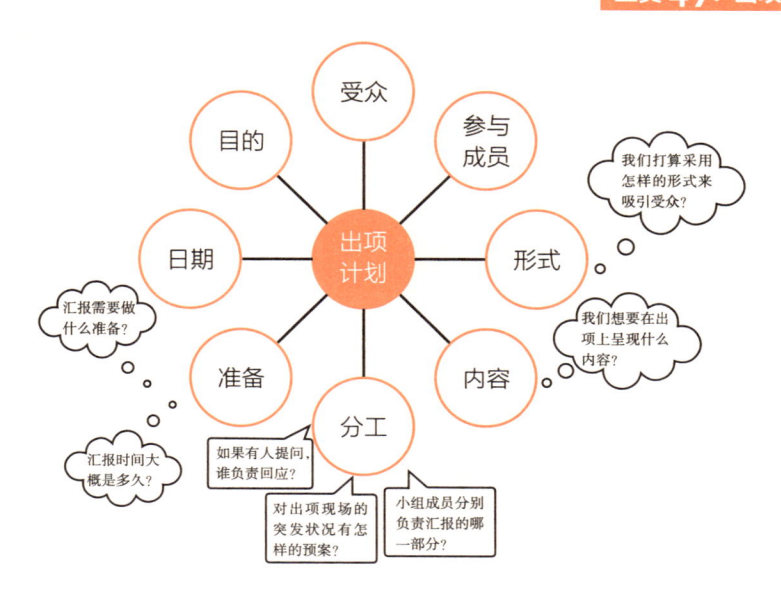

出项计划图的中心为"出项计划"，向外延伸出八个方面：目的、受众、参与成员、形式、内容、分工、准备、日期。

围绕图示的思考气泡包括：
- 我们打算采用怎样的形式来吸引受众？
- 我们想要在出项上呈现什么内容？
- 小组成员分别负责汇报的哪一部分？
- 对出项现场的突发状况有怎样的预案？
- 如果有人提问，谁负责回应？
- 汇报时间大概是多久？
- 汇报需要做什么准备？

出项计划图用图示引导学生思考，也可以转化为表格，供学生填写。
出项计划主要包括以下几部分。

- 出项基本信息：出项的日期、目的、受众，以及参与组织该出项的小组成员。
- 形式和内容：吸引受众的形式，小组希望受众在出项中了解什么内容、获得怎样的感受以及小组将在出项中做什么等。
- 分工：小组成员在出项中将如何分工，包括出项准备分工、出项汇报中每位成员承担的内容，以及现场出现突发情况的应对人员分工等。
- 准备：小组成员思考为最终出项汇报做什么工作，提前排练预估汇报所需时间等。

🛠 工具如何用？

1. 小组成员独立思考

出项前教师出示出项计划图或将其转化为表格，让学生根据图表上的维度进行思考。学生的个人思考可在课上或课前完成。

2. 小组交流讨论

学生完成个人思考后，教师组织小组讨论，互相交流思考结果，并请学生对其他同学的发言进行记录。

3. 形成小组出项计划

讨论交流结束后，小组进行汇总和筛选，最终确定本组的出项安排。

🛠 工具用在哪里？

该工具用于学生形成最终成果后出项前。教师和学生可结合项目实情调整具体思考维度。

使用该工具时，教师需对不同年段的学生有相应程度的引导。对于低年段的学生，可以让学生用图示的方式进行规划，教师可一起参与其中。主要让学生理解如下几方面。

（1）出项的内容可以有所侧重，鼓励用多样有创意的形式表达。

（2）出项中要明确分工，最好全员参与。

（3）汇报不仅仅是讲，还需要回应他人的提问和质疑。

（4）出项需要把握汇报时间，对时间提前规划。

另外，在制订出项计划时，教师也可引导学生初步考虑如何在出项过程中听取并记录他人的意见，以便在出项结束后进行反思。

工具50 ▶ 项目展板

🛠 工具是什么？

项目展板是将学生解决问题的过程可视化的呈现工具，有助于学生将项目过程中的关键内容以展板的形式呈现出来，体现学生的思维过程。项目展板各板块包括项目的基本信息、项目的探究过程，以及项目成果等。

　　我们倡导学生自己动手制作展板，展板不一定要很精致，关键是能说明问题。学生通过设计、制作项目展板，一方面可以提高他们的逻辑思考与动手能力，用展板来体现他们的思考，另一方面也可以发挥他们的创造力，带给出项观众不一样的视觉感受。

　　如果说出项计划图能够帮助学生全面进行出项设计，那么项目展板则能够在学生设计出项的基础上，呈现项目的核心内容。出项过程中我们要关注学生是如何解决问题的，在解决问题的过程中遇到过什么问题，经历了项目化学习后有什么样的收获，通过这个工具可以帮助学生梳理项目实施过程，将项目经验、收获等客观、有组织地进行表达，让出项观众全面了解项目情况。

工具什么样？

工具50：项目展板

展板内容：
- 我们小组的成员及分工
- 我们小组解决的问题
- 我们小组展示的亮点
- 我们小组展示的主题
- 我们小组是如何探究的？
- 我们小组的项目故事
- 我们小组的项目成果
- 我们小组的项目结论
- 我们小组的收获

　　项目展板可以分为三大板块内容，具体内容要素可以结合项目特色进行调整。

基础内容：左边板块主要呈现小组的成员及分工、小组解决的问题以及小组展示的亮点等。

探究历程：中间部分主要呈现小组是如何进行探究的，以及小组在完成整个项目的过程中发生的印象深刻、给人启发的故事，可以配以照片、图表等。

项目收获：右边板块主要呈现项目成果、项目完成后得出的结论以及小组成员在项目中的收获等。

如果项目成果涉及模型等实体作品，还可将这些作品放置在展板前方供参观者观摩。

✪ 工具如何用？

1. 准备空白展板
可以是教师为每一组准备一个空白的展板，如可折叠的硬卡纸，也可以让学生自己准备。

2. 了解展板的关键要素
教师带领学生了解并讨论项目展板的各个板块及其关键要素，将展板中的每一板块要素标题做成可选择、可移动的卡片供学生选择。另外可以准备一些空白卡片，供学生进行个性化设计和添加。如果学生的展板比较小，也可以将核心要素列在演示文稿或黑板上。

3. 呈现展板关键内容
小组成员根据自己小组的项目展示计划进行分工，采用写、贴、画等方式将每一部分内容呈现在展板上。

4. 美化展板
小组成员将关键要素的内容呈现在展板上后，还可以根据自己小组的喜好对展板进行美化。

✪ 工具用在哪里？

该工具一般用于学生为出项做准备，通常适用于中、高年段，对于低年段或第一次使用该工具的学生，教师要进行适当的引导和帮助，比如内容组织、找材料、设计排版等。

项目展板上的关键内容还可以根据不同学科领域的项目进行调整。

对于数据分析类的项目，展板上可以重点呈现：学生解决的问题是什么？学生是如何收集数据的？数据来源是什么？如何进行数据分析？得出的结论是什么？等等。

对于科学实验类的项目，可以在展板中重点呈现：科学实验的目的是什么？假设是什么？影响实验的变量有哪些？实验需要什么材料和仪器？实验的步骤是什么？实验中收集到了什么数据？得到了什么结论？等等。

另外项目展板的形式和思路也可以用在一些海报类成果的制作、科学实验思路和步骤的可视化呈现中。

实地项目运用

如何运用"出项计划表"支持学生的出项准备？[①]

本项目是英语学科项目，以新冠肺炎疫情给人们出国旅行带来的诸多不便为情境，结合教材中有关天气、节日、食物等内容，提出了驱动性问题：作为亚洲国家文化使者，你如何发挥自己的聪明才智，以学校网站为宣传基地，通过线上宣传，向学校的师生及家长呈现亚洲主要国家的风情文化？学生通过制作演示文稿电子宣传册，以小组合作的方式，宣传中国、朝鲜、韩国、日本、新加坡、印度尼西亚、泰国、印度、马尔代夫9个亚洲国家。

在整个项目完成过程中，学生主要经历的项目历程与对应项目成果如下页表所示。

---

① 本案例来自本书作者团队提供的项目工具，山东省济南市历城区义轩小学张守梅老师应用设计的英语学科项目"亚洲国家电子英文宣传册"，实施者是张守梅。本案例执笔人：张守梅。

项目历程	入项探索	子问题 1 如何介绍亚洲国家的气候？	子问题 2 如何介绍亚洲国家的食物？	子问题 3 如何介绍亚洲国家的节日？	子问题 4 如何让你的电子宣传册更有吸引力？	出项
项目成果	思维导图	气候宣传海报	食物宣传书签	节日宣传明信片	亚洲国家电子英文宣传册的制作	亚洲国家电子英文宣传册和出项汇报

在"亚洲国家电子英文宣传册"项目出项准备阶段，学生们遇到了以下困难。

问题 1：什么时候出项？在哪儿进行？

问题 2：怎样准备出项？

问题 3：可以介绍宣传册之外的内容吗？

问题 4：小组内成员分别要做什么？

问题 5：每组出项汇报时间是多少？

……

面对学生层出不穷的问题，教师给学生们提供了出项准备记录表，让学生围绕记录表中的 9 个问题进行个人思考，并做好记录。

在出项准备中，我们还注重对学生进行如下引导。

1. 每个小组的出项内容可以有所侧重，不一定都从气候、食物、节日方面介绍自己小组负责的国家，也可以介绍自己小组的项目亮点、项目完成过程、人员任务分配，等等。如果条件允许，可以穿上具有国家代表性的服饰进行宣传介绍，形式可以有创新。

2. 出项中小组成员要分工明确，尽量做到全员参与。

3. 出项汇报时还要准备回应其他小组的提问。既需要安排成员向其他组介绍自己小组的亮点，还需要有成员负责回答其他小组对本组汇报提出的疑问。

4. 把握出项汇报时间，在规定的时间内完整、流畅地进行小组汇报。

5. 汇报后的反思和修改是本组在观摩其他小组汇报的基础上，结合汇报会评价标准和教师的评价进行的，可以安排组内不同人员负责。

小组讨论结束后，组长分享自己组的讨论结果。我们针对学生的讨论结果进行点评、引导。各组长根据教师的建议，用红笔进行修正。下页图示给出了马尔代夫小组组长修改后的出项准备记录表。

《亚洲国家电子英文宣传册》制作出项准备组长记录表

日期：4.20　　班级：五（1）　姓名（小组）：张雨桐（马尔代夫组）

亲爱的同学们，我们的《亚洲国家电子英文宣传册》制作项目已经进入尾声啦！出项汇报前，需要大家先思考以下问题：

事项	你的思考	小组成员的思考
1. 你们想什么时间进行出项汇报会？	4月25日	4.25
2. 你和小伙伴们想在哪里进行汇报？	录播室	报告厅
3. 你想邀请哪些人作为汇报会的观众？	其他年级同学、校长	其他年级同学、老师、家长、校长
4. 你们小组哪些成员参与汇报会？	张雨桐、李幼琳、高广进、孟宸旭	全组参与
5. 你们小组将采用什么形式吸引观众？	我们会一起做PPT，提出建议，一起修改	精心设计PPT，加上背景音乐，服装一致
6. 你们要在汇报会上呈现什么内容？	介绍马尔代夫的气候、食物、节日	围绕气候、食物、节日介绍马尔代夫
7. 你们将在汇报会上如何分工？	张雨桐负责气候，高广进负责食物，孟宸旭负责节日，李幼琳负责开头结尾	李幼琳：气候；张雨桐：食物；高广进：节日；孟宸旭结尾：李幼琳
8. 对于汇报会中出项的提问或突发状况，你们有怎样的预案？	组员中能够回答问题的同学进行回答	提问由张雨桐回答，补充：孟宸旭
9. 汇报结束后，如何对本组汇报内容进行反思和改进？	根据汇报中出现的问题整改	根据评价标准进行修正。反思负责：张雨桐；改进：高广进

马尔代夫小组组长出项准备记录表（修改后）

　　经过对出项计划表的讨论，全班将出项时间定在4月25日。由于受邀观众不仅有教师、校长，还有其他年级学生和家长，所以将出项地点定在了学校报告厅。

　　出项结束后，学生们根据对出项展示的反思，进一步梳理、讨论自己小组的不足之处。整个汇报过程基本实现了预期的效果。

案例评析

为什么使用这个工具

学生是出项的主体，本案例中使用的工具可以很大程度提升学生的自主性，让学生主动思考，规划出项。这些学生是第一次参加项目化学习，这样的表格能够很好地为他们提供参考，知道出项需要做哪些计划，从哪些方面进行思考能够让出项计划进行得更加充分。

使用工具的注意点

在这个项目中，教师是在学生遇到一定的困难、提出问题后，把出项计划表提供给了学生。值得注意的是，出项计划表中的内容不是一成不变的，可以结合项目具体的特征以及出项汇报学生的年段、认知水平进行调整。比如调整文字表述使之便于相应年段的学生理解。

另外，出项计划表不是让学生填完就可以了，而是要确实能够对实际的出项起到帮助作用。我们从上述案例教师提供的学生填写样本中可以发现，学生对出项过程中需要把握的重点理解是不够的。比如针对"你们要在汇报上呈现什么内容？"这一问题，学生的回答是："介绍马尔代夫的气候、食物、节日。"我们其实期待的是学生不仅能够在出项中呈现自己的项目成果，而且能够展示问题解决的过程、研究过程中有价值的发现等，展示能够反映学生在项目中成长的内容。虽然教师在小组讨论时也对这方面做了提示，但小组讨论修改后的任务单上并没有体现这些内容。后续使用该工具的过程中，对于初次接触项目或年段比较低的学生，教师可以先引导学生理解出项计划表中的内容，从而真正让出项计划表起到作用。

6.2 如何促进出项中的学习？

出项是促进学生学习的机会，学生能够从与他人的交流互动中激发新的想法，从而对项目进行再思考。

出项中总会遇到各种真实问题：比如，当出项小组众多或举办全校性出项时，由于时间有限，作为组织者的学生无法充分展示自己的作品并获得他人的建议；出项过程中，做展示的学生团队无法有效利用出项现场的同伴互动与交流的内容；当学生作为观众聆听时间较长时，会出现注意力不集中的情况。此时，利用合适的工具可以让作为组织者的学生能够充分获取多元化的建议，让作为参观者的学生能够从他人的经验中学习。

工具 51 ▶ 画廊漫步

⚙️ 工具是什么？

画廊漫步，直译于英文 Gallery Walk，是一种以学生为中心，鼓励学生位置移动，以小组形式轮换，促进学生的交流讨论与互相评价的学习策略（徐国辉 等，2018）。

画廊漫步与旋转木马（见本书工具47）的思路和原理相似。基于我们的使用经验，在本书中，我们将旋转木马定位在形成与修订成果阶段，学生在有限的时间内对其他小组的作品进行学习与评价，而画廊漫步则更多地用于出项阶段。在出项中，画廊漫步能够让学生充分展示团队成果，给予展示小组解释自己小组的项目成果、探究过程的机会，同时让参观者在移动轮换的过程中了解展示小组的探究历程，并对照评价量规对小组的成果/过程提出问题与建议。

画廊漫步也可以与倾听规则（见本书工具 61）结合使用，从而培养学生的倾听技能，促进参观者的学习。

⚙️ 工具什么样？

工具 51：画廊漫步

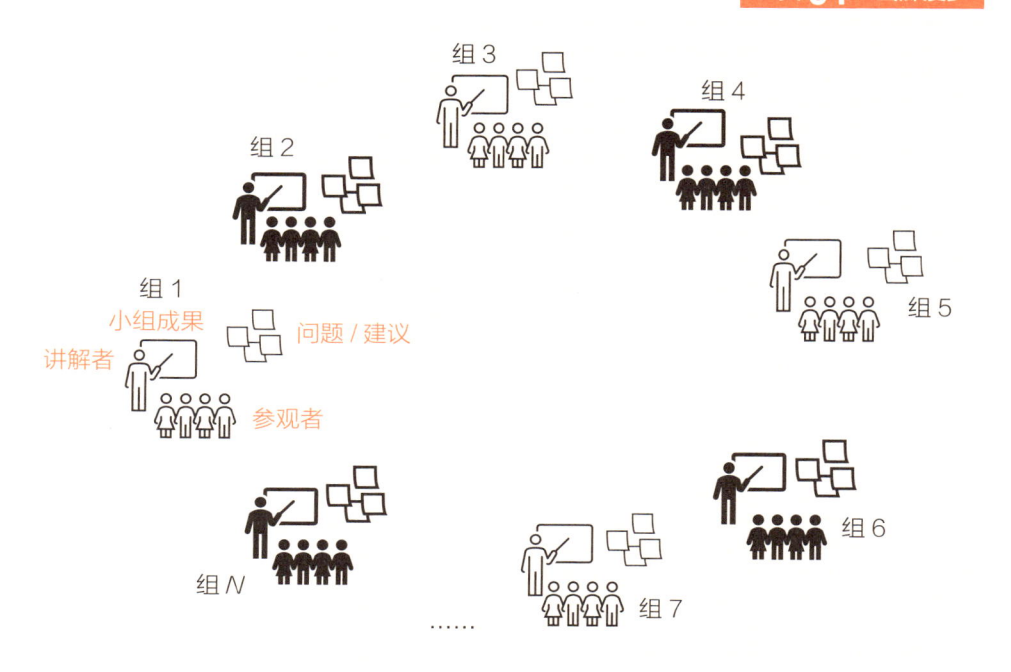

画廊漫步中有以下几个关键要素。

- 小组成果：在教师给展示小组划分的空间中张贴／呈现小组成果。
- 讲解者：展示小组派出的一名讲解本组成果的成员。
- 参观者：画廊漫步的参观人员，每组参观人员需按规定的方向同向移动。
- 问题／建议：参观者将自己对小组成果的问题或建议写在便利贴上，贴在对应成果前，必要时，可以根据实际情况在便利贴上署上自己的班级、学号等信息。

⚙ 工具如何用？

1. 张贴/呈现成果

在出项时，教师准备教室空间让学生张贴/呈现各组的团队成果，并给每个参观的学生发放便利贴。

2. 画廊展示

每组派一名成员站在本组成果前，向其他参观的同学介绍本组成果。将参观学生（包括出项观众和展示小组的非讲解成员）根据总体人数以及成果组数进行分配，规定每组参观学生的起始位置。

3. 小组漫步

请每组参观的学生沿着同一方向（顺时针/逆时针）移动，每到一组前聆听该组讲解者讲解本组成果，并将自己对该成果的问题或建议写在便利贴上，贴在成果相应的位置，直到所有成果都被参观和反馈。

4. 讨论分享

每组成员回到本组的成果前，阅读其他同学的评论与反馈，就关键问题和建议进行讨论，并将小组认为有价值的问题和建议进行公开回复与分享。

⚙ 工具用在哪里？

画廊漫步可用于让学生充分展示小组成果的各类出项中。展示小组的非讲解成员可以在这个过程中快速借鉴、吸取其他小组的优点，极大地提高了学习效率。为避免问题和建议缺乏针对性，参观者在漫步过程中可以带着评价量规进行参观。参观者在便利贴上署上自己的班级、学号等信息是为了防止有些学生走过场，教师可以根据信息进行相应的核查。

当人员较多时，有可能会出现参观路线混乱、秩序难以控制的情况，教师要提前做好规划，讲清规则。

工具 52 ▶ 出项现场记录表

⚙️ 工具是什么？

出项现场记录表是在出项现场帮助展示团队针对观众的提问做好关键内容记录的工具。这一工具能够记录他人提问的内容，促进展示团队后续针对所提问题进行深入思考，获取新想法，改进不足。在出项现场，学生往往很兴奋，在这种"热场域"中学生需要有一些记录来启发后续的"冷思考"。出项现场记录表让学生有意识地记录现场观众的提问和建议，让现场交流成为学习和反思的资源。同样，展示团队的认真记录也会鼓励现场学生提出更多问题，让他们感受到被重视。

⚙️ 工具什么样？

工具 52：出项现场记录表

项目名称：	团队成员：	记录时间：
现场提问	我们的回答	我们的思考和改进
1		
2		
3		
4		
……		

该表格共三列。

- 第一列：记录现场观众提出的问题或建议。
- 第二列：记录针对现场观众提出的问题展示团队的回答要点。
- 第三列：记录根据现场提问以及回答，展示团队对项目的思考以及改进方向。

工具如何用？

1. 教师分发表格

出项前，教师将表格发放给学生，每组学生选出一名成员在出项现场进行记录，可提前填好项目名称、团队成员等基本信息。

2. 现场记录

每一组的记录员根据现场观众提出的问题，以及小组回答的内容进行记录，完成表格的前两列。

3. 讨论反思

出项活动结束后，小组成员针对表中前两列的内容进行讨论反思，完成表格的第三列。

工具用在哪里？

该工具用于出项的现场。在出项展示前，每组学生需要预估有关项目的一些重要问题，组内讨论，对问题答案达成共识，以备现场观众的提问。

在出项结束后，教师组织学生对出项记录表上的内容进行讨论反思是非常必要的。出项过程往往是连续而紧凑的，小组成员对出项的回顾和再思考，根据他人的建议来反思自己的项目成果和项目过程，能使这个表格的价值发挥到最大。

实地项目运用

如何在大型出项中运用"画廊漫步"？[①]

我校语文学科项目"中国历史名人展"基于统编版语文教材四年级上册第七、八单元有关中国历史人物的两个单元，聚焦"人物特点与事例"这一关键概念，用"如何通过人物的典型事例和事例中的细致描写感受人物的特点？"这个本质问题重构已有课文，用"学校要举办第一届康外小学中国历史人物展，你会选择什么内容、什么形式来推介一位中国历史名人，让别人感受、学习他的精神品质？"这一驱动性问题，引发学生的创造性和社会性实践。

随着项目的推进，在每周一次的项目培训交流会上，参与此项目的教师纷纷对最后的出项表达了自己的担忧。有的教师认为，每个小组都各有特色，如果采取常用的上台展示的形式，不可能所有小组都在学校范围内展出成果，实在有点可惜。有的教师认为，每个小组人数不一样，人数多的小组，可能会出现部分学生承担了所有工作、部分学生则陷入走过场状态的现象。有的教师认为，在出项时，尽管我们安排了观众提问，但是感觉小组与其他人的交流沟通不够。还有的教师认为，每次出项后进行反思，学生很少能根据反思对项目做调整和改进，反思这一环节显得有点多余……

基于这些问题，我们最终决定在出项时采用"画廊漫步"这一工具。

展示前，我们将体育馆作为本次名人展的场地，用桌椅将整个体育馆分隔为"回"字形结构，根据参展小组数进行了场地的划分。还给每个小组提供了一张桌子，用来展示他们的成果。并在每个小组的场地前，贴上小组号码1～35，便于参观者沿着号码顺序参观。

每个小组在名人展开始的前两天时间里，利用课余时间用心布置自己小组的一方小天地。对于必选团队成果——海报，学生们因地制宜地进行布置：背靠墙的小组，纷纷将自制人物海报张贴在墙上；位于场地中央的小组，则利用画架等工具来展示海报；背靠窗帘的小组，则用大夹子将海报固定在窗帘上。除此之外，各小组还将团队特色成果，如绘本、皮影戏、彩泥作品等，布置在小组的桌上。

[①] 本案例来自上海市徐汇区康健外国语实验小学邱晓婵老师设计的语文学科项目"中国历史名人展"，实施者是杜卫玉、周华菁、龚琰茜、倪雅琴。本案例执笔人：邱晓婵。

初步布置完成后，不少小组觉得这样过于单调，又自发讨论出不少装饰办法，有的小组从家里带来桌布给桌子铺上，有的小组布置了一些和历史人物有关的小道具……。整个场馆就这样布置完成了，呈现出一种个性又和谐的整体感。

名人展正式开放展览当天，每位参观者都拿到了一张由学生自己制订的评价标准，还有一叠心形贴纸，以便在参观时直接给出评价。

名人展开始了，每个小组的成员都分工有序。有些小组人数较多，组员就分成了两组介绍人，这一场由 A 介绍，下一场就由 B 介绍。有的小组则根据任务来分工，如甲简介人物生平，乙讲述人物故事，丙介绍人物作品，丁介绍小组采取这一展示形式的意图。这样每位组员都有了面向参观者进行介绍的机会。

参观者顺着地上贴的小组号码，沿着"回"字形通道，一个小组一个小组地参观，当听到自己感兴趣的或不明白的地方，参观者直接提出来，与介绍者进行直接对话。其间，参观者还根据评价标准，对每个小组的表现做出评价，将爱心贴纸贴在自己认为比较好的小组的海报上，有些参观者还在爱心贴纸上写上了建议或者鼓励的话。

每场参观活动结束后，各个小组便统计自己小组得到的爱心数量，并且细化到每条指标对应的爱心数量，结合爱心贴纸上的建议以及参观者当场给出的反馈，围绕评价标准进行了反思。

"画廊漫步"这一工具，很好地解决了我们最初的问题。

第一，覆盖全员。参与本项目的四年级 160 名左右学生、35 个小组均参加了这个项目的最后出项展示——名人展；其他四个年级的学生，分为四批，参观了此次名人展。

第二，反馈及时。参观者与介绍者之间的交流沟通是即时的、面对面的，没有主持人在一边递话筒，没有很多视线聚焦过来，参观者和介绍者都能快速真诚地表达自己的想法。

第三，动态调整。每一场展出结束后，介绍者根据参观者在参观过程中的反应、参观后提出的建议，动态调整介绍的模式、内容。整个名人展共进行了四场展出，可以说每一场都与前一场有所不同，每一场都比前一场有进步。

第四，人尽其责。因为参观人数众多，即使在一个场次里，每个小组都要介绍好多次，所以很多小组都尽力将任务平均分配到每个组员，这样每个组员都承担了一定的任务，最大限度地激发了每个学生的责任心和积极性。

案例评析

为什么使用这个工具

"中国历史名人展"是全校范围内的出项活动，有35个各具特色的展示小组，"画廊漫步"这一工具的使用，可以让学生合理安排时间和空间，在这样一个小组众多、参观者众多的场合下能保证各小组都充分展示，且能得到其他人的反馈，并可与其他人进行交流。

使用工具值得肯定的地方

教师提供基础空间后，给每个小组机会布置小组展位，充分激发各小组的自主性与创造性。在正式参观前，参观人员拿到了学生参与制订的评价标准以及爱心贴纸，爱心贴纸的数量既可以代表各展示小组的受欢迎程度，同时还能供参观者进行建议或意见的撰写，一举两得。

值得借鉴的是，在参观者众多、分批次参观的情况下，小组成员分工不是一成不变的，会有介绍人的轮换，或者除去一部分外出参观的小组成员外，留下的成员进行甲、乙、丙类角色的分工，确保每位成员都参与其中。这样的组合方式灵活多样，也根据项目实情对原有的"画廊漫步"工具进行了改造，不仅是按照原来工具中的每一组派出一个代表进行讲解，还有一个很好的地方是，因为分成四批进行参观，小组成员能够在每一次介绍展示中汲取经验，不断优化、调整，这对他们来说也是一个不断进步和成长的过程。

工具的深化迭代

"画廊漫步"一般用于大型出项。很多时候，由于人员众多，可能会出现现场混乱的情况，还有可能出现很多意见，但实质上建设性意见并不多。因此，教师在"画廊漫步"正式开始前需要明确参观规则，以及具体如何提出有效意见，比如对哪些学生主要负责哪些区域进行规定。

7 反思与迁移工具

"为什么学生的反思总是停留于表面?"
"课时紧张,学生没有时间反思怎么办?"
"反思是不是就是说说优点和缺点?"

你如果也遇到过这些问题,那么就需要借助反思的工具促进学生养成良好的反思习惯。我们可以根据反思和迁移的不同目的、场景选择不同的工具。

反思是指在项目的关键节点对之前的项目过程进行回顾、总结经验,以便更好地进行下一阶段的学习;迁移是指将本项目中的大概念、核心知识或所学到的解决问题的思路,运用到新的情境中,并能够对未来的学习生活有所启示。反思和迁移工具的融入有助于学生对自己的学习情况、收获进行反思,也能帮助教师了解学生的进展,以便及时调整教学安排。

7.1 如何在有限的时间里快速反思?

教师都认为反思很重要,那么是什么原因影响了他们带领学生进行有效的反思呢?也许是课时不够,也许是反思达不到预想的效果,也许是不知道如何组织高质量的反思。而使用快速反思工具只需要花费几分钟,就能让学生进行反思,同时还能了解学生的阶段学习达到了什么程度,为下一步的教学计划调整提供依据。

工具 53 ▶ 今天我学会了……

⚙ 工具是什么?

"今天我学会了……"是一个灵活、简单的反思工具,只需要花费几分钟的时间就可以完成。它既可以让学生反思所学,又不耗费时间。学生只需要回答一个简单的问题"今天我学到了什么?"或者"今天我学到的最重要的东西是什么?"。它既可以为学生提供一个思考的机会,让学生从所学知识中识别出重要且有意义的内容;也可以帮助教师了解学生在本阶段学到的内容,以及学生暂时没有掌握的内容,便于教师及时帮助有困难的学生,调整自己的教学计划。

工具什么样？

工具53：今天我学会了……

```
今天我学会了_____
_____
_____。
```

与该工具类似的还有以下句式：

- 我不明白……
- 我想学到更多……
- 我有一个问题……
- 我今天学到的三件事是……
- 今天让我感到惊讶的是……
- 我对……仍然感到困惑
- 项目完成得最好的部分是……

工具如何用？

1. 教师讲解规则

教师将"今天我学会了……"工具发给学生。说明规则，包括回答问题的时间限制和应答方式（口头或书面）。

2. 学生进行回答

教师要求学生根据"今天我学会了……"这一句式，说出或写出自己今天在项目中的收获。

3. 教师分析学生回答的内容

教师通过学生的回答分析学生掌握了哪些内容，哪些内容还需要进一步讲解。

4. 分享

将所有学生书写的内容贴在教室的空白处，便于学生互相学习交流。

工具用在哪里？

该工具适用于幼儿、低年段的学生，或者刚刚接触反思的学生。如果时间比较紧张，可在当天课堂结束前的 5 分钟使用此工具。该工具适用于日常的反思，以培养学生在反思中学习的习惯。

工具 54 ▶ 我原来认为……，现在我认为……

工具是什么？

"我原来认为……，现在我认为……"（I used to think…, now I think…）是一种促进学生进行个人反思的工具，使用此工具可以了解学生的想法是如何随着时间的推移而改变的。该工具用对比的方式呈现学生原来的想法及现在的想法，还可以增加中间的阶段，让学生列出想法的多次变化。在使用该工具时，还可以对学生进行追问"是什么改变了你的想法？"，让学生提供证据说明其想法为什么改变或者是怎样改变的。该工具重点培养学生前后对比的反思能力。

⚙️ 工具什么样?

工具 54：我原来认为……，现在我认为……

我原来认为_____，　　现在我认为_____。

💡 是什么改变了你的想法？

……

该工具包含三个部分。

- 我原来认为：来自以往的概念，帮助学生激活自己的先验知识。
- 现在我认为：学生通过学习后对原有知识或想法的新认识。
- 是什么改变了你的想法：学生对想法改变原因的陈述。

这三个部分组合起来能够清晰地呈现学生的思维路径。

⚙️ 工具如何用?

1. 教师讲解规则

教师将"我原来认为……，现在我认为……"工具发给学生。说明规则，包括回答问题的时间限制和应答方式（口头或书面）。

2. 学生进行回答

教师要求学生根据"我原来认为……，现在我认为……"这一句式，说出或写出自己在项目中的认知、想法的变化情况。

3. 教师分析学生回答的内容

教师通过学生的口头或书面回答，分析学生对某一内容的理解情况。

4. 分享

将所有学生书写的内容贴在教室的空白处，便于学生互相学习。

✿ 工具用在哪里？

该工具一般适用于学生学习新概念或新能力后的对比反思。如在科学项目中，学生经过科学观察的学科实践后，通过此工具展现自己对科学观察的认知变化。另外，也可在整个项目结束后使用该工具，了解学生在经历整个项目后对关键概念的认识变化。如在"诗歌"项目中，学生可以对比自己在项目前后关于意象、韵律、分行等技巧在诗歌创作中的作用的看法。该工具的使用关键是让学生真实地呈现自己的想法，并且认真思考自己想法变化的原因。

实地项目运用

如何使用"今天我学会了……"促进幼儿反思？[1]

"会滚动的小汽车"是一个从幼儿园中班下学期一直延续到大班上学期的活动项目，围绕幼儿最喜欢的汽车，通过亲子参观、收集信息、汽车分类、汽车问答以及小汽车的制作等活动，由浅入深地让幼儿了解汽车。

项目进行到"车的十大问题大讨论"时，我发现孩子们不会有效地在讨论中分工合作。于是在集体分享中，我尝试用反思工具"今天我学会了……"来帮助幼儿梳理总结如何合作分工，但是发现孩子们摸不着头脑，说不出个所以然，我分析可能是因为他们还没有形成反思的学习品质。于是在日常活动中，我也尝试用这个工具来让孩子们说说自己的新发现、新问题、新收获。渐渐地，我发现孩子们有了反思的意识，但还是说不到点子上。我想这可能是因为孩子们的思维还处在比较具象的阶段，需要形象具体地将过程展现出来才能帮到他们。因此，在每一次讨论中，我会让孩子们用画笔做一下记录，并且全程都会拍视频和照片，

---

[1] 本案例来自本书作者团队提供的项目工具，中国福利会托儿所董峰、张晶、赵锦娟老师应用设计的活动项目"会滚动的小汽车"，实施者是董峰、张晶、戚竞元、赵锦娟、倪卿云。本案例执笔人：张晶、董峰。

以便反思的时候孩子们能够"看图说话"。

经过一段时间，孩子们的反思有了明显的进步。这天我们小组探索讨论"方向盘为什么是圆的？"，华华妹妹所在的小组进展得不太顺利。活动结束后，我组织这个小组的幼儿进行反思。我们先观察活动过程中各个小组的照片、视频，回顾活动的整个过程，再提出问题："你们觉得今天不顺利的原因是什么？"华华妹妹指着照片说："我觉得是因为我们背对着背坐，根本就听不见其他人说话。"乐乐看完视频后说："我们四个人的答案其实很好，只要集中起来，就很完美了呢！"小蜻蜓也发表了想法："我太着急想代表小组向大家做介绍了，应该征得每个人的同意。"依依小妹妹说："我听不见其他小朋友说话，应该一个一个轮流说。"最后，我抛出问题："通过这次合作，你学会了什么？"我认真倾听了孩子们的回答，并且和孩子们一起梳理了关键词句，如：面对面的队形、一个个轮流说、不插嘴、耐心倾听、根据队友的特长进行分工等。第二天，我们又开展了一次班级的活动讨论。我发现华华妹妹小组的合作讨论模式已经发生了改变。最让人惊喜的是，为了让分享效果达到最佳，她们还自发地进行排练。

案例评析

为什么使用这个工具

"会滚动的小汽车"是一个幼儿园的项目，参与的对象都是幼儿。反思是一种重要的学习品质，并且反思评价也一直是幼儿园项目化学习中的一个难点。"今天我学会了……"是一个简单、灵活的工具，而且工具用时也比较短，能够快速帮助幼儿体验反思，为逐步学会复杂深入的反思奠定基础。

使用工具值得肯定的地方

教师在这个工具的使用中，能够不断反思、汲取经验，使工具能真正对幼儿的反思起到促进作用。一开始使用"今天我学会了……"这个工具，幼儿反思的内容还比较笼统。考虑到幼儿具体形象的思维特点，教师用照片、视频帮助幼儿更好地唤起记忆，也从更多视角看待和理解问题，然后再分解问题。教师通过不断提供支架，层层递进地将幼儿引入反思这一比较抽象的思维模式。

另外，在幼儿使用了"今天我学会了……"工具之后，教师会及时用简单、易懂的语言帮助幼儿提炼反思结果，并让他们按照自己的反思去调整行动，让幼儿的反思落在行动上，而不仅仅停留在口头上。

教师也将幼儿的反思与评价这一习惯渗透在幼儿日常的学习与生活中，不仅仅是简单地使用"今天我学会了……"，还会和其他方法相结合。比如，利用分享交流的机会，尝试让幼儿从新发现、新问题、新收获等方面来回顾自己在活动中的表现，帮助幼儿建立反思评价的框架，从而帮助他们更好地表达观点、发现问题、收获成长。

7.2 如何进行深层次的反思与迁移？

学生能从反思中学习，深层次的反思蕴含着对经历的抽象和迁移。学生经历了项目实践后，对项目进行反思，这其实是一个"再创造"的过程。通过深层次的反思，学生可以对项目的意义、项目过程以及项目中的关键概念有更深的理解，并迁移到类似的，甚至变化较大的新情境中去。

工具 55 ▶ What？So what？Now what？

⚙️ 工具是什么？

"What？So what？Now what？"工具可以帮助学生回顾项目历程，思考项目的意义，并且反思下一步的行动。该工具蕴含了对学生的批判性思维能力和迁移到新情境的能力的引导。

例如，对于"节约水资源"项目，学生利用"What？ So what？ Now what？"框架进行讨论。首先讨论"What？"，即是什么，回顾项目的学习过程、学习内容。然后讨论"So what？"，那又如何，反思本项目的意义，为什么要学。最后讨论"Now what？"，接下来如何行动，如反思如何将节约、可持续发展理念融入个人生活，采取实际的行动。

工具什么样？

工具55：What？ So what？ Now what？

What？
简要回顾本项目你学到了哪些内容

⬇

So what？
说说本项目的学习有什么意义

⬇

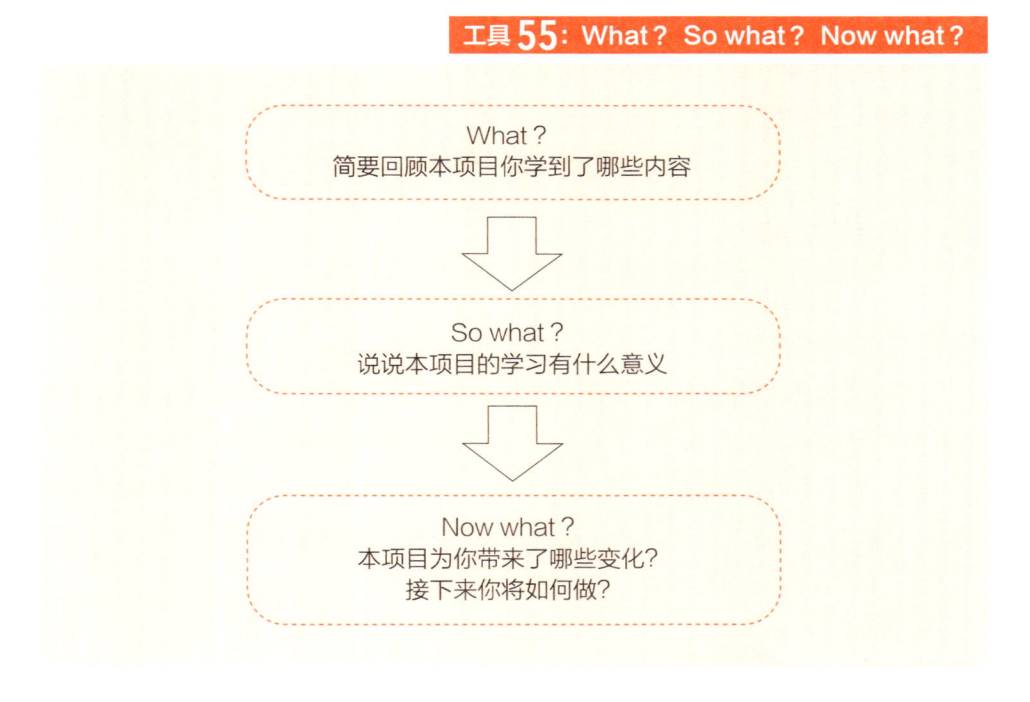

Now what？
本项目为你带来了哪些变化？
接下来你将如何做？

该工具有三个重要的步骤。

- "What？"这一步骤是学生对本项目学习内容的回顾，包括且不限于项目中学到的知识与技能，项目中面临的困难以及团队是如何解决的，项目中的阻碍或促进学习的情绪，项目给自己带来的收获等。
- "So what？"这一步骤是基于对项目学习内容、过程的回顾进行反思归纳，思考项目中的经历对于自身或团队的意义是什么，将自己的体验感受与项目经历进行连接。
- "Now what？"基于以上两个步骤，学生思考在未来类似的情境中将如何做，或本项目的学习经验将如何迁移。

工具如何用？

1. 教师讲解规则

教师首先介绍该工具。说明规则，包括回答问题的时间限制和应答方式（口头或书面）。

2. 学生思考回答

教师要求学生根据项目完成过程对该工具中提出的问题进行思考和回答。每一个步骤的问题可以先个人独立回答然后进行小组交流。

工具用在哪里？

这一工具适用于在项目结束后引导学生进行迁移反思，帮助学生建立真实世界和自我行动的联系。

这一工具还可以根据实际情况进行改造，在需要按计划推进的团队行动决策中共享经验。比如要制订关于某一问题的解决方案，学生可以这样利用该工具：基于事实（What？），得出结论（So what？），确定将要采取的行动（Now what？），确保大家对同一问题达成共识，促进共同理解。

工具 56 ▶ 反思 4F

工具是什么？

反思 4F 是一种动态引导反思法，来源于英国学者罗贵荣（Roger Greenaway）提出的"动态回顾循环"引导技巧，其中四个"F"对应的提问重点是指：事实（Facts）、感受（Feelings）、发现（Findings）、未来（Future），同时以扑克牌的花色说明反思的内涵，并依照扑克牌的次序，发展出引导学生从经验中学习的模式。反思 4F 是一个结构化的反思工具。

⚙️ 工具什么样?

工具 56：反思 4F[1]

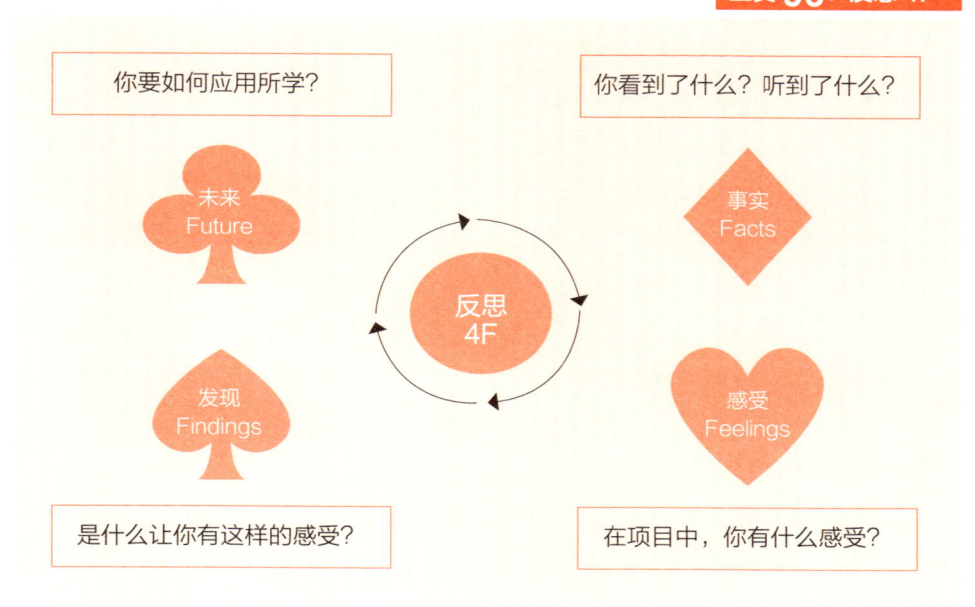

- 你要如何应用所学？ —— 未来 Future
- 你看到了什么？听到了什么？ —— 事实 Facts
- 是什么让你有这样的感受？ —— 发现 Findings
- 在项目中，你有什么感受？ —— 感受 Feelings

反思 4F 可以用图示引导学生思考，也可以转化为表格，供学生回答填写。反思 4F 工具主要包括以下方面。

- 事实（Facts）：用方片花色代表事实有很多面，通过不同角度，引导参与者观察和描述不同的客观事实。如：你听到了什么？看到了什么？你做了些什么？花了多少时间？印象中最深刻的/对你影响最大的是什么？
- 感受（Feelings）：红心花色代表个人的感觉和情绪，唤起参与者对客观事实的情绪、感觉和联想。如：你有什么样的感受？什么让你感觉有趣、沮丧或受到了鼓舞？你经历了哪些情绪起伏？你觉得你什么时候的参与或共鸣最多或最少？这让你想到了什么？
- 发现（Findings）：黑桃花色代表探寻内心的一把铲子，从众多事实、感

---

[1] 工具图片和相关阐述部分来自微信公众号"职教教师发展"中的文章《教师反思工具：4F 动态引导反思法》，https://mp.weixin.qq.com/s/OGnkL29IuwKcM4IVspKNig。

受、反应中抽丝剥茧，进行含义、意义和价值归纳。如：是什么让你有这样的感受？这样的感受是否有助于/阻碍你在项目中的学习？在以往的项目中你是否有类似的感受？你归纳出了哪些重点知识与技能？你学到了什么新的内容？你发现这个项目对自己/团队有什么启示？

- 未来（Future）：多瓣的梅花代表多向度的前瞻思考，思考如何把经验转化和应用在未来的生活中，包括制订行动计划、预测未来、思考可能性，描述选择、想象或梦想。如：你要如何应用所学？经历了这个项目，你想做什么改变？如何通过努力使项目中不理想的部分得到优化？如何发挥项目中的优势部分？有什么需要进一步验证的？

工具如何用？

1. 教师准备反思4F工具

根据项目实情，教师在反思 4F 图例的基础上拟写与项目密切相关的各个花色的问题，做好表单。

2. 工具介绍

教师向学生介绍该工具，说明反思 4F 的功能和使用方法。

3. 学生进行回答

学生根据教师提供的反思 4F 表单进行回答，既可以从"事实（Facts）"中的问题切入，也可以从任何一个 F 开始，优先选择自己感受最深的那个 F。

工具用在哪里？

这一工具不仅可以用于学生的项目反思，同样也可以用于教师在项目实施结束后的反思。因为这是一个深入的且关注反思者内心真实感受的反思工具，因此在使用时需要留出足够的时间，一般建议用在项目结束后的深度反思中。

工具 57 ▶ 九宫格反思与迁移

⚙ 工具是什么？

九宫格由九个格子组成，空间比较大，有助于学生从不同的角度进行反思与迁移。项目化学习关注学生多方面的综合收获与成长，如：项目内容、学科素养、核心概念、学习素养等。因此，九宫格中可以运用不同的色块（或用字母、数字分区）来代表不同的反思与迁移角度。如果说"What？ So what？ Now what？"和反思4F能让学生从项目的历程、意义、感受、展望等维度进行整体反思，那么九宫格反思与迁移在整体反思的基础上，更聚焦引导学生对项目所涉及的素养目标进行深度反思，并关注项目中的核心概念、学习方式等如何迁移到新的情境中，尤其适合学科项目和跨学科项目。

⚙ 工具什么样？

工具57：九宫格反思与迁移[①]

结合本次项目化学习，阐述你对XX（项目中涉及的核心概念）的新的理解。❶	本次项目化学习如何加深了你对XX学科素养（将具体的学科素养为学生列出）的理解？举例说明。❶	结合本次项目化学习，你是如何理解项目中的"XXX"问题的？（向学生提出一个关于项目内容的重要问题）❷
本次项目化学习侧重培养合作能力与创造力等学习素养，举例说说在项目中你的这些学习素养是如何得到锻炼和提升的。❺	反 思 与 迁 移	通过本次项目化学习，说说你对项目化学习是如何理解的。❸
对于新的XX（项目、问题、情境等），你认为本次项目化学习中的哪些概念、方法等可以迁移运用？❹	回顾本次项目化学习，你还有哪些知识想进一步探究和学习？❸	你是否期待再经历一次这样的项目化学习？你对下一次项目化学习有什么期待和建议？❸

[①] 工具参考微信公众号"教学研联盟"中对"跨学科单元"的九宫格反思，https://mp.weixin.qq.com/s/uRQHTXrFdjmr7BScBVC9YQ。根据项目化学习中的关注重点对该工具进行了改造。

该工具中的相同序号（或用字母、颜色分区）代表了同一反思、迁移角度。反思与迁移的角度以及每个角度的问题数量可由教师根据具体项目进行分配调整，如上文中有五类：

①学生对项目中的学科素养、重要学科概念的理解和反思，比如，地理学科中的人地协调等。
②学生对项目内容中关键问题的理解。
③学生对整个项目化学习历程的反思，以及对未来学习的期待。
④学生思考如何将本项目中学到的概念、方法等迁移运用到新的情境中。
⑤学生对项目中涉及的学习素养的理解和收获，比如合作、创造力等。

九宫格反思与迁移与教师和学生对项目的理解和把握程度密切相关，学生的反思将根据九宫格里教师的提问进行回答。

工具如何用？

1. 教师绘制九宫格反思与迁移工具

以科学项目"鱼舍"为例。在这个项目中，学科核心概念、学习素养、对整个项目的反思以及迁移运用是比较受关注的内容，因此教师选取这几个方面进行九宫格的绘制。

学科核心概念：结合本次项目化学习，你如何理解"生物的形态、习性与其生活环境相适应"这句话？

学习素养：本项目侧重对团队合作能力的培养，在项目中你是如何提升这个能力的？

对项目经历的反思：其他同学在活动中的什么表现值得我学习？我的哪些地方还可以进步？

对项目成果的反思："鱼舍"内是否能维持生态平衡，达到可持续观赏的效果？

对下一次项目的期待：经历了本次科学项目，你对下一次科学项目有什么建议？

实地运用：经历了本次项目化学习，作为一名学生，你将为社区生态的改进做些什么?

2. 介绍工具

教师将九宫格反思与迁移内容呈现在幻灯片上或者以纸质的形式分发给学生，并向学生解释九宫格中的内容。

3. 学生回答

学生根据自己的实际情况按序号回答九宫格中的问题。

4. 交流分享

学生回答每一序号的问题后，将问题答案贴在相应的区域，并进行交流分享，促进学生的相互学习。

工具用在哪里？

该工具适合在项目结束后对核心概念以及关键问题进行反思与迁移。对于中低年段的学生，九宫格可由教师绘制，问题的难度可根据学生的认知与项目的难度确定。对于高年段的学生，可以增加工具使用的挑战性，以小组为单位自主进行表格问题的设计，然后组织全班讨论，形成班级的九宫格反思与迁移表。学生在设计问题的过程中，也能对项目目标以及整个项目有进一步的思考和理解。

实地项目运用

如何运用"九宫格反思与迁移"深化学生的项目理解？[1]

统编版语文教材四年级上册第四单元的学习主题为：神话，永久的魅力，人类童年时代飞腾的幻想。我们基于"神话人物'神'在哪儿"这一本质问题构建了神话主题的项目。

在项目的最后阶段，我们用九宫格支持学生的深度反思与迁移。九宫格可以从不同维度让学生对整个项目进行反思，这种让思维外显的学习工具不仅可以帮

---

[1] 本案例来自本书作者团队提供的项目工具，上海市民办平和学校 PBL 语文组应用设计的学科项目"神话人物'神'在哪儿"，实施者是余洁萍、韩雅秋、王姣。本案例执笔人：余洁萍。

助学生找到自己学习过程中的问题，及时调整学习策略，还能促进教师了解学生的思维过程，因"思"施教。结合"神话人物'神'在哪儿"这一项目的学习，我们在反思与迁移环节设计了九个问题，这九个问题主要从"回顾—分享—反思—迁移"这四个维度展开。

  A 块是对项目化学习的回顾。通过回顾，在庆祝学生取得学习成就的同时，让学生看到自己在项目化学习过程中的积极与热情，从而鼓励他们朝着卓越的方向努力。

  B 块是让学生分享他们的学习经验。分享他们在对驱动性问题进行深入持续的探索过程中，在调动所有知识、能力、品质去创造性解决问题，形成公开成果的过程中，对核心知识的更深刻理解。

  C 块都与反思有关。教师设计了四个问题引导学生进行有价值的反思，让学生反思合作互动性，反思同伴对自己的帮助；让他们看到别人的优势和自身的不

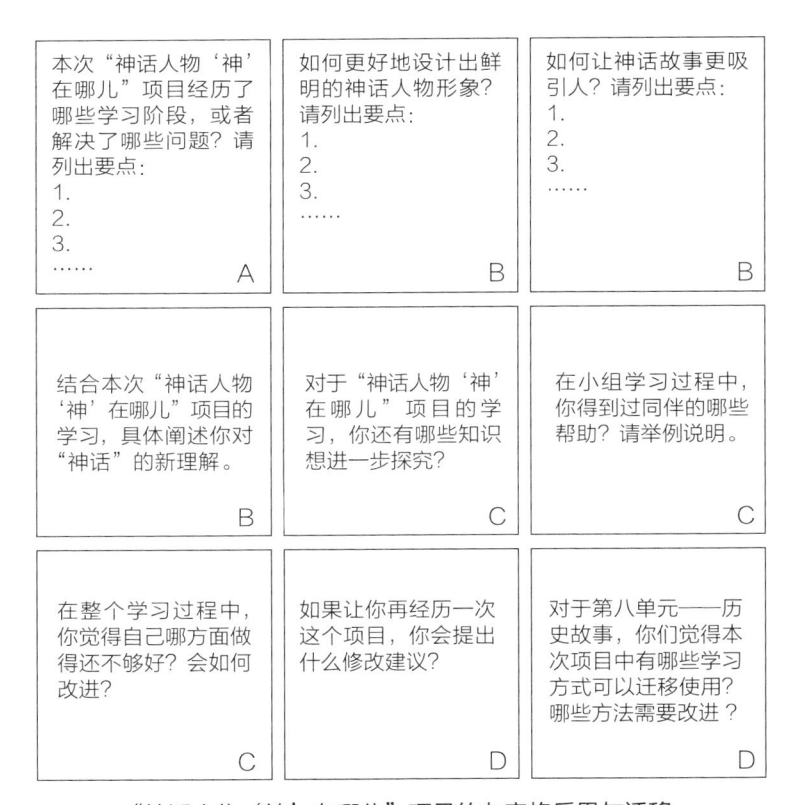

本次"神话人物'神'在哪儿"项目经历了哪些学习阶段，或者解决了哪些问题？请列出要点：
1.
2.
3.
……
      A
	如何更好地设计出鲜明的神话人物形象？请列出要点：
	1.
	2.
	3.
	……
	      B
		如何让神话故事更吸引人？请列出要点：
		1.
		2.
		3.
		……
		      B

结合本次"神话人物'神'在哪儿"项目的学习，具体阐述你对"神话"的新理解。
      B
	对于"神话人物'神'在哪儿"项目的学习，你还有哪些知识想进一步探究？
	      C
		在小组学习过程中，你得到过同伴的哪些帮助？请举例说明。
		      C

在整个学习过程中，你觉得自己哪方面做得还不够好？会如何改进？
      C
	如果让你再经历一次这个项目，你会提出什么修改建议？
	      D
		对于第八单元——历史故事，你们觉得本次项目中有哪些学习方式可以迁移使用？哪些方法需要改进？
		      D

"神话人物'神'在哪儿"项目的九宫格反思与迁移

足,从而促进学生对个人学习习惯或态度的改进;让学生反思学习过程中的得失;反思学习目标的达成程度,从而吸取经验再成长。

D 块引导学生进行学习方法的迁移。单元与单元之间并不是完全独立的、毫无交集的,而是相互渗透的、相互影响的。让学生把神话单元中习得的学习经验或方法迁移至历史故事单元的学习,使项目化学习在相邻单元得到横向拓展和延伸。迁移既是一个项目的尾声,同时也意味着新的项目化学习的开始,二者有关联又有递进,周而复始,循序渐进。

有回顾、有分享、有反思、有迁移,用回顾促分享,用分享促反思,用反思促迁移。用心设计好项目化学习的反思与迁移环节,不仅能使项目化学习真正扎根于日常的教学,培养学生对知识的深度理解、迁移和再创造能力,还能使项目化学习形成可持续发展效应,唤起学生学习的主动性。

案例评析

为什么使用这个工具

"神话人物'神'在哪儿"是一个语文学科项目,学生对学科核心概念的理解程度、学习素养的提升程度都是项目目标中非常重要的部分,因此项目的反思与迁移需涉及多个方面。九宫格反思与迁移能够帮助学生从多个角度进行反思与迁移,同时它将同一角度的问题放在一起,本身就能让学生有一个清晰的视觉感受,知道项目反思与迁移的角度以及每一角度包含的问题。九宫格中的内容设计还可以引导学生参与完成,以此锻炼他们的归纳汇总能力。

使用工具的注意点

首先,教师/学生在设计九宫格时需要考虑清楚反思和迁移的角度。在这个项目中,教师是按学生的行动顺序(回顾—分享—反思—迁移)来划分维度的。教师把握了项目以及该工具的核心,这里面蕴含着学科概念、学科素养、项目内容、项目迭代以及方法迁移的内容。九宫格划分的角度不是唯一的,既可以根据项目内容、学科素养、核心概念、学习素养等角度进行划分，也可以根据教师/学生自己的理解来划分，言之有理、围绕项目核心内容即可。

其次，在确定好反思与迁移的角度后，每个角度的问题如何设置是关键。这与教师/学生对项目的理解程度有关，而问题的设计质量也直接影响到反思与迁移的质量。如果问题是由教师来设计，问题设计好后教师也要再进行审核，如问题的表述是否容易理解，是否清晰；如果问题是由学生来进行设计，教师也需要对内容和问题的表述进行把关和适当引导。

8 PBL班级文化营造和心智培育工具

"为什么我的学生不会提出有效问题?"

"怎么这些小朋友不会倾听别人的发言?"

"为什么学生的想法或作品缺乏创造性?"

出现上述这些问题不一定是学生不愿意倾听,也有可能是因为我们并没有创设鼓励他们提问、倾听、创造的班级文化氛围让他们潜移默化地学会倾听、理解倾听。很多时候,项目化学习的顺利开展,离不开班级文化氛围的营造。

项目化学习需要营造探究的、协作的、创造的班级文化。这些文化的营造不仅有助于推进项目化学习的顺利开展,更重要的是在项目开展过程中培育学生探究、协作、创造的心智。本部分我们将通过9个工具和3个实例,鼓励教师营造探究、协作和创造的班级文化氛围,培育学生的心智。

8.1 如何培育探究的文化与心智？

探究的文化会激励学生提出问题，并不断克服困难找到解决问题的方案。低年段的小朋友看到地上蚂蚁在不断"奔走"感到非常好奇，在不鼓励探究的班级中，教师可能会说："哦，这没什么好看的，你去专心看书吧。"而在鼓励探究的班级中，学生可以将这些让他感到惊奇的现象和同学分享，班级中有空间让他提出问题，有途径让他获取资源，教师会鼓励学生围绕问题进行观察、交流讨论、做出猜测，甚至还会因此诞生一个有趣的项目。学生敢于探究、善于探究的心智，就是这样被点滴培育出来的。那么，该怎样营造这样的探究文化呢？探究的学习工具可以起到支持作用。

工具 58 ▶ 问题墙

工具是什么？

问题墙是指在教室的墙面上留出张贴学生问题的墙面。这是一种以展示学生问题来激励他们提出更多问题的方式。教师和其他学生可以回答张贴在问题墙上的问题，这样也能促进全班学生对问题的理解。

学生很多时候不敢提出自己的问题或者不知道如何提出问题，是因为他们缺少真正提出问题的实战经验，即使提出了问题，也得不到真正的关注。问题墙提供了一个常态化汇聚问题的平台。

工具什么样？

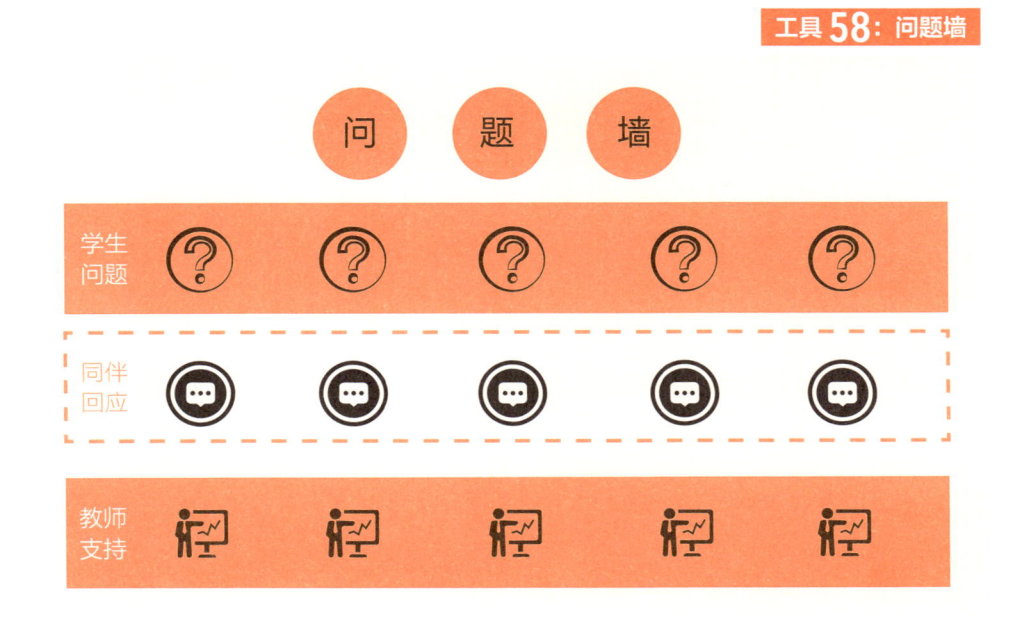

工具58：问题墙

问题墙有基础版和复杂版两种版本，基础版可以是一面普通的墙，学生把自己的问题直接张贴在墙上，复杂版的问题墙可以增加师生对问题的理解。本书呈现的问题墙主要分为三个部分。

学生问题：学生张贴问题，可以将问题按照一定的方式分类，如按主题分类。

同伴回应：任何愿意回答问题的学生，都可以用文字或图片来呈现他们对问题的理解。

教师支持：教师可以在"学生问题"对应的"教师支持"栏中提出相关的建议。这样的建议可以是直接回答学生的问题，也可以是鼓励学生寻找资源来解决问题。

问题墙还可以根据需求进行变式。比如在问题墙中增加主题，请学生围绕某主题来提问。

工具如何用？

1. 布置出教室的一面问题墙

教师可以在教室或走廊选择适合的地方作为问题墙，进行简单版或复杂版问题墙的规划，购买相应物资进行布置。

2. 和学生约定问题墙使用的规则

教师可以告知学生，这面墙是为了鼓励学生提出更多问题而设置的，学生如果有问题都可以张贴在上面，墙面上的问题可以随时更换，学生也可以回答问题墙上的问题。

3. 交流问题墙上的问题

教师可以和学生约定一周交流一次问题墙上的问题，交流哪些问题是值得深入探究的，哪些问题是非常有趣的，等等。

工具用在哪里？

问题墙可以用在日常教学中，鼓励学生提出问题。问题墙适用于各个学段，但在不同的学段，对提问的质量要求是不同的。

教师可以逐步提高对学生张贴问题质量的要求。在最开始应用时，教师可以鼓励学生尽可能提出自己感兴趣的问题；一段时间后，教师可以带着学生分析墙上的哪些问题是更有质量的问题，然后鼓励学生提出更好的问题。

问题墙也可以用于项目化学习的准备阶段。比如，当学生在"中国的世界文化遗产"这个大主题下提出了各种问题，教师就可以把问题墙和问题权衡图结合起来使用，判断学生提出的问题是否与驱动性问题有关。

问题墙也可以用于项目实施过程中记录学生的疑问。学生将在项目实施中遇到的困惑或者问题写下来，这样教师和同学能够及时给予支持。

问题墙还可以和班会教育、德育活动结合起来。比如，当多数学生在问题墙上提到校园环境问题时，教师可以组织学生开展一期班会活动或者德育活动，来解决学校存在的真实问题。

工具 59 ▶ 每日问

⚙ 工具是什么？

每日问，顾名思义，就是每天学生都有机会提一个问题，并记录在任务单上。这个工具从形式和数量上"强制"让学生提出问题。学生为了提出问题，就要不断观察，留意生活和学习中存在的疑问。每日问不仅能够慢慢培养学生提问的好习惯，还能够培养学生留心观察身边事物的习惯。

学生提不出问题，很可能是因为缺少对生活、学习的观察。有的时候教师临时让学生提问，学生很可能一时难以提出问题。如果我们改变一下思路，将提出问题作为一个常态化的思考习惯，允许学生有思考的时间，那么，相信学生在这种氛围下更有发展提问能力的可能。

⚙ 工具什么样？

工具 59：每日问

？ 每日问

日期： 问题：	日期： 问题：	日期： 问题：
日期： 问题：	日期： 问题：	日期： 问题：

每日问工具的要素比较简单，一是提问的日期，二是提出来的问题。每日问看起来非常简单，但若要坚持做下去，也不是一件容易的事情。

工具如何用？

1. 呈现每日问工具表

教师既可以将每日问作为学生在校需完成的任务，也可以将其作为一项作业布置给学生，鼓励学生观察身边生活，提出问题。

2. 学生填写工具表

学生每天在工具表上提出一个问题。

3. 分享工具表

教师可以定期组织学生开展问题交流活动。对于坚持每天提问的学生给予相应的奖励，同时，对于提出有探究价值问题的学生，也可以给予相应的奖励。

工具用在哪里？

教师在日常教学、项目实施阶段都可以使用每日问。

在日常教学使用时，教师可以将工具和每日的作业结合起来，让学生针对所学内容提出问题。

每日问可以和问题墙结合起来。比如，挑选学生在每日问中出现频率比较高的问题张贴在问题墙上，看看其他学生有没有好的解决办法。

每日问使用的时候可以增加一个"抓盲盒"的环节。教师制作一个箱子，在箱子里随机拿出一个数字，由数字可确定一名学生，让这名学生分享这一天提的问题。这样的随机性会让学生更加认真地对待提问这件事情。

工具 60 ▶ 探究的话语规则

工具是什么？

探究的话语规则是让学生参与到对他人观点的批判和建构中的一种工具。很多时候，教师也会提醒学生"要和别人一起讨论问题"，但多数学生并不知道如何与他人进行深度交流。因此，教师需要和学生共同建立一套探究的话语规则，来引导学生了解能够促进探究的话语是怎样的。探究的话语规则规定，在交流的时候，每位成员在表明自己观点时都要说出理由和证据。学生在讨论的过程中，还要劝说他人接受自己的观点，比较不同观点的合理之处，接受他人合理的观点。比如，在设计社区核酸检测点位分布方案的项目中，学生不仅要讲出自己的方案是如何设计的，还需要分析自己的方案与他人的方案相比的优势和劣势。

工具什么样？

工具60：探究的话语规则[①]

问题类型	规则举例
类型1：充分表达观点	1. 不随意打断发言者 2. 分享所有的观点和信息 3. 共同讨论，了解所有人的观点
类型2：基于证据表达观点	1. 对自己所说的观点负责任 2. 既要表明观点，也要说出理由 3. 对观点进行解释和举例 4. 说结论的时候，给出推理的过程
类型3：批判性讨论观点	1. 用友好的方式提出对他人的批评意见 2. 反面思考问题，如果不是这样会怎样 3. 尝试思考与其他人不同的观点 4. 做好改变自己想法的准备 5. 确保所有成员认同谈话后的观点

探究的话语规则可以从充分表达观点、基于证据表达观点、批判性讨论观点三方面来考虑。教师也可以根据班级的实际情况，对探究的话语规则进行创造性改编。

[①] 本工具基于《项目化学习的实施：学习素养视角下的中国建构》中"探究型对话的规则"工具调整而成。

🛠 工具如何用？

1. 师生共同讨论，形成适合自己班级的规则

建立探究的话语规则需要基于班级的真实情况。上述模板可以作为一个半结构的框架供师生选择适合自己的内容。

2. 师生共同实践话语规则

教师和学生可以一起在课堂上践行话语规则。关键在于坚持，教师既可以每节课都将规则呈现在黑板上，也可以做成规则单发给学生，每次课堂交流和小组交流时提醒学生运用规则。在一段时间后，教师可以组织学生反思，了解学生使用规则后的感受和体会。

3. 形成可在班级持续使用的话语规则

师生可根据规则使用的情况，对话语规则进行调整，形成一份可在班级持续使用的话语规则。

🛠 工具用在哪里？

探究的话语规则适合用来培养学生运用探究式话语的交流能力。工具在应用时要根据班级实际情况进行调整，如果班级学生的倾听能力比较薄弱，可以先制订班级的倾听规则，然后再在班级中应用探究的话语规则。

探究的话语规则也可以单独做成有趣的项目。比如，围绕"交流时，大家的想法都不一样，这该怎么办呢？"这一驱动性问题，让学生尝试想出解决办法并张贴在墙上，最终形成学生自己的解决方案合集。

实地项目运用

如何用"探究的话语规则"培育学生探究的心智？[1]

"探究的话语规则"是学生和教师在小组探究学习中需要遵循的法则和要

---

[1] 本案例来自夏雪梅与李倩云的设计，由上海市高安路第一小学山岭老师实施的语文学科项目"神话"。本案例执笔人：夏雪梅、李倩云。

求。2020 年，学校四年级语文组山岭老师基于上海学习素养课程研究所团队设计的项目文本开展了"神话"项目的学习，教师在课堂教学中融入了探究的话语规则。

在项目过程中，教师是这样做的。

每次上课前，教师会在黑板上写上"我要交流的内容是……""同伴帮我解决的问题是……""仍然无法解决的问题是……"。

教师会围绕这些话语规则做一些解释，让学生理解这些话语能够帮助我们更好地与他人交流，在有限的时间内让大家都有发表自己观点的机会。

在"神话"项目中，有一节课是学生讨论"神话人物是怎样的形象？"这一问题，每个学生先阅读书上《普罗米修斯》《盘古开天地》《精卫填海》等神话故事，然后组内讨论每个神话人物的外貌形象、特征、性格、神力等。最后教师邀请学生在全班交流自己的理解和困惑。

其中一组学生在交流时提出："普罗米修斯有一个神力是能够死而复生。"

教师并没有对这个观点表示赞同或否定，而是鼓励学生进行解释交流。

生 1：肝脏被吃掉后再次长出来，死而复生就是神力。

生 2：普通人如果肝脏被吃掉后会死掉，不会重新长出来。

生 3：这里不能说是死而复生，是自我修复能力很强，因为他并没有死。

生 4：我认为这里不能说是死而复生，也不能说是自我修复能力很强，这个不是神力。

生 5：不是神力是什么？

教师：你能够在文本中找到依据吗？告诉大家在第几段。

生 4：白天，他的肝脏被吃光了，可是一到晚上，肝脏又重新长了起来。

生 5：还有一句。"这样，普罗米修斯所承受的痛苦，永远没有了尽头。"

教师：说明这是他承受的痛苦，而不是他在施展自己的神力。我看到还有一些同学有疑惑，还有谁要补充？

学生 6：狠心的宙斯又派了一只凶恶的鹫鹰，每天站在普罗米修斯的双膝上，用它尖利的嘴巴，啄食他的肝脏。

（坐在后排的几位同学情不自禁地鼓掌，带动全班同学一起鼓掌。）大多数学生都在这次讨论中改变了自己的观点，发现原来这是惩罚而不是神力。

教师：原来这是他遭受的痛苦，而不是他的神力。大家看一看，就是因为在刚才大家交流的过程中,我们没有打断正在发言的同学,其他的同学才能做好补充,于是我们的讨论得到了最终的答案,对不对?所以在合作的过程中,我们一定要耐心地倾听别人的想法,然后再来和自己的想法比较。

教师在组织学生讨论时,引导学生回归阅读文本,基于阅读文本发表自己的观点。在这个基础上,学生发现"肝脏再生是宙斯对普罗米修斯的一种无穷无尽的惩罚,并不能够算是他的一种神力"。教师也在讨论中继续强调要在倾听、比较的基础上表达自己的想法。学生就是在这样的探究的话语规则下不断发展自己对问题的新理解。

案例评析

工具使用的注意点

从本案例中可以看出,在使用"探究的话语规则"这一工具时,教师的引导是非常重要的。首先,教师要用话语为学生营造"表达错误也没有关系"的氛围,然后鼓励学生基于证据对他人的想法提出建议。其次,在学生围绕一个问题进行讨论时,教师不要急于打断学生的发言,或是直接给出结论,而要引导学生比较不同观点之间的异同,或是启发学生从其他角度来考虑问题等。最后,在学生都非常着急想要表达自己的观点时,教师也需要提醒学生注意仔细倾听他人的观点。

工具迭代的方向

在后续迭代工具的使用中,教师可以关注以下两个方面。第一,在全班交流时,教师需要更好地引导学生借助探究的话语规则进行提问和互动。在本案例中,师生的探讨更多还是以教师为主导。在后续迭代时,教师应尽量避免帮助学生简化问题,而是要在引导中鼓励学生多尝试找出解决问题的方法。第二,教师需要思考如何促进小组讨论时对探究的话语规则的应用。在实际的课堂观察中我们发现,小组内部讨论的质量往往取决于团队中个别学生的思考水平。要解决这一问题,教师可以让学生在小组讨论后填写反思单,思考在这一次小组讨论中，哪些话语规则的使用让小组的讨论变得更有质量等。如何借助探究的话语规则在小组内形成有意义的交流是需要教师在教学实践中不断探讨的。

8.2 如何培育协作的文化与心智？

项目化学习中的协作文化是指项目伙伴在为了项目愿景而共同努力的过程中形成的坦诚、互助、共赢的文化氛围。在传统的课堂文化中，学生往往习惯独自学习，用竞争的心态看待周围的伙伴。而项目化学习鼓励团队协作，让学生看到不同的人各有长短，认识到观点的多元化，能培养开放的心态。教师在项目化学习中有意识地培育协作的文化，能够让学生之间的交流更加舒适、有序、高效，学生更愿意挑战更大的难题。长期浸润在协作文化中的学生更有可能形成协作的心智，他们会更有同理心，更能看到团队合作带来的益处，更能用共赢的心态去看待问题、解决问题。

工具 61 ▶ 倾听规则

工具是什么？

倾听规则是指为了让学生能更好地听到、听清、理解他人的发言，入耳入心所建立的规则。倾听规则既适用于日常教学，也适用于项目化学习，能够促进学生合作、沟通、交流能力的提高。

倾听规则通常用简单明了的语言提醒学生：一个好的倾听者在身体、行为、思维上的表现应该是怎样的。学生从知道这样的规则，到在教师的提醒下实践规则，最终将规则内化成为自己的行为。

⚙ 工具什么样？

工具 61：倾听规则

身体朝向发言者：别人发言时，头转向他，眼睛看着他，听懂了就点点头，听不懂就摇摇头。

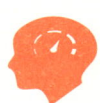

思维跟着发言者：听别人发言时，边听边想，他讲了什么？他讲的和我想的有什么不同？

礼貌回应发言者：听别人发言时，听他说完。有不同的意见，要耐心倾听别人说完话，再有礼貌地提出自己的想法或问题。

如上图所示，倾听规则一般包括三个方面。

第一，倾听是"身"的投入。"眼睛注视""点头示意"都是外在的身体姿态，好的身体姿态能够让我们快速进入倾听状态，并能让发言者感到被尊重。

第二，倾听是"心"的投入。倾听是入心的活动，带着问题听，才能更好地理解他人，也理解自己，从倾听中获益。

第三，倾听是"身心"的互动。倾听是交流的前提，倾听后的表达是告知他人自己理解的结果。

⚙ 工具如何用？

1. 项目前共建倾听规则

项目开始前，教师可以直接提出项目中如何倾听的问题，也可以在播放学生在以往项目中的真实讨论场景后，再请学生思考：刚才项目讨论中自己和同伴的倾听表现如何？好的倾听行为是怎样的？教师可以基于学生的归纳提出上述倾听规则，规则可以根据学生现场的情况进行适当调整。

2. 项目中试行倾听规则

教师可以和学生约定在接下来的项目中，各项目组成员需要遵守这些倾听规则。为了更好地提醒学生，教师可以将这些倾听规则张贴在教室中。

3. 在项目中不断完善倾听规则

教师和学生可以根据上一阶段的尝试结果，适当调整倾听规则，形成更加完善的倾听规则。在后续项目实施中，项目组成员需要共同遵守这套倾听规则。

工具用在哪里？

当班级里出现"学生总是喜欢打断别人的发言""学生总是不认真听其他同学的发言"等类似情况时，教师就可以尝试在日常课堂中使用倾听规则。

教师也可以单独将培养倾听意识做成一个微项目，让学生在"如何倾听他人是更好的？"的问题探讨中，理解好的倾听是怎样的。在一个班级中，可以组织多个学科的教师使用同一份倾听规则，这样能够让学生更好地遵守倾听规则。

工具 62 ▶ 音量盘

工具是什么？

音量盘是一种引导学生根据场合适当调整表达音量的工具。教师通过对音量盘使用规则的介绍以及相关的示范，让学生理解合适的发言音量应该是怎样的。

比如，当小组讨论特别吵闹时，教师规定，要用只能被四个人听见的音量来发言，而且教师会通过在这一小组四处巡走的方式来检测学生是不是这样做的。音量盘上可以有一些便于学生理解的形象的图示。

工具什么样？

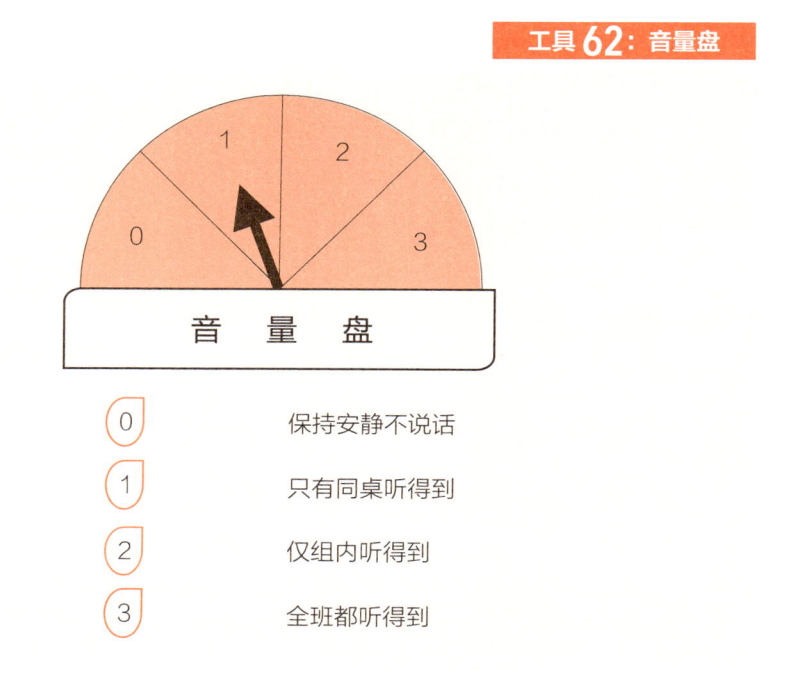

工具62：音量盘

音量盘

- 0 保持安静不说话
- 1 只有同桌听得到
- 2 仅组内听得到
- 3 全班都听得到

学生需要根据不同的交流情境来调整自己的音量。0级到3级音量分别代表保持安静不说话、只有同桌听得到、仅组内听得到、全班都听得到。

工具如何用？

1. 制订音量盘规则

教师和学生讨论针对不同的情况，如在同伴交流、小组交流、全班交流时，怎样的发言音量是合适的，形成大家认可的、适合本班实际情况的音量盘规则，并制订相应的奖励机制。音量盘可以张贴在教室墙面上。

2. 根据不同的交流情境应用音量盘

在应用音量盘的初期，可能会出现学生不能理解音量大小的情况。比如，有的学生音量特别大，这时，教师就可以让同伴示范二级音量是多大的声音；有的学生在全班交流时回答问题声音太小，同伴也可以示范合理的音量是怎样的。这样坚持一段时间，学生就能较好地应用音量盘了。

3. 组织学生交流音量盘为大家的学习带来了什么

师生通过简短的交流，理解控制好音量能够为我们维持一个舒适的交流环境，并迁移到课间交流、线上交流或日常的其他生活和学习情境中。

工具用在哪里？

音量盘更适用于幼儿园或者小学阶段。这个阶段，学生还没有学会在不同场合用合适的音量来表达。在日常课堂中，教师可以将音量盘与倾听规则结合起来，培养学生的表达与倾听能力。

音量盘还可以用在推进项目化学习的准备期。当学生能够遵循这样的表达规则时，教师也能更加顺利地在班级开展项目化学习。

工具 63 ▶ 团队赞美卡片

工具是什么？

团队赞美卡片是指同伴为自己撰写的一张赞美卡片，上面会列上具体的值得赞美的行为。这是一种营造积极的同伴文化的工具。学生在日常生活和学习中很正式地感谢和赞美同伴的机会并不是很多，在我们的文化中，更习惯用一些隐晦或笼统的语言和动作来表达自己对他人的欣赏，而团队赞美卡片就是一种直接准确地描述对方的优点、赞美同伴的具体做法。

这种卡片会让赞美更有仪式感。比如，在项目进展一段时间后，一个平常表现并不是太好的学生收到同伴给他发来的赞美卡片，称赞他作为信息技术达人对项目组的支持。这种卡片对学生是一种激励，这样的积极反馈是团队合作的润滑剂。

🛠 工具什么样？

工具 63：团队赞美卡片

```
我们要赞美的人：_____

👍 我们要赞美他 / 她：




                            签名：
```

🛠 工具如何用？

1. 分发卡片

教师给每个学生准备一张卡片，要求在卡片正上方写上自己的名字；然后以四人小组为单位，将自己手中的卡片顺时针传给同伴。此时，教师可以引导大家，在填写赞美卡片时要对同伴具体的行为进行赞美。比如，"你在列举植物种子发芽条件的时候，考虑到土壤、光照、水源等条件，考虑得很全面"，而不是笼统地说"你做得特别好"。

2. 撰写团队赞美卡片

每个人拿到别人的卡片之后，根据卡片上的名字，写下这个成员在项目中对小组所做的具体的贡献，并在末尾签上自己的名字；两分钟后，再次传递卡片，直到自己的卡片回到自己手中，传递结束。

3. 分享团队赞美卡片

学生可以阅读自己的赞美卡片，感谢小组成员的赞美。不同小组的成员之间也可以互相分享自己的赞美卡片。

工具用在哪里？

团队赞美卡片可以用在项目实施的关键节点或出项阶段。在形成项目初步成果时，教师就可以借助团队赞美卡片让大家互相肯定彼此对这个项目的付出；在出项阶段，教师也可以借助团队赞美卡片引导学生回顾整个项目中每个人承担的责任。随着学生对团队赞美卡片使用的熟练程度不断提高，这样的赞美方式将逐渐融入学生的日常话语规则中。

团队赞美卡片还可以广泛应用于班级文化建设、班级团队活动中。

实地项目运用

如何在项目中有效运用"倾听规则"？[1]

"童话盛宴，等你来演"是基于统编版语文教材二年级下册第七单元开展的单元学科项目，其本质问题为"如何让学生借助提示讲故事？"，驱动性问题是"蟹宝家族一年一度的'童话盛宴'马上要开始了，你将如何讲好、演好一个童话故事？"。

我们的项目与语言的建构和运用有关，学生需要先将童话的组织脉络理清楚，接着借助提示讲述童话，然后再将童话演绎出来，这其中对听、说的语言素养的培养尤为重要。倾听贯彻始终，从理脉络到讲故事再到演故事，无不用到倾听。如若学生在项目化学习过程中没有做到好好倾听，则童话的讲述很可能不完整不生动，最后的演绎环节也不会精彩，出项的效果会大打折扣。故我们提前制订倾听规则，并在项目过程中进行落实。

---

[1] 本案例来自宁波上海世外学校颜梦倩老师设计的语文学科项目"童话盛宴，等你来演"。本案例执笔人：颜梦倩。

倾听规则：

怎么听
1. 倾听时闭上自己的小嘴巴，头转向说话的人，眼睛注视说话的人。
2. 听懂了就点点头，听不懂就摇摇头。
3. 如果有不同意见，等对方发言完再发表自己的观点，中途不插话。

听什么
1. 观仪容：发言者是否站姿标准，声音响亮。
2. 听发言：①一边听一边记大致内容。
②思考什么内容和自己的一样，什么内容不一样。
③思考认可他的哪些内容，什么内容需要给他建议和意见。

回什么
1. 耐心地听完他人的发言后，先做整体的评价，认可、赞扬发言者好的地方。
2. 有礼貌地发表自己的想法，给予相关的建议和意见。

那么如何实施倾听规则呢？

项目前：与学生达成共识，这次项目中要进行倾听规则的制订和落实。教师将自己编制好的倾听规则展示给学生，学生思考和讨论是否认可，或添加其他的想法，最后形成一份师生共同制订的倾听规则。

项目中：学生在项目中会有很多倾听、表达的机会，教师观察并评价。当部分学生倾听出现问题时，教师可以有意识地停一停，将倾听规则拿出来引导学生。教师可以将倾听做得较好的学生作为榜样给大家做示范。

项目后：在项目即将完成的反思阶段，教师引导学生对照倾听规则反思。可邀请表现得好的学生进行相关心得的分享，或者为他们颁发奖状或奖品，以便学生在后续学习中进一步注意自身倾听意识和能力的培养。

案例评析

工具使用的注意点

本案例呈现了在项目开展前、中、后应该如何培养学生的倾听意识。需要注意的是，在日常教学或项目实施中，倾听规则与学科知识的深入学习是联系在一起的。在本项目中，好的倾听表现在学生能够听出童话的哪些情节是合理的、哪些想象是神奇的。因此，当教师想要肯定某个学生善于倾听时，不应仅仅说"你很会倾听"，而是要指出听到的具体的内容，如"你听到了……两者的不同之处"。因此在使用这个工具的时候，教师需要更加关注工具是如何促进学生对学科知识的理解的。

线上同类项目的工具处理

在开展线上项目时，学生面临的一个重要挑战是不能够集中注意力学习。在这种情况下，教师需要对学生的倾听能力提出更高的要求。在线上项目中，教师可以将以下做法补充到倾听规则中：第一，提醒学生打开视频摄像头；第二，邀请学生通过讨论区对发言的同学做出即时的评价，在评价中可以使用探究的话语规则工具中建议的用语；第三，增加随机点评环节，在上一名学生发言结束后，教师可以请这名学生随机邀请一名同学对发言内容进行点评。这样既能即时看到学生是否专注倾听，也能促进学生对同学发言内容的关注。

8.3 如何培育创造的文化与心智？

很多教师希望能在项目中培养学生的创造性，希望学生在学习中有更多的"奇思妙想"。但许多学生呈现的内容单一、乏味、枯燥，并没有让人"眼前一亮"，这和我们在日常教学中是否呵护了学生的好奇心、是否有意识地培养他们的创造心智有关。如果我们只是提要求，希望学生尽可能地多想、多思考，学生可能不会产生教师期望的结果。这个时候，就需要用到一些可以促进学生产生"奇思妙想"的工具。

工具 64 ▶ 强制联想法

⚙ 工具是什么？

强制联想法可以用在学生感觉自己缺乏创意想法和思路的时候，让学生的创造性思考有抓手。强制联想法将任意两个物品/事物/观念进行联系，无论它们事实上是否有关联，都可以放在一起。联想是创造的第一步，只有让学生打开想象的思维，才能激发学生的创造性。

比如，在进行产品制作类项目的时候，无论这个项目成果是什么，教师都可以先让每个学生在纸条上写一个任意物品（比如白纸、杯子、剪刀等），将纸条放在一个不透明的盒子里，教师摇晃盒子，让每个学生抽取一张纸条，然后使用强制联想法。第一步，教师先让学生将纸条上的物品与自己要设计的产品进行联想，想一想二者之间是否存在共同点；第二步，让学生进行想象，想一想自己的产品是否可以参考抽到的物品的特点做出优化（比如产品是否可以像白纸一样变得轻薄）。

⚙ 工具什么样？

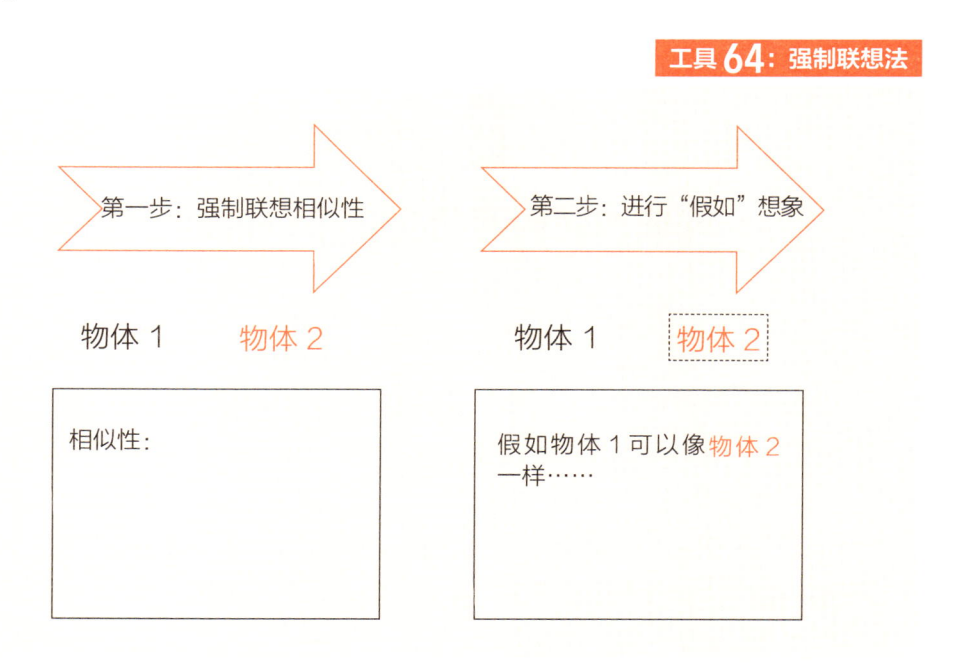

工具 64：强制联想法

第一步：强制联想相似性 ➡ 第二步：进行"假如"想象

物体 1　物体 2

相似性：

物体 1　物体 2

假如物体 1 可以像物体 2 一样……

我们分别以手机和白纸为例代入上页图的物体1和物体2思考，手机和白纸本来是完全没有关联的物品，但是在第一步进行强制联想时，可以发现，它们在某种程度上还是具有相似性的。比如，从用途来看，二者都可以写字、记录信息、画画；从特征来看，二者都是长方形的，都可以有不同的颜色，都属于人工制品。

接着就可以进行第二步想象，假如手机可以像白纸一样变得轻薄（现在的手机一代比一代轻，一代比一代薄），假如手机可以像白纸一样可折叠（现在已经有了折叠屏手机），等等。

工具如何用？

1. 强制联想相似性

先选择一个事物，然后再选择一个和这一事物相差很大的事物，强制地运用类比、对比、近似等方法来联想两者有何相似点。

2. 进行"假如"想象

根据第二个事物的特性，想象第一个事物可以模仿第二个事物的哪些特性。

工具用在哪里？

强制联想法一般用在创造性实践或跨学科项目中，当学生的设计作品出现雷同、单一的情况时，教师可以组织学生进行一轮强制联想法的活动，让学生结合自己的设计作品，强制运用各种联想，天马行空地将不同的事物、学科与自己的设计联系在一起。然后根据强制联想法中产生的创意进行调整、改造、完善，从而产生一种新的创造性设计。通过发散性的思考，学生体验并感受到不可思议的结合。这种方法可以开阔学生的思维，激发学生的想象力，避免学生陷入思维定式中，产生新设想、新设计与新方案。

工具 65 ▶ 635 头脑风暴法

✿ 工具是什么？

635 头脑风暴法是头脑风暴法的一种，比起常规的头脑风暴法，它有独特的规则：6 人一小组，每一轮头脑风暴的时间为 5 分钟，在每一轮头脑风暴中，所有学生都要写下自己的 3 个想法，在六轮头脑风暴之后，学生就会产生 108 个不同的想法，所以称为 635 头脑风暴法。与通常的头脑风暴法相比，635 头脑风暴法关注所有学生，让小组中的所有学生都有思考、发言的机会，同时也会引导学生形成多种不同的想法。

在让学生产生设计想法时，教师可以用这个工具来激发学生的创意，从而产生更多维度的想法。在项目初期，教师也可以用这个工具支持学生提出更多有意思的问题。

✿ 工具什么样？

工具 65：635 头脑风暴法

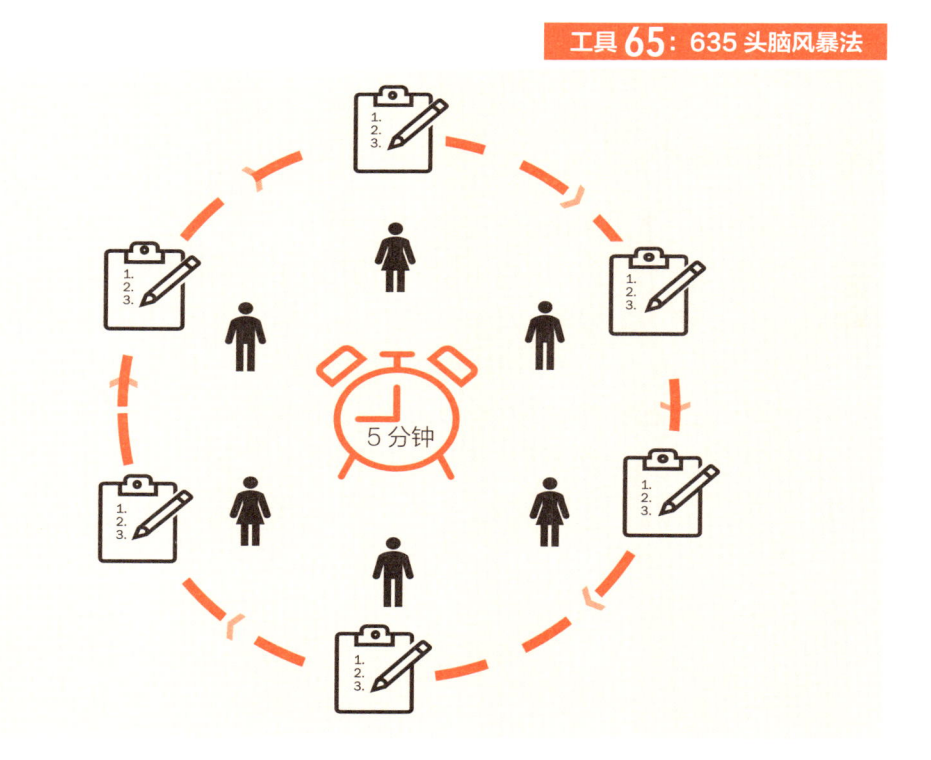

如上页图所示，每个小组的 6 个成员都需要尽可能地写下自己的想法，每人每轮在 5 分钟内只需要写出 3 个想法，经过六轮之后，每个小组一共会产生 108 个想法。

工具如何用？

1. 6人一组

将学生分为 6 人一组，每人面前有一张白纸，学生们围绕一个主题进行头脑风暴。

2. 3个想法

在第一个 5 分钟内，每人需要在自己面前的纸上写出 3 个想法。

3. 5分钟书写

5 分钟结束后，小组的学生顺时针传递白纸；在第二个 5 分钟内，学生要在观看上一个人 3 个想法的基础上，提出 3 个新的想法。此时的想法最好是结合纸上已有的想法进行联想产生的，且又不同于纸上已有的想法或自己已提出的想法；共传递 6 次，头脑风暴共用 30 分钟。30 分钟结束后，每张纸上会写满 18 个想法，每个小组共产生 108 个想法。

工具用在哪里？

635 头脑风暴法可以用在项目中想要激发学生创造性想法的任何阶段。当学生只能提出常规性的想法，或者在小组讨论中强势的学生占据话语权时，就可以运用该工具。该工具不仅可以收集所有学生的各种想法，还可以让学生根据同学的想法进行再思考，从而提出新的想法。教师在使用该工具时，可以根据任务的难度以及学生小组的人数进行灵活调整。如果小组人数是 4 人，可以改成 435 头脑风暴法；如果课时有限，可以将 5 分钟调整为 3 分钟；如果学生年龄较小，也可以让学生每轮只提出 1 ~ 2 个想法，但是想法不能雷同。

工具 66 ▶ CSI 法则

⚙ 工具是什么？

CSI 法则通常用在学生对不太熟悉的项目主题或产品缺乏头绪的时候，教师可以借助颜色（Color）、符号（Symbol）和图像（Image）快速让学生对主题或产品进行思维可视化。学生可以选择一种颜色来代表该主题或产品；可以选择任意一个他们认为能够表示该主题或产品的符号；还可以选择一幅图像来表示他们认为的主题或产品的样子。比如，在理解可持续发展等抽象概念、进行整本书阅读这一类项目中，学生可以通过 CSI 法则迅速将自己对"可持续发展""红楼梦"的理解可视化，然后在此基础上进行交流。

⚙ 工具什么样？

工具 66：CSI 法则

Color　　　　　Symbol　　　　　Image

如上图所示，C、S、I 主要对应颜色、符号和图像，学生可以从颜色、符号和图像这三种角度来呈现自己对学习内容的理解。比如，对于"爱"这个概念，在颜色方面，可选择红色、绿色、白色等；在符号方面，有的学生选择一个圆（代表团圆），有的学生选择一个爱心（代表爱）等；在图像的选择上，有的学生会选择家中的照片，有的学生会选择纪念品等。这些可视化的表达呈现了学生的差异化理解。

工具如何用？

1. 引入工具

教师确定项目中哪里需要运用 CSI 法则，向学生介绍 CSI 法则的基本内容，举例说明其用法。

2. 运用CSI法则

教师出示概念、主题等，并让所有学生选择一种颜色、一种符号以及一幅图像来表示他们对该主题的理解。这可以作为作业布置给学生，允许学生在查找资料或阅读相关材料后再给出答案。

3. 交流讨论

学生在小组中分享自己的选择并说明理由，小组交流讨论形成更深层次的理解。

工具用在哪里？

教师在使用该工具时，应该鼓励大家按照自己的理解自主选择颜色、符号和图像。这个工具没有唯一的答案，也没有对错之分。在学生进行分享时，也要提醒学生不要随意评判他人的选择，但可以要求他人表达选择的理由，看看他人的选择对自己有没有启发。

CSI 法则可以多次使用。如在学生第一次接触某个主题或者概念时，教师可以让学生运用 CSI 法则来呈现自己的理解；在经过一段时间的探究后，或者在最终的项目反思阶段，教师可以让学生再次运用 CSI 法则来呈现自己的理解，并与第一次的选择进行对比，看看是否发生了变化，以及为什么会发生这样的变化。教师可以从中看出学生的成长，学生自己也可以通过该工具看到自己思维的变化。

> **实地项目运用**

> 如何运用"635 头脑风暴法"激发学生创造力？[①]

项目化学习可以融入劳动教育形成创造性劳动项目，学生在劳动中运用创造力来解决问题，养成创造性思考的思维习惯。头脑风暴法在创造性劳动项目中被广泛运用，其中 635 头脑风暴法、反头脑风暴法等多种不同的方法可以贯穿整个项目的研究与学习阶段。

围绕"如何自制简易工具清理地上的细小垃圾？"这一驱动性问题，教师引导学生开展第一阶段的研究：不同的垃圾用哪种清洁工具打扫效果最好。

在一分钟的体验环节中，学生被分成四组，在规定的时间内清理不同区域的细小垃圾。很快学生们发现他们需要符合要求的、合适的清洁工具。教师适时为学生出示常用的材料：吸管、封箱带、卡纸、牙签和珍珠棉，学生需要选择合适的材料设计制作清洁工具，并通过测试清扫工具是否有效，来调整自己对清扫工具的设计。

如何选择合适的材料？这些材料可以怎样创造性地使用？我们运用 635 头脑风暴法激发学生的创造性思维。

学生在教师的指导下，各自选择一种自己感兴趣的材料，最终根据选用材料的种类将学生分成吸管组、卡纸组、牙签组等 6 个小组。

A 同学和其他 5 名同学一起组成了吸管组，围绕"吸管的创造性使用方法"进行了头脑风暴。第一个 5 分钟思考时间，A 同学仔细观察吸管后，在白纸上记录了吸管的特点"塑料材质，柔软……"，同组其他同学也分别将吸管的特点或常用的使用方式第一时间记录在纸上；进入第二个 5 分钟，同学们顺时针传递记录纸，思考是否可以创造性地利用吸管柔软的特点。B 同学看到 A 同学的记录内容后认真思考：材质柔软可以进行哪些改变？改变形状是否能衍生出吸管新的功能？思考后，B 同学在白纸上写下"剪开，长条形的塑料条"。进入第三个 5 分钟，C 同学根据 A 同学和 B 同学的记录词"柔软、剪开"进行思考，根据这两个词语

[①] 本案例来自本书作者团队提供的项目工具，上海市静安区和田路小学倪哲宇老师应用设计的活动项目"扫帚的烦恼"，实施者是倪哲宇。本案例执笔人：倪哲宇。

的描述，发现改变吸管的形状可以赋予吸管新的功能。于是 C 同学在纸上写下自己的创新想法——捆扎。

以此类推，六轮过后，吸管被赋予了 100 多个创造性的使用方法：吸管剪开后可以捆扎物品、改变吸管形状可以将其作为清洁工具上的装饰品、几根吸管剪成尖头可以组装成筛子……

之后，教师根据学生数量重新分配小组，使用 435 头脑风暴法，引导学生发现扫帚粘头发的原因。

435 头脑风暴法开始运转，学生 4 人一组组成一个项目团队。第一个 5 分钟内，学生将自己的设计方案简要记录在白纸上，传递给下一名同学。第三组的张同学在白纸上写下自己的想法和方案：防止扫帚与头发之间产生静电，在扫帚上增添封箱带隔绝头发。在第二个 5 分钟，下一名同学根据前一轮的方案提出自己的意见或建议，对方案进行简明扼要的修改，修改以增加或去除想法为主，并简单写下自己修改的理由。汪同学根据张同学的想法，考虑到在扫帚上增添封箱带后清洁效果不好，思考再三，决定在扫帚上增添水雾喷发装置，湿润的空气可以减少静电的产生，汪同学将自己的设想图文并茂地呈现在草案中。进入第三个 5 分钟，第三名同学对修改过的方案进行进一步完善。看了前面两位同学的方案设想，孙同学觉得只改进扫帚还不足以达到方便清洁粘连头发的效果，可以在簸箕上增加类似筛子一样的小装置，这样如果有头发吸附在扫帚上，也可以方便地去除。

经过几轮 435 头脑风暴法的实施，各小组都完成了本组的创造性方案设计：装配筛子的簸箕、能防止静电产生的扫帚、带有吸附功能的自动楼梯……

案例评析

为什么使用这个工具

上述案例中，项目的重点就是要培养学生的创造力，希望学生能通过有创意的想法来解决问题。在整个项目中，教师提供给学生的材料都是日常生活中随处可见的，如何让学生能够基于常见的材料产生创意想法呢？基于此，教师使用了调整后的 635 头脑风暴法。这个工具一方面可以激发学生产生有创意的想法，另一方面通过交换写有创意想法的纸张，让学生在其他学生创意想法的基础上进行再思考和再创作，这样产生的点子会更有用。

工具的深化迭代

教师在使用完这一工具后，可以借助思维导图，引导学生对这些创意的点子、想法进行归类与分析，看看是否有一些点子可以整合起来，是否有一些点子可以进行再次改造。同时，使用思维导图可以让原本杂乱无章的点子变得有序，也方便学生进行对比与选择。

线上同类项目的工具处理

教师在线上教学时，也可以使用这一工具。比如，教师可以利用 Excel 的线上共享文档，其中的每一行、每一列就相当于一张白纸，学生可以轮流写下去，最终可以收集到很多有创意的想法。教师可以将所有的想法都整理成一列，并在旁边添加"优点""可以改进的地方"等内容，然后组织学生对这些有创意的想法进行再次的讨论、对比与选择，让学生针对每一个创意想法在旁边填写自己选择的理由或者进一步改进的理由，最后学生根据完整的表格进行决策。

参考文献

陈晨，2021．巧用反思工具，提升单元教学 [EB/OL]．[2022-05-10]．https://mp.weixin.qq.com/s/uRQHTXrFdjmr7BScBVC9YQ．

陆平，夏惠贤，2009．中小学跨学科写作教学的新探索：美国"RAFT"写作教学模式 [J]．上海教育科研：82，83-85．

傅冰，2005．从中美教育比较的视角看如何培养学生的创造力 [J]．思想·理论·教育（20）：51-54．

林崇德，胡卫平，2012．创造性人才的成长规律和培养模式 [J]．北京师范大学学报（社会科学版）（1）：36-42．

马冠中，2020a．漫画科学思考｜观察就是看看吗？来，重新认识下！[EB/OL]．[2022-04-17]．https://mp.weixin.qq.com/s/PFE_ghp35r0ifUb8nIaZLw．

马冠中，2020b．怎么带学生观察？｜晚7点-加油！科学课教师培训 [EB/OL]．[2022-04-17]．https://mp.weixin.qq.com/s/Xw6TxfM6V7jfpLcByNbxDg．

马冠中，2020c．漫画科学思考｜观察不做计划，研究只是空话！[EB/OL]．[2022-04-17]．https://mp.weixin.qq.com/s/m-Q5lUHlENoEVxheM3B39Q．

马冠中，2021．漫画｜科学家怎么作假设？怎么教孩子作假设？ [EB/OL]．[2022-04-17]．https://mp.weixin.qq.com/s/3Bh5Yf2TzFSRJYFtFnXqew．

搜图网，2021．什么是设计思维（DesignThinking）？ [EB/OL]．[2022-04-20]．https://www.aisoutu.com/a/342654．

孙崇勇，李淑莲，张文霞，2016．创造性4C认知量表（PC4CS）中文版的信、效度检验 [J]．中国健康心理学杂志，24（7）：1046-1050．

吴萍，易菀兰，刘潇，2021．跨学科项目经典案例：太空探索"家" [M]．北京：教育科学出版社．

夏雪梅，2020．项目化学习的实施：学习素养视角下的中国建构 [M]．北京：教育科学出版社．

肖莉，2021．教师反思工具：4F 动态引导反思法 [EB/OL]．职业教师发展．[2022-04-17]．https://mp.weixin.qq.com/s/OGnkL29IuwKcM4IVspKNig.

徐国辉，张柳，RoseGolder-Novick，2018．例析画廊漫步策略在中学英语阅读教学中的运用 [J]．基础教育参考（6）：6-9.

闫寒冰，王巍，2020．跨学科整合视角下国内外 STEM 课程质量比较与优化 [J]．现代远程教育研究，32（2）：39-47.

臧莺，2012．创造力是中国学生的"短板"：时报专访国际著名数学家丘成桐 [J]．基础教育论坛（8）：37-38.

朱小虎，2016．基于 PISA 的学生问题解决能力研究 [D]．上海：华东师范大学国际与比较教育研究所：6-7.

Aronson E, Patnoe S, 1997. The Jigsaw Classroom: Building Cooperation in the Classroom (2nd ed.) [M]. New York: Addison Wesley Longman.

Barbot B, Heuser B, 2017. Creativity and Identity Formation in Adolescence: A Developmental Perspective[M]//Barbot B, Heuser B.Creative Self.Salt Lake City: Academic Press: 87-98.

Barlex D, 2007. Assessing Capability in Design and Technology: the Case for a Minimally Invasive Approach[J]. Design and Technology Education: An International Journal, 12(2)：49-56.

Beghetto R A, Kaufman J C, 2007. Toward a Broader Conception of Creativity: A Case for Mini-c Creativity[J]. Psychology of Aesthetics Creativity and the Arts, 1(2): 73-79.

Bengtson V L, MacDermind S M. How to Review a Journal Article: Suggestions for First-Time Reviewers and Reminders for Seasoned Experts [EB/OL]. [2022-05-10]. https://www.ncfr.org/jmf/jmf-reviewers/reviewer-guidelines.

Bono E D, 2006. Edward De Bono's Thinking Course [M]. North York: Pearson Education Canada.

Chisholm L, 2005. Bridges for Recognition Cheat Sheet: Proceedings for the SALTO Bridges for Recognition: Promoting Recognition of Youth Work Across Europe[R]. SALTO-Youth Inclusion Resource Center: 3-12.

Dave G, 2017. Empathy Map [EB/OL]. [2022-04-17]. https://gamestorming.

com/?s=Empathy+Map.

Dschool, 2010. An Introduction to Design Thinking：Process Guide[EB/OL]. [2022-05-10].https://www.web.stanford.edu/~mshanks/MichaelShanks/files/509554.pdf.

Eberle R F, 1996. Scamper On: Games for Imagination Development [M]. Waco: Prufrock Press.

Geary D C, 2002. Principles of Evolutionary Educational Psychology[J]. Learning and Individual Differences, 12 (4): 317-345.

Geary D C, 2006.The Origin of Mind: Evolution of Brain, Cognition and General Intelligence[J]. Genes Brain and Behavior (1).

Greenaway R. 4 Active Reviewing Methods and the Active Reviewing Cycle[EB/OL]. [2022-05-10]. https://reviewing.co.uk/articles/4-active-reviewing-methods.htm.

Guilford J P, 1967.Creativity: Yesterday, Today and Tomorrow[J].Journal of Creative Behavior, 1(1): 3-14.

Holston V, Santa C, 1985. RAFT：A Method of Writing Across the Curriculum That Works[J]. Journal of Reading，28 (5): 456-457.

Hung W, 2015.Cultivating Creative Problem Solvers: The PBL Style[J]. Asia Pacifific Education Review (16): 237-246.

IEEE. IEEE Network Reviewer Guidelines [EB/OL]. [2022-05-10]. https://www.comsoc.org/publications/magazines/ieee-network/reviewer-guidelines.

Major C H, Harris M S, Zakrajsek T D, 2015. Teaching for Learning: 101 Intentionally Designed Educational Activities to Put Students on the Path to Success [M]. New York: Routledge.

Ogle D, 1986.K-W-L: A Teaching Model That Develops Active Reading of Expository Text [J]. The Reading Teacher, 39: 564-570.

Robinson F P, 1961. Effective Study [M]. New York: Harper.

Strobel J, van Barneveld A, 2009. When Is PBL More Effective? A Meta-Synthesis of Meta-Analyses Comparing PBL to Conventional Classrooms[J]. Interdisciplinary Journal of Problem-Based Learning, 3 (1): 44-58.

Sulaiman F, Coll R K, Hassan S, 2014. An Investigation of the Effectiveness of PBL Online on Students' Creative Thinking: A Case Study in Malaysia[J]. International Journal of Humanities and Social Studies Invention, 3 (8): 49-55.

Sweller J, Clark R E, Kirschner P A, 2011.Teaching General Problem Solving Does Not Lead to Mathematical Skills or Knowledge[J].European Mathematical Society Newsletter (3): 41-42.

Walker A, Leary H, 2009. A Problem Based Learning Meta Analysis: Differences Across Problem Types, Implementation Types, Disciplines, and Assessment Levels[J]. Interdisciplinary Journal of Problem-Based Learning, 3 (1): 12-43.

出 版 人　郑豪杰
策划编辑　池春燕
责任编辑　邵　欣
版式设计　锋尚设计　孙欢欢
责任校对　马明辉
责任印制　叶小峰

图书在版编目（CIP）数据

项目化学习工具：66个工具的实践手册 / 夏雪梅等著. —北京：教育科学出版社，2022.10（2024.11 重印）
（学习素养·项目化学习的中国建构丛书 / 夏雪梅主编）
ISBN 978-7-5191-3255-2

Ⅰ.①项… Ⅱ.①夏… Ⅲ.①课程—教学研究—手册 Ⅳ.① G423.04-62

中国版本图书馆CIP数据核字（2022）第183576号

学习素养·项目化学习的中国建构丛书
项目化学习工具：66个工具的实践手册
XIANGMUHUA XUEXI GONGJU: 66 GE GONGJU DE SHIJIAN SHOUCE

出版发行	教育科学出版社		
社　　址	北京·朝阳区安慧北里安园甲9号	邮　　编	100101
总编室电话	010-64981290	编辑部电话	010-64989179
出版部电话	010-64989487	市场部电话	010-64989009
传　　真	010-64891796	网　　址	http://www.esph.com.cn
经　　销	各地新华书店		
制　　作	北京锋尚制版有限公司		
印　　刷	三河市兴达印务有限公司		
开　　本	720毫米×1020毫米　1/16	版　　次	2022年10月第1版
印　　张	16.75	印　　次	2024年11月第6次印刷
字　　数	236千	定　　价	58.00元

图书出现印装质量问题，本社负责调换。